本书编委会

主　编：王海斌　郭晓云　温东荣

副主编：雷卫星　郑凌燕

编　委（按照姓氏笔画排序）：

丁　力　马桂芳　叶江华　叶志鹏　朱荔婷

严荷花　苏凯新　杨信琨　邱美煊　张　奇

张银福　张清旭　陈江南　钟亮梅　洪　蕾

贾小丽　徐前杰　涂海英

创新创业竞赛

主　编：王海斌　郭晓云　温东荣

厦门大学出版社
XIAMEN UNIVERSITY PRESS
国家一级出版社
全国百佳图书出版单位

图书在版编目（CIP）数据

创新创业竞赛 / 王海斌，郭晓云，温东荣主编. --
厦门：厦门大学出版社，2024.4
ISBN 978-7-5615-8742-3

Ⅰ．①创… Ⅱ．①王… ②郭… ③温… Ⅲ．①大学生
-创业-高等学校-教材 Ⅳ．①G647.38

中国国家版本馆CIP数据核字(2022)第170464号

责任编辑　李峰伟
美术编辑　蒋卓群
技术编辑　许克华

出版发行　厦门大学出版社
社　　　址　厦门市软件园二期望海路 39 号
邮政编码　361008
总　　　机　0592-2181111　0592-2181406(传真)
营销中心　0592-2184458　0592-2181365
网　　　址　http://www.xmupress.com
邮　　　箱　xmup@xmupress.com
印　　　刷　厦门市明亮彩印有限公司

开本　787 mm×1 092 mm　1/16
印张　12.5
插页　2
字数　260 千字
版次　2024 年 4 月第 1 版
印次　2024 年 4 月第 1 次印刷
定价　39.00 元

本书如有印装质量问题请直接寄承印厂调换

厦门大学出版社
微信二维码

厦门大学出版社
微博二维码

前　言

当前,国家高度重视深化高等教育综合改革,激发大学生的创造力,培养学生的创新精神与创业意识,提升学生的创新创业能力,造就"大众创业、万众创新"的生力军。为此,教育部、共青团中央、中国科协、人力资源社会保障部、科技部等多部门积极举办中国国际"互联网十"大学生创新创业大赛、"挑战杯"全国大学生系列科技学术竞赛、"中国创翼"创业创新大赛、中国创新创业大赛等众多创新创业类赛事,旨在激励广大青年扎根中国大地,了解国情民情,在创新创业中增长智慧才干,把激昂的青春梦融入伟大的中国梦,努力成长为德才兼备的有为人才。各高校均积极组织师生参赛,坚持"以赛促教、以赛促学、以赛促改、以赛促建"的总体思路,搭建产教融合新平台,推动赛事成果转化,激发学生的创造力,努力形成以创新引领创业、以创业带动就业的新局面。

为帮助各高校更好地组织竞赛,为项目团队厘清参赛思路,本书从创新创业大赛(四大竞赛的简介)、创新创业计划书、竞赛项目的领域选择、竞赛项目路演注意事项与方法、竞赛项目融资与风险管理、竞赛商业计划书实际案例分析等方面,对几个重点创新创业赛事的有关内容进行解读和梳理,对赛事过程中需要注意的事项进行阐述和分析。其中,竞赛项目的领域选择是结合当前社会热点和竞赛的部分方向,包括农业产业领域、文化旅游产业领域、大健康产业领域、互联网产业领域、智能制造领域5个领域,但竞赛中不仅仅限于此。竞赛商业计划书实际案例分析部分,以福建省内部分高校的优秀项目为典型代表。在此特别感谢所有项目成员的支持与配合,感谢他们的无私奉献。大学生创新创业政策是结合当前现有的政策给予分析和论述,后续若有新的政策,将在后期予以补充。

因对创新创业各大赛事的内涵、外延仍在摸索当中,本书不足之处在所难免,恳请专家、读者批评指正,提出宝贵的修改建议。

《创新创业竞赛》编写组
2023 年 10 月
福建龙岩

目　录

第一章　创新创业大赛 ………………………………………………… 1

第一节　中国国际"互联网＋"大学生创新创业大赛 ……………… 1

第二节　"挑战杯"全国大学生系列科技学术竞赛 …………… 10

第三节　"中国创翼"创业创新大赛 …………………………… 21

第四节　中国创新创业大赛 …………………………………… 26

第二章　创新创业计划书 ……………………………………………… 31

第一节　商业计划书 …………………………………………… 31

第二节　可行性研究报告 ……………………………………… 44

第三章　竞赛项目的领域选择 ………………………………………… 53

第一节　农业产业领域 ………………………………………… 53

第二节　文化旅游产业领域 …………………………………… 58

第三节　大健康产业领域 ……………………………………… 64

第四节　互联网产业领域 ……………………………………… 66

第五节　智能制造领域 ………………………………………… 70

第四章　竞赛项目路演注意事项与方法 ……………………………… 74

第一节　路演的方式与注意事项 ……………………………… 74

第二节　路演的核心与方法 …………………………………… 77

第五章　竞赛项目融资与风险管理 ……………………………………… 82

　　第一节　项目融资 …………………………………………………… 82

　　第二节　项目风险管理 ……………………………………………… 87

第六章　竞赛商业计划书实际案例分析 ………………………………… 95

　　案例1　菁选多肉——专为打造多肉精品 ………………………… 95

　　案例2　茶小科工作站 ……………………………………………… 109

　　案例3　变色龙——墙绘艺术的领跑者 ………………………… 119

　　案例4　盟买萌宠——聚焦直播带货，打造内容原创 ………… 136

　　案例5　"福力购"——开启一站式购物新业态 ………………… 146

　　案例6　源生活——文创赋能产业，内容创造价值 …………… 153

　　案例7　红忆超级星工厂——红色文创缔造的新名片 ………… 164

　　案例8　中型铸件自动打磨便利站 ……………………………… 180

参考文献 ……………………………………………………………… 192

第一章　创新创业大赛

第一节　中国国际"互联网＋"大学生创新创业大赛

中国国际"互联网＋"大学生创新创业大赛,由教育部等十二部门与地方省级人民政府共同主办,旨在深化高等教育综合改革,激发大学生的创造力,培养造就"大众创业、万众创新"的生力军;推动赛事成果转化,促进"互联网＋"新业态形成,服务经济提质增效升级;以创新引领创业、以创业带动就业,推动高校毕业生更高质量的创业就业。该赛事全面落实了习近平总书记给第三届中国"互联网＋"大学生创新创业大赛"青年红色筑梦之旅"大学生回信的重要精神,深入推进大众创业、万众创新,推动高等教育高质量发展,加快创新创业人才的培养。

一、总体目标

更中国、更国际、更教育、更全面、更创新、更协同,落实立德树人根本任务,传承和弘扬红色基因,聚焦"五育"融合的创新创业教育实践,开启创新创业教育改革新征程,激发青年学生创新创造热情,打造共建共享、融通中外的国际创新创业盛会,让青春在全面建设社会主义现代化国家的火热实践中绽放绚丽之花。

(1)更中国。在更深层次、更广范围体现红色基因传承,充分展现新发展阶段高水平创新创业教育的丰硕成果,集中展示新发展理念引领下创新创业人才培养的中国方案,提升新时代中国高等教育的感召力。

(2)更国际。深化创新创业教育国际交流合作,汇聚全球知名高校、企业和创客,融入经济双循环创新浪潮,搭建全球性创新创业竞赛平台,提升新时代中国高等教育的影响力。

(3)更教育。推动思想政治教育、专业教育与创新创业教育深度融合,弘扬劳动精神,加强学生创新实践能力培养,造就敢想敢为又善作善成的新时代好青年,提升新时代中国高等教育的塑造力。

（4）更全面。推进职普融通、产教融合、科教融汇，鼓励各学段学生积极参赛，形成创新创业教育在高等教育、留学生教育、职业教育、基础教育各学段的全覆盖，打通创新创业人才培养各环节，提升新时代中国高等教育的引领力。

（5）更创新。积极开辟发展新领域新赛道，不断塑造发展新动能新优势，丰富竞赛内容和形式，激发全社会创新创业创造动能，促进高校创新成果转化应用，服务国家创新发展，提升新时代中国高等教育的创造力。

（6）更协同。充分发挥大赛平台纽带作用，促进优质资源互联互通，推动形成开放大学、开放产业、开放问题的良好氛围，助推大赛项目落地转化，营造支持青年大学生创新创业、共同合作、互相包容、互相支持的良好生态。

二、主要任务

（1）以赛促教，探索人才培养新途径。全面提高人才自主培养质量，强化高校课程思政建设，深化创新创业教育改革，引领各类学校人才培养范式深刻变革，构建素质教育发展新格局，形成新的人才培养质量观和质量标准，切实提高学生的创新精神、创业意识和创新创业能力。

（2）以赛促学，培养创新创业生力军。着力造就拔尖创新人才，激励广大青年扎根中国大地了解国情民情，在创新创业中增长智慧才干，怀抱梦想又脚踏实地，敢想敢为又善作善成，做有理想、敢担当、能吃苦、肯奋斗的新时代好青年。

（3）以赛促创，搭建产教融合新平台。把教育融入经济社会产业发展，推动互联网、大数据、人工智能等领域成果转化和产学研用融合，促进教育链、人才链与产业链、创新链有机衔接，以创新引领创业、以创业带动就业，推动形成高校毕业生更高质量创业就业的新局面。

三、大赛内容

根据安排，大赛一般举办"1＋6"系列活动，"1"是主体赛事，包括高教主赛道、"青年红色筑梦之旅"赛道、职教赛道、产业命题赛道和萌芽赛道。"6"是6项同期活动，包括"青年红色筑梦之旅"活动、"互联网＋"大赛系列活动、红色夏令营、国赛项目集训营、优秀项目资源对接会和优秀项目展示活动。

四、组织机构

（1）大赛由教育部、中央统战部、中央网络安全和信息化委员会办公室、国家发展改革委、工业和信息化部、人力资源和社会保障部、农业农村部、中国科学院、中国工程院、国家知识产权局、国家乡村振兴局、共青团中央和各省人民政府共同主办。

（2）大赛设立组织委员会(简称大赛组委会)，由教育部和各省人民政府主要负责同志担任主任，教育部和各省分管领导担任副主任，教育部高等教育司主要负责同志担任秘书长，有关部门(单位)负责人作为成员，负责大赛的组织实施。

（3）大赛设立专家委员会，负责项目评审等工作。

（4）大赛设立纪律与监督委员会，负责对赛事组织、参赛项目评审、协办单位相关工作等进行监督，对违反大赛纪律的行为予以处理。

（5）各省级教育行政部门可成立相应的赛事机构，负责本地比赛的组织实施、项目评审和推荐等工作。

五、参赛要求

（1）参赛项目能够将移动互联网、云计算、大数据、人工智能、物联网、下一代通信技术、区块链等新一代信息技术与经济社会各领域紧密结合，服务新型基础设施建设，培育新产品、新服务、新业态、新模式；发挥互联网在促进产业升级以及信息化和工业化深度融合中的作用，促进制造业、农业、能源、环保等产业转型升级；发挥互联网在社会服务中的作用，创新网络化服务模式，促进数字技术与教育、医疗、交通、金融、消费生活等深度融合。

（2）参赛项目须真实、健康、合法，无任何不良信息，项目立意弘扬正能量，践行社会主义核心价值观。参赛项目不得侵犯他人知识产权；所涉及的发明创造、专利技术、资源等必须拥有清晰合法的知识产权或物权；抄袭盗用他人成果、提供虚假材料等违反相关法律法规的行为，一经发现即刻丧失参赛相关权利并自负一切法律责任。

（3）参赛项目涉及他人知识产权的，报名时须提交完整的具有法律效力的所有人书面授权许可书等；已在主管部门完成登记注册的创业项目，报名时须提交营业执照、登记证书、组织机构代码证等相关证件的扫描件，单位概况，法定代表人情况，股权结构等。参赛项目可提供当前真实财务数据、已获投资情况、带动就业情况等相关证明材料。在大赛通知发布前，已获投资 1000 万元及以上或在上一年及之前任意一个年度的收入达到 1000 万元及以上的参赛项目，需在总决赛时提供投资协议、投资款证明等佐证材料。

（4）参赛项目不得含有任何违反《中华人民共和国宪法》及其他法律、法规的内容，须尊重中国文化，符合公序良俗。

（5）参赛项目根据各赛道相应的要求，只能选择一个符合要求的赛道报名参赛。已获本大赛往届总决赛各赛道金奖和银奖的项目，不可报名参加大赛。

（6）参赛人员(不含产业命题赛道参赛项目成员中的教师)年龄不超过 35 岁。

六、比赛赛制

(1)大赛主要采用校级初赛、省级复赛、总决赛三级赛制(不含萌芽赛道以及国际参赛项目)。校级初赛由各院校负责组织,省级复赛由各地负责组织,总决赛由各地按照大赛组委会确定的配额择优遴选推荐项目。大赛组委会将综合考虑各地报名团队数(含邀请国际参赛项目数)、参赛院校数和创新创业教育工作情况等因素分配总决赛名额。

(2)大赛高教主赛道、"青年红色筑梦之旅"赛道、职教赛道、萌芽赛道等进入决赛的名额,会根据每年参赛数进行调整。

(3)高教主赛道每所高校入选总决赛项目总数不超过 5 个,"青年红色筑梦之旅"赛道、职教赛道每所院校入选总决赛项目各不超过 3 个。产业命题赛道每道命题每所院校入选总决赛项目总数不超过 3 个。萌芽赛道每所院校入选总决赛项目总数不超过 2 个。

七、赛程安排

(1)参赛报名。各省级教育行政部门及各有关学校负责审核参赛对象资格。参赛团队通过登录"全国大学生创业服务网"(网址:https://cy.ncss.cn)或微信公众号(名称为"全国大学生创业服务网"或"中国互联网＋大学生创新创业大赛")任一方式进行报名。服务网的资料下载板块可下载学生操作手册指导报名参赛,微信公众号可进行赛事咨询。

报名系统开放时间在每年 4 月左右,报名截止时间由各地根据复赛安排自行决定。国际参赛项目通过全球青年创新领袖共同体促进会官网进行报名(网址:www.pilcchina.org),具体时间根据每年的通知略有调整。

(2)初赛复赛(在每年 6—8 月)。各地各学校登录大赛官网进行大赛管理和信息查看。省级管理用户使用大赛组委会统一分配的账号进行登录,校级账号由各省级管理用户进行管理。初赛复赛的比赛环节、评审方式等由各校、各地自行决定。各地一般在 9 月之前完成省级复赛,并完成入围总决赛的项目遴选工作。

(3)总决赛(约在每年 10 月)。大赛设金奖、银奖、铜奖;另设高校集体奖、省市组织奖和优秀导师奖及若干单项奖。评审规则将于"全国大学生创业服务网"公布。大赛专家委员会对入围总决赛的项目进行网上评审,择优选拔项目进行总决赛现场比赛,决出各类奖项。

大赛组委会通过"全国大学生创业服务网"、国家大学生就业服务平台为参赛团队提供项目展示、创业指导、资源对接、人才招聘等服务,各项目团队可登录上述网站查看相关信息,各地可利用网站提供的资源,为参赛团队做好服务。

八、高教主赛道实施方案的主要内容

（一）参赛项目类型

（1）新工科类项目：大数据、云计算、人工智能、区块链、虚拟现实、智能制造、网络空间安全、机器人工程、工业自动化、新材料等。

（2）新医科类项目：现代医疗技术、智能医疗设备、新药研发、健康康养、食药保健、智能医学、生物技术、生物材料等。

（3）新农科类项目：现代种业、智慧农业、智能农机装备、农业大数据、食品营养、休闲农业、森林康养、生态修复、农业碳汇等。

（4）新文科类项目：文化教育、数字经济、金融经济、财经、法务、融媒体、翻译、旅游休闲、动漫、文创设计与开发、电子商务、物流、体育、非物质文化遗产保护、社会工作、家政服务、养老服务等。

参赛人员应认真了解和把握"四新"发展要求，结合以上分类及自身项目实际，合理选择项目类型。参赛项目不只限于"互联网＋"项目，各类创新创业项目均可参赛，参赛人员可根据"四新"建设内涵和产业发展方向选择相应类型。

（二）参赛方式和要求

（1）本赛道以团队为单位报名参赛，允许跨校组建参赛团队，每个团队的成员不少于3人，原则上不多于15人（含团队负责人），须为项目的实际核心成员。参赛团队所报参赛创业项目，须为本团队策划或经营的项目，不得借用他人项目参赛。

（2）根据参赛团队负责人的学籍或学历确定参赛团队所代表的参赛学校，且代表的参赛学校具有唯一性。按照参赛学校所在的国家和地区，分为中国大陆参赛项目、中国港澳台地区参赛项目、国际参赛项目3个类别。国际参赛项目和中国港澳台地区参赛项目可根据当地教育情况适当调整学籍和学历的相关参赛要求。

（3）所有参赛材料和现场答辩原则上使用中文或英文，如有其他语言需求，可联系大赛组委会。

（三）参赛组别和对象

根据参赛项目所处的创业阶段、已获投资情况和项目特点等，分为本科生创意组、研究生创意组、初创组、成长组。具体参赛条件如下：

（1）本科生创意组。参赛项目具有较好的创意和较为成型的产品原型或服务模式，在大赛通知下发之日前尚未完成工商等各类登记注册，并符合以下条件：

①参赛申报人须为团队负责人，团队负责人及成员须均为普通高等学校全日制在校本科生或专科生（不含在职教育）。

②学校科技成果转化项目不能参加本组比赛（科技成果的完成人、所有人中参赛申报人排名第一的除外）。

(2)研究生创意组。参赛项目具有较好的创意和较为成型的产品原型或服务模式,在大赛通知下发之日前尚未完成工商等各类登记注册,并符合以下条件:

①参赛申报人须为团队负责人,团队负责人和团队成员须为普通高等学校全日制在校研究生或本专科生(不含在职教育)。

②学校科技成果转化项目不能参加本组比赛(科技成果的完成人、所有人中参赛申报人排名第一的除外)。

(3)初创组。参赛项目工商等各类登记注册未满 3 年,且获机构或个人股权投资不超过 1 轮次,并符合以下条件:

①参赛申报人须为初创企业法定代表人,须为普通高等学校全日制在校生(包括本专科生、研究生,不含在职教育),或毕业 5 年以内的学生。企业法定代表人在大赛通知发布之日后进行变更的不予认可。

②初创组项目的股权结构中,参赛企业法定代表人的股权不得少于 10%,参赛成员股权合计不得少于 1/3。

③学校科技成果转化项目(不含基于国家级重大、重点科研项目的科研成果转化项目)可以参加初创组,允许将拥有科研成果的教师的股权与学生所持股权合并计算,合并计算的股权不得少于 51%(学生团队所持股权比例不得低于 26%)。

(4)成长组。参赛项目工商等各类登记注册 3 年以上或工商等各类登记注册未满 3 年,且获机构或个人股权投资 2 轮次以上(含 2 轮次),并符合以下条件:

①参赛申报人须为企业法定代表人,须为普通高等学校全日制在校生(包括本专科生、研究生,不含在职教育),或毕业 5 年以内的学生。企业法定代表人在大赛通知发布之日后进行变更的不予认可。

②成长组项目的股权结构中,参赛企业法定代表人的股权不得少于 10%,参赛成员股权合计不得少于 1/3。

③学校科技成果转化项目(不含基于国家级重大、重点科研项目的科研成果转化项目)可以参加成长组,允许将拥有科研成果的教师的股权与学生所持股权合并计算,合并计算的股权不得少于 51%(学生团队所持股权比例不得低于 26%)。

九、"青年红色筑梦之旅"赛道实施方案的主要内容

参加"青年红色筑梦之旅"活动的项目,符合大赛参赛要求的,可自主选择参加"青年红色筑梦之旅"赛道或其他赛道比赛(只能选择参加一个赛道)。该赛道单列奖项、单独设置评审指标。

(一)参赛项目要求

(1)参加"青年红色筑梦之旅"赛道的项目应符合大赛参赛项目要求,同时在推进革命老区、贫困地区、城乡社区经济社会发展等方面有创新性、实效性和可持续性。

(2)以团队为单位报名参赛。允许跨校组建团队,每个团队的参赛成员不少于3人,原则上不多于15人(含团队负责人),须为项目的实际核心成员。参赛团队所报参赛创业项目须为本团队策划或经营的项目,不得借用他人项目参赛。

(3)参赛申报人须为项目实际负责人,须为普通高等学校全日制在校生(包括本专科生、研究生,不含在职教育)或毕业5年以内的学生。企业法定代表人在大赛通知发布之日后进行变更的不予认可。

(二)参赛组别和对象

参加"青年红色筑梦之旅"赛道的项目,须为参加"青年红色筑梦之旅"活动的项目,否则一经发现,立即取消参赛资格。根据项目性质和特点,分为公益组、创意组、创业组。

1. 公益组

(1)参赛项目不以营利为目标,积极弘扬公益精神,在公益服务领域具有较好的创意、产品或服务模式的创业计划和实践。

(2)参赛申报主体为独立的公益项目或社会组织,注册或未注册成立公益机构(或社会组织)的项目均可参赛。

2. 创意组

(1)参赛项目基于专业和学科背景或相关资源,解决农业农村和城乡社区发展面临的主要问题,助力乡村振兴和社区治理,推动经济价值和社会价值的共同发展。

(2)参赛项目在大赛通知下发之日前尚未完成工商等各类登记注册。

3. 创业组

(1)参赛项目以商业手段解决农业农村和城乡社区发展面临的主要问题,助力乡村振兴和社区治理,实现经济价值和社会价值的共同发展,推动共同富裕。

(2)参赛项目在大赛通知下发之日前已完成工商等各类登记注册。项目的股权结构中,企业法定代表人的股权不得少于10%,参赛成员股权合计不得少于1/3。如已注册成立机构或公司,学生须为法定代表人。

十、职教赛道实施方案的主要内容

(一)参赛项目类型

(1)创新类:以技术、工艺或商业模式创新为核心优势。

(2)商业类:以商业运营潜力或实效为核心优势。

(3)工匠类:以体现敬业、精益、专注、创新为内涵的工匠精神为核心优势。

(二)参赛方式和要求

(1)职业院校(包括职业教育各层次学历教育,不含在职教育)、国家开放大学学生(仅限学历教育)可以报名参赛。

(2)大赛以团队为单位报名参赛。允许跨校组建团队,每个团队的参赛成员不少于

3 人,原则上不多于 15 人(含团队负责人),须为项目的实际核心成员。参赛团队所报参赛创业项目,须为本团队策划或经营的项目,不得借用他人项目参赛。

（三）参赛组别和对象

该赛道分为创意组与创业组,具体如下:

(1)创意组:①参赛项目具有较好的创意和较为成型的产品原型、服务模式或针对生产加工工艺进行创新的改良技术,在大赛通知下发之日前尚未完成工商等各类登记注册。②参赛申报人须为团队负责人,须为职业院校的全日制在校学生或国家开放大学学历教育在读学生。

(2)创业组:①参赛项目在大赛通知下发之日前已完成工商等各类登记注册,且公司注册年限不超过 5 年。②参赛申报人须为企业法定代表人,须为职业院校全日制在校学生或毕业 5 年内的学生、国家开放大学学历教育在读学生或毕业 5 年内的学生。企业法人在大赛通知发布之日后进行变更的不予认可。③已完成工商等各类登记注册的参赛项目的股权结构中,企业法定代表人的股权不得少于 1/3,参赛成员股份合计不得少于51％。

学校科技成果转化的项目只能参加创业组(科技成果的完成人、所有人中参赛申报人排名第一的除外),允许将拥有科技成果的教师的股权与学生所持股权合并计算,且股权不得少于 51％(学生团队所持股权比例不得低于 26％)。教师持股比例大于学生团队持股比例的项目,不能报名参加职教赛道。

十一、萌芽赛道实施方案的主要内容

（一）目标任务

推动创新创业素质教育,探索基础教育阶段创新创业教育的新模式,引导中学生开展科技创新、发明创造、社会实践等创新性实践活动,培养创新精神,激发创新思维,享受创造乐趣,提升创新能力。

（二）参赛对象

普通高级中学在校学生。参赛学生须为项目的实际成员,鼓励学生以团队为单位参加(团队成员原则上不超过 15 人),允许跨校组建团队。

（三）参赛项目要求

(1)项目应紧密融合学习、生活、社会实践,能创造性地解决问题或提供解决思路,具有可预见的应用性与成长性,可以是教育部公布的面向中小学生的全国性竞赛活动名单中学生赛事获奖项目或作品。项目不只限于"互联网＋"项目,鼓励各类创新创业项目参赛。

(2)项目须真实、健康、合法,无任何不良信息,不得借用他人项目参赛。项目立意应弘扬正能量,践行社会主义核心价值观。参赛项目不得侵犯他人知识产权;所涉及的发明创造、专利技术、资源等必须拥有清晰合法的知识产权或物权,涉及他人知识产权的,报名时须提交完整的具有法律效力的所有人书面授权许可书、专利证书等;抄袭盗用他人成果、提供虚假材料等违反相关法律法规的行为,一经发现,即刻丧失参赛相关权利并自负一切法律责任。

十二、产业命题赛道方案的主要内容

（一）目标任务

（1）发挥开放创新效用,打通高校智力资源和企业发展需求,协同解决企业发展中所面临的技术、管理等现实问题。

（2）引导高校将创新创业教育实践与产业发展有机结合,促进学生了解产业发展状况,培养学生解决产业发展问题的能力。

（3）立足产业发展,深化新工科、新医科、新农科、新文科建设,校企协同培育产业新领域、新市场,推动大学生更高质量创业就业。

（二）命题征集

（1）本赛道针对企业开放创新需求,面向产业代表性企业、行业龙头企业、专精特新企业等征集命题。

（2）企业命题应聚焦国家"十四五"规划战略性新兴产业方向,倡导新技术、新产品、新业态、新模式。围绕新工科、新医科、新农科、新文科对应的产业和行业领域,基于企业发展真实需求进行申报。

（3）命题须健康合法,弘扬正能量,知识产权清晰,无任何不良信息,无侵权违法等行为。

（三）参赛项目要求

（1）本赛道以团队为单位报名参赛,每支参赛团队只能选择一题参加比赛,允许跨校组建、师生共同组建参赛团队,每个团队的成员不少于 3 人,不多于 15 人（含团队负责人）,须为揭榜答题的实际核心成员。

（2）项目负责人须为普通高等学校全日制在校生（包括本专科生、研究生,不含在职教育）,或毕业 5 年以内的全日制学生（本专科生、研究生,不含在职教育）。参赛项目中的教师须为高校教师。

（3）参赛团队所提交的命题对策须符合所答企业命题要求。参赛团队须对提交的应答材料拥有自主知识产权,不得侵犯他人知识产权或物权。

（4）所有参赛材料和现场答辩原则上使用中文或英文,如有其他语言需求,请联系大赛组委会。

第二节 "挑战杯"全国大学生系列科技学术竞赛

"挑战杯"是"'挑战杯'全国大学生系列科技学术竞赛"的简称,由共青团中央、中国科协、教育部和全国学联共同主办的全国性大学生课外学术实践竞赛,竞赛官方网站为www.tiaozhanbei.net。"挑战杯"在中国共有两个并列项目:一个是"挑战杯"中国大学生创业计划竞赛,另一个是"挑战杯"全国大学生课外学术科技作品竞赛。这两个项目的全国竞赛交叉轮流开展,每个项目每两年举办一届。

(1)"挑战杯"全国大学生课外学术科技作品竞赛(以下简称"'挑战杯'竞赛")由共青团中央、中国科协、教育部、全国学联和省级人民政府共同主办,国内著名大学、新闻媒体联合发起的一项具有导向性、示范性和群众性的全国竞赛活动。自1989年首届竞赛举办以来,"挑战杯"竞赛始终坚持"崇尚科学、追求真知、勤奋学习、锐意创新、迎接挑战"的宗旨,在促进青年创新人才成长、深化高校素质教育、推动经济社会发展等方面发挥了积极作用,在广大高校乃至社会上产生了广泛而良好的影响,被誉为当代大学生科技创新的"奥林匹克"盛会。竞赛的发展得到党和国家领导人的亲切关怀,江泽民同志为"挑战杯"竞赛题写了杯名,李鹏、李岚清等党和国家领导人题词勉励。截至目前,"挑战杯"竞赛已经成为:

①吸引广大高校学生共同参与的科技盛会。从最初的19所高校发起,发展到1000多所高校参与;从300多人的小擂台,发展到200多万名大学生的竞技场,"挑战杯"竞赛在广大青年学生中的影响力和号召力显著增强。

②促进优秀青年人才脱颖而出的创新摇篮。竞赛获奖者中已经产生了多位长江学者、国家重点实验室负责人和众多教授和博士生导师。

③引导高校学生推动现代化建设的重要渠道。成果展示、技术转让、科技创业,让"挑战杯"竞赛从象牙塔走向社会,推动了高校科技成果向现实生产力的转化,为经济社会发展做出了积极贡献。

④深化高校素质教育的实践课堂。"挑战杯"竞赛已经形成了国家、省、高校三级赛制,广大高校以"挑战杯"竞赛为龙头,不断丰富活动内容,拓展工作载体,把创新教育纳入教育规划,使"挑战杯"竞赛成为大学生参与科技创新活动的重要平台。

⑤展示全体中华学子创新风采的亮丽舞台。香港、澳门、台湾众多高校积极参与竞赛,派出代表团参加观摩和展示。竞赛成为海峡两岸暨港澳青年学子展示创新风采的舞台,增进彼此了解、加深相互感情的重要途径。

(2)"挑战杯"中国大学生创业计划竞赛(以下简称"创业计划竞赛"),又称商业计划竞赛,是风靡全球高校的重要赛事。它借用风险投资的运作模式,要求参赛者组成优势互补的竞赛小组,提出一项具有市场前景的技术、产品或者服务,并围绕这一技术、产品或服务,以获得风险投资为目的,完成一份完整、具体、深入的创业计划。

竞赛采取学校、省(自治区、直辖市)和全国三级赛制,分预赛、复赛、决赛3个赛段进行。

大力实施"科教兴国"战略,努力培养广大青年的创新、创业意识,造就一代符合未来挑战要求的高素质人才,已经成为实现中华民族伟大复兴的时代要求。作为学生科技活动的新载体,创业计划竞赛在培养复合型、创新型人才,促进高校产学研结合,推动国内风险投资体系建立方面发挥出越来越积极的作用。

一、"挑战杯"全国大学生课外学术科技作品竞赛章程

(一)总　则

(1)"挑战杯"全国大学生课外学术科技作品竞赛由共青团中央、中国科协、教育部、中国社会科学院、全国学联、省级人民政府主办的大学生课外学术科技活动中一项具有导向性、示范性和群众性的竞赛活动,每两年举办一届。

(2)竞赛的宗旨:崇尚科学、追求真知、勤奋学习、锐意创新、迎接挑战。

(3)竞赛的目的:引导和激励高校学生实事求是、刻苦钻研、勇于创新、多出成果、提高素质,培养学生的创新精神和实践能力,并在此基础上促进高校学生课外学术科技活动的蓬勃开展,发现和培养一批在学术科技上有作为、有潜力的优秀人才。鼓励学以致用,推动产学研融合互促,紧密围绕创新驱动发展战略,服务国家经济、政治、文化、社会、生态文明建设。

(4)竞赛的基本方式:高等学校在校学生申报自然科学类学术论文、哲学社会科学类社会调查报告和学术论文、科技发明制作3类作品参赛;聘请专家评定出具有较高学术理论水平、实际应用价值和创新意义的优秀作品,给予奖励;组织学术交流和科技成果的展览、转让活动。

(二)组织机构及其职责

(1)竞赛设立领导小组,由主办单位和承办单位的有关负责人组成,负责指导竞赛活动,并对全国组织委员会和全国评审委员会提交的问题进行协调和裁决。

(2)竞赛设立全国组织委员会,由主办单位、承办单位和联合发起单位(含高校、新闻单位、相关企业)的有关负责人组成。主办单位和承办单位分别委派有关负责同志作为组委会成员,各联合发起单位推荐1名主管领导作为组委会成员。全国组织委员会设主任、副主任若干名。获得3次"挑战杯"的高校将获得持续担任组委会副主任成员的资格。

(3)全国组织委员会的职责如下:

①审议、修改竞赛的章程。

②筹集竞赛组织、评审、奖励所需的经费。

③投票表决竞赛承办高校。

④议决其他应由组委会议决的事项。

（4）全国组织委员会下设秘书处，负责按照全国组织委员会通过的章程组织竞赛活动并向全国组织委员会报告工作。秘书处设秘书长、副秘书长若干名，由主办单位、承办单位有关领导担任。

（5）竞赛设立全国评审委员会，由主办单位聘请的相关学科具有高级职称的非高校专家或高科技企业的技术骨干组成。全国评审委员会设主任1名，常务副主任2名，副主任若干名，秘书长1名，副秘书长若干名。

全国评审委员会经主办单位批准成立，有权在本章程和评审规则所规定的原则下，独立开展评审工作。评委须严格遵守《评审纪律》，评审前须签订《评审纪律承诺书》。

（6）全国评审委员会职责如下：

①在本章程和评审规则基础上制定评审实施细则。

②终审决赛环节实行公开答辩制，答辩前评审委员可以到参赛作品集中展示区审看参赛作品及其演示。

③确定参赛作品获奖等次。

（7）竞赛设立作品资格评判委员会，在全国组织委员会第二次全体会议召开时成立，由全国评审委员会常务副主任1名、评审委员不少于3名（根据被评判作品学科分布选定）、主办单位各1名代表、全国组织委员会高校委员中抽签产生的10名代表（每省份最多2名代表）组成。作品资格评判委员会主任由全国评审委员会常务副主任担任。作品资格评判委员会会议由作品资格评判委员会主任负责召集。

（8）作品资格评判委员会职责如下：

①授权全国组织委员会秘书处在预审开始至终审决赛结束前接受参赛学校和学生、评委、社会各界人士对参赛作品资格的质疑投诉。

②在终审决赛结束前，如出现被质疑投诉的作品，作品资格评判委员会应召开会议，对被质疑投诉的参赛作品的作者及其所属学校进行质询。

③投票表决被质疑投诉的作品是否具备参赛资格。

（9）全国组织委员会秘书处对质疑投诉者的姓名、单位予以保密。质疑投诉者需提供相关证据或明确的线索。作品资格评判委员会开会时，到会人数超过2/3方可进行表决；表决时实行回避制度；若参加表决人数中有2/3以上认为该作品不具备参赛资格，则评委会对该作品不予评审，其参赛得分随之取消。全国组织委员会秘书处不受理匿名质疑投诉。终审决赛结束后，对作品的质疑投诉继续按本章程执行。

（10）竞赛设立评审监督委员会，在全国赛前成立，下设秘书处。评审监督委员会依照《评审监督委员会章程》组织建立、行使职责。

(11)主办单位根据团体总分优先原则,确定上届竞赛总分前70名的学校为联合发起高校,并可根据终审决赛规模、地区平衡、学校类别及代表性、承办地区等因素做部分调整。

(12)各省(区、市)和新疆生产建设兵团、各高校应举办与全国竞赛接轨的届次化的学生课外学术科技作品竞赛。各省(区、市)和新疆生产建设兵团团委、科协、教育部门、学联联合设立省级组织协调委员会和评审委员会,负责本省份竞赛的组织协调、参赛作品资格审查和作品初评等有关工作。

(三)参赛资格与作品申报

(1)凡在举办竞赛终审决赛的当年6月1日以前正式注册的全日制非成人教育的各类高等院校在校专科生、本科生、硕士研究生(不含在职研究生)都可申报作品参赛。

(2)申报参赛的作品必须是距竞赛终审决赛当年6月1日前两年内完成的学生课外学术科技或社会实践活动成果,可分为个人作品和集体作品。申报个人作品的,申报者必须承担申报作品60%以上的研究工作,作品鉴定证书、专利证书及发表的有关作品上的署名均应为第一作者,合作者必须是学生且不得超过2人;凡作者超过3人的项目或者不超过3人,但无法区分第一作者的项目,均须申报集体作品。集体作品的作者必须均为学生。凡有合作者的个人作品或集体作品,均按学历最高的作者划分至本专科生或硕士研究生类进行评审。

增加作品自查环节,申报学校签订承诺书,承诺作品符合"挑战杯"竞赛申报作品的要求,接受竞赛组委会检查。对不符合申报要求或严重违规作品的惩戒措施按照章程规定执行。

本校硕博连读生(直博生)若在决赛当年6月1日以前未通过博士资格考试的,可以按硕士生学历申报作品。没有实行资格考试制度的学校,前两年可以按硕士学历申报作品。本硕博连读生,按照4年、2年分别对应本、硕申报,后续则不可申报。毕业设计和课程设计(论文)、学年论文和学位论文、国际竞赛中获奖的作品、获国家级奖励成果(含本竞赛主办单位参与举办的其他全国性竞赛的获奖作品)等均不在申报范围之列。

(3)申报参赛的作品分为自然科学类学术论文、哲学社会科学类社会调查报告和学术论文、科技发明制作3类。自然科学类学术论文作者限本专科生。哲学社会科学类支持围绕发展成就、文明文化、美丽中国、民生福祉、中国之治5个组别形成社会调查报告,也可以按照哲学、经济、社会、法律、教育、管理6个学科报送社会调查报告和学术论文。科技发明制作类分为A、B两类:A类指科技含量较高、制作投入较大的作品;B类指投入较少,且为生产技术或社会生活带来便利的小发明、小制作等。

(4)参赛作品涉及下列内容时,必须由申报者提供有关部门的证明材料,否则不予评审。

①动植物新品种的发现或培育,须有省级以上农科部门或科研院所开具证明。

②对国家保护动植物的研究,须有省级以上林业部门开具证明,证明该项研究的过程中未产生对所研究的动植物繁衍、生长不利的影响。

③新药物的研究须有卫生行政部门授权机构的鉴定证明。

④医疗卫生研究须通过专家鉴定,并最好附有在公开发行的专业性杂志上发表过的文章。

⑤涉及燃气用具等与人民生命财产安全有关用具的研究,须有国家相应行政部门授权机构的认定证明。

(5)参赛作品必须于申报前将作品项目名称、参赛学生和指导教师等关键信息在学校官方网站主页上进行不少于5天的公示,并将公示截图随作品一同报送。多个学校学生合作申报的项目,须注明学生、学校信息并在学生所在学校均进行公示。

(6)参赛作品必须由2名具有高级专业技术职称的指导教师(或教研组)推荐,经本校学籍管理、教务、科研管理部门审核确认。每件作品可由不超过3名教师指导完成。作品完成全国竞赛申报后,作品题目、作者、指导教师等关键信息不得变动。

(7)每个学校选送参加竞赛的作品总数不得超过6件,每人限报1件,作品中研究生的作品不得超过作品总数的1/2,如研究生作品数超过比例要求,违反规定的,取消该校所有研究生作品参赛资格且不得补报,但如学校只招收研究生的,或只有1件作品参加全国竞赛的,不受作品比例限制。参赛作品须经过本省份组织协调委员会进行资格及形式审查和本省份评审委员会初步评定,方可上报全国组委会办公室。各省(区、市)和新疆生产建设兵团选送全国竞赛的作品数额由主办单位统一确定。每所发起学校可直接报送3件作品(含在6件作品之中)参加全国竞赛。每所获得进步显著奖的学校可直接报送1件作品(含在6件作品之中)参加全国竞赛。直通全国竞赛渠道不做累加。

(8)竞赛设置"揭榜挂帅"专项赛道,聚焦科技发展前沿和关键核心技术,聚焦哲学社会科学领域的重大课题和现实问题,由政府、企业、科研机构等单位发榜命题,学生团队揭榜答题。每所学校选送参加专项赛的作品数不设限制,但同一作品不得同时参加主体赛事自然科学类学术论文、哲学社会科学类调查报告、科学发明制作作品评比。

(四)展览、交流、转让

(1)全国评审委员会推荐通过预审的一定比例的自然科学类学术论文、哲学社会科学类社会调查报告和学术论文及全部科技发明制作类作品参加展览。科技发明制作类作品必须有实物或模型参展。

(2)全国组织委员会将在竞赛的终审决赛阶段组织多种形式的学术交流和工作交流活动,并适时举办专项赛、展示赛、邀请赛等丰富"挑战杯"竞赛的活动。

(3)全国组织委员会在终审决赛期间,举办成果转让活动;成果是否转让不作为作品评审获奖的依据。

（4）全国组织委员会拥有组织转让获奖作品的优先权。成果产权及利益分配由学校和作者协商确定。全国组织委员会可结集出版竞赛获奖作品及评委评语。

（五）奖　　励

（1）参赛的自然科学类学术论文、哲学社会科学类社会调查报告和学术论文、科技发明制作类 3 类作品各设特等奖、一等奖、二等奖和三等奖。各等次奖分别约占各类报送作品总数的 5％、10％、20％和 55％。本专科生、硕士研究生两个学历层次作者的作品获奖数与其报送作品数成正比例。科技发明制作类中 A 类和 B 类作品分别按上述比例设奖。全国评审委员会对各省级组织协调委员会和发起高校报送的参赛作品进行预审，评出报送作品中的 35％左右进入终审决赛，55％左右获得三等奖，10％左右淘汰。在终审决赛中评出特等奖、一等奖、二等奖。同时为激发学生参与基础学科、小众学科的热情，终审决赛各分类小组原则上至少有 1 件特等奖和 1 件一等奖。预审和终审前，全国组织委员会根据作品数量等确定各分类小组授奖数量。

"揭榜挂帅"专项赛独立评审，每个选题作品评出特等奖 5 个，一等奖、二等奖、三等奖若干，获得特等奖的团队通过"擂台赛"原则上决出 1 个"擂主"。出题方与获奖团队兑现奖励。"红色专现"活动和"黑科技"展示活动独立评审，作品参照特等奖、一等奖、二等奖、三等奖的等次设置相应奖励。

（2）入围获奖的作品，确认资格有效的，由全国组织委员会向作品颁发证书（证书须体现作者和指导老师姓名）。参加各省（区、市）和新疆生产建设兵团预赛的作品，确认资格有效而又未进入全国竞赛的，由各省（区、市）和新疆生产建设兵团组织协调委员会向作品颁发证书（证书须体现作者和指导老师姓名）。

（3）竞赛以学校为单位计算参赛得分，团体总分按名次排列，按位次公布。团体总分由"现场作品得分"和"校级赛事组织得分"两部分组成。最高荣誉"挑战杯"为流动杯，授予竞赛团体成绩最佳的学校，如遇团体总分并列第一，以获特等奖的数量排序，以此类推至三等奖。设"优胜杯"若干，分别授予除"挑战杯"获得高校之外团体总分前 41 名的其余学校，及位列本省份第一名的高校中除去团体总分前 41 名高校后排名前 10 名的其余学校。累计 3 次获得"挑战杯"的学校，可永久保存复制的"挑战杯"一座。

（4）各等次奖计分方法如下：特等奖作品每件计 100 分，一等奖作品每件计 70 分，二等奖作品每件计 40 分，三等奖作品每件计 20 分，上报至全国组织委员会但未通过预审的作品每件计 10 分。

"揭榜挂帅"专项赛"擂主"作品每件计 35 分，特等奖作品（不含"擂主"作品）每件计 25 分，一等奖作品每件计 15 分，二等奖作品每件计 10 分，三等奖作品每件计 5 分。同一学校最多取获奖等次最高的 3 件作品计入总分。

（5）校级赛事组织得分采取加分制，主要考察出台激励学生创新政策，联合教务、科研等部门举办校级赛事，校级赛事学校重视、指导教师积极参与、学生广泛覆盖、氛围营造及宣传,高校上传有评委完整评语作品到竞赛网站等情况。全国组织委员会秘书处负责制定《校级赛事组织得分实施细则》。

(6)竞赛设5个左右省级进步显著奖和10个左右高校进步显著奖,激励原本竞赛基础较为薄弱、取得显著进步的省份和高校。进步显著奖由主办单位根据相邻届次竞赛成绩,综合考虑团体总分、参赛高校数量、参赛作品数量等指标增幅情况进行评定,报全国组织委员会确认。

(7)为鼓励各高校对参赛项目进行持续支持与跟踪培育,推动竞赛由短期开展向日常活动的转变,提升竞赛育人功能,竞赛设立累进创新专项奖,奖给在过去2届全国竞赛中入围获奖且在后续有较大创新提升的作品。此外,在符合竞赛宗旨、具有良好导向作用前提下,可联合社会有关方面设立、评选专项奖。

(8)为鼓励各地各高校积极组织学生参赛,团队总分前100名的高校、成绩前列的省级团委及进步较大的高校或者省级团委,可以推荐1名优秀组织工作者,予以通报表扬,对先进事迹予以宣传。

(9)为鼓励高校教师积极指导参赛项目,竞赛组织委员会对指导学生作品获得特等奖、一等奖、累进创新专项奖等的优秀指导教师予以通报表扬,对指导教师为服务大学生科技创新做出的贡献表示感谢。竞赛组织委员会通过组织典型选树、寻访活动、宣讲交流等方式,对优秀指导教师的经验、事迹予以宣传。各省份及参赛高校对获奖作品指导教师及参赛学生的激励政策原则上不低于其他同等赛事。

(六)惩　戒

(1)参赛作品存在舞弊、抄袭、作假,将国家课题、教师科研成果包装成学生项目的,均视为严重违规行为。

(2)参赛作品在公示环节,知情公众如发现作品不符合申报要求或存在严重违规行为,各高校要严肃对待,一经查实,取消作品参赛资格。

(3)参赛作品如在参赛环节被检查或经举报核实发现作品不符合申报要求,取消作品参赛资格,该学校不得补报作品;被检查或经举报核实发现作品存在严重违规行为,取消作品参赛资格,该学校不得补报作品,该学校团体总分为零,并取消该学校参评"挑战杯""优胜杯"及其他集体奖项的资格,视情节严重取消该学校下届联合发起单位资格或参赛资格。

(4)竞赛结束后,对获奖作品保留一个月的质疑投诉期。若收到投诉,竞赛领导小组将委托主办单位有关部门进行调查。经调查,如确认该作品资格不符者,取消该作品获得的奖励,重新计算作者所在学校团体总分及名次;如确认作品存在严重违规行为,该学校团体总分为零,取消该学校所获得的"挑战杯""优胜杯"或其他集体奖项,视情节严重取消该学校下届联合发起单位资格或参赛资格,并通报全国组织委员会成员单位。

（七）附　则

（1）承办竞赛的高校应按当届组委会通过的申办办法，申请承办下一届竞赛活动；获得历届"挑战杯"和"优胜杯"的学校具有承办下届竞赛的优先权；当届组委会通过一定的民主程序产生下届承办单位。

（2）竞赛承办单位有权以全国组织委员会名义寻求赞助。最高荣誉"挑战杯"不得用于寻求赞助。

（3）www.tiaozhanbei.net 为全国"挑战杯"竞赛专用网站，由主办单位和承办单位共同建设。

（4）本章程自全国组织委员会审议通过之日起生效，由竞赛主办单位及全国组织委员会秘书处负责解释。

二、"挑战杯"中国大学生创业计划竞赛章程

（一）总　则

（1）"挑战杯"中国大学生创业计划竞赛是由共青团中央、中国科协、教育部、全国学联和省级人民政府主办的大学生课外科技文化活动中一项具有导向性、示范性、实践性和群众性的创新创业竞赛活动，每两年举办一届。

（2）竞赛目的：深入学习贯彻习近平新时代中国特色社会主义思想，聚焦为党育人功能，从实践教育角度出发，引导和激励高校学生弘扬时代精神，把握时代脉搏，通过开展广泛的社会实践和深刻的社会观察，不断增强对国情社情的了解，将所学知识与经济社会发展紧密结合，提高创新、创意、创造、创业的意识和能力，提升社会化能力，为建设社会主义现代化强国、实现中华民族伟大复兴的中国梦贡献青春力量。

（3）竞赛内容：根据参赛对象，分普通高校、职业院校 2 类。设科技创新和未来产业、乡村振兴和农业农村现代化、社会治理和公共服务、生态环保和可持续发展、文化创意和区域合作 5 个组别。

（4）竞赛方式：竞赛分校级初赛、省级复赛、全国决赛。校级初赛由各校组织，广泛发动学生参与，遴选参加省级复赛项目。省级复赛由各省份组织，遴选参加全国决赛项目。全国决赛由全国组委会聘请专家根据项目社会价值、实践过程、创新意义、发展前景和团队协作等综合评定金奖、银奖、铜奖等项目。竞赛期间组织参赛项目参与交流展示活动。

（二）组织机构及其职责

（1）竞赛设立领导小组，由主办单位和承办单位的有关负责人组成，负责指导竞赛活动，并对全国组织委员会和全国评审委员会提交的问题进行协调和裁决。

（2）竞赛设立全国组织委员会，由主办单位、承办单位的有关负责人组成。全国组织委员会设主任若干名。

（3）全国组织委员会的职责如下：

①审议、修改竞赛章程。

②筹集竞赛组织、评审、奖励所需的经费。

③确定竞赛承办单位。

④议决其他应由组织委员会议决的事项。

（4）全国组织委员会下设秘书处，负责按照全国组织委员会通过的章程组织竞赛活动并向全国组织委员会报告工作。秘书处设秘书长、副秘书长若干名，由主办单位、承办单位有关负责人担任。

（5）竞赛设立全国评审委员会，由全国组织委员会聘请各相关领域的专家、学者、企业家、青年创业典型等非高校人士组成。全国评审委员会设主任、副主任和评审委员若干名。

全国评审委员会经全国组织委员会批准成立，有权在本章程和评审规则所规定的原则下，独立开展评审工作。

（6）全国评审委员会职责如下：

①在本章程和评审规则基础上制定评审实施细则。

②接受对参赛作品资格的质疑投诉并进行判定。

③负责参赛项目的评审工作。

④确定参赛作品获奖等次。

（7）竞赛设立全国监督委员会，对评审过程、评审纪律等进行监督，协调处理对竞赛作品资格和评审结果的质询（须由省级团委提出），对违反竞赛纪律的行为予以处理。

（8）各省（区、市）、各高校须举办与全国竞赛接轨的届次化的大学生创业计划竞赛。各省（区、市）团委、科协、教育部门、人社部门、学联联合设立省级组织协调委员会和评审委员会，负责本省（区、市）竞赛的组织协调、参赛作品资格审查和作品初评等有关工作。

（三）参赛资格与作品申报

（1）普通高校学生：在举办竞赛决赛的当年6月1日以前正式注册的全日制非成人教育的各类普通高等学校在校专科生、本科生、硕士研究生（不含在职研究生）可参加。硕博连读生、直接攻读博士生若在举办竞赛决赛的当年6月1日前未通过博士资格考试的，可以按硕士研究生学历申报作品；没有实行资格考试制度的学校，前2年可以按硕士研究生学历申报作品；本硕博连读生，按照4年、2年分别对应本、硕申报。博士研究生仅可作为项目团队成员参赛（不作为项目负责人）且人数不超过团队成员数量的30％。

职业院校学生：在举办竞赛决赛的当年6月1日以前正式注册的全日制职业教育本科、高职高专和中职中专在校学生。

（2）参赛基本要求：参赛项目应有较高立意，积极践行社会主义核心价值观；应符合国家相关法律法规规定、政策导向;应为参赛团队真实项目,不得侵犯他人知识产权,不得借用他人项目参赛;存在剽窃、盗用、提供虚假材料或违反相关法律法规的,一经发现将取消参赛相关权利并自负一切法律责任。已获往届"挑战杯"中国大学生创业计划竞赛、"创青春"全国大学生创业大赛、"挑战杯——彩虹人生"全国职业学校创新创效创业大赛全国金奖(特等奖)、银奖(一等奖)的项目,不可重复报名。

(3)参赛项目申报。按普通高校和职业院校分类申报,每所学校限参加一类。聚焦创新、协调、绿色、开放、共享新发展理念,设5个组别:

①科技创新和未来产业:围绕创新驱动发展战略,推动数字经济健康发展,在智能制造、信息技术、大数据、人工智能、生命科学、新材料、军民融合等领域,结合实践观察设计项目。

②乡村振兴和农业农村现代化:围绕实施乡村振兴战略,在农林牧渔、电子商务、乡村旅游、城乡融合等领域,结合实践观察设计项目。

③社会治理和公共服务:围绕国家治理体系和治理能力现代化建设,在政务服务、消费生活、公共卫生与医疗服务、金融与财经法务、教育培训、交通物流、人力资源等领域,结合实践观察设计项目。

④生态环保和可持续发展:围绕可持续发展战略和碳达峰碳中和目标,在环境治理、可持续资源开发、生态环保、清洁能源应用等领域,结合实践观察设计项目。

⑤文化创意和区域合作:突出共融、共享,紧密围绕"一带一路"和京津冀、长三角、粤港澳大湾区以及成渝地区双城经济圈、长江中游城市群等区域合作,在工业设计、动漫广告、体育竞技和国际文化传播、对外交流培训、对外经贸等领域,结合实践观察设计项目。

(4)参赛形式:以学校为单位统一申报,以创业团队形式参赛,每个团队人数原则上不超过15人,每个项目指导教师原则上不超过5人。

对于跨校组队参赛的作品,各成员须事先协商明确作品的申报单位。

对于经授权的发明创造或专利技术,在报名时需提交具有法律效力的发明创造或专利技术所有人的书面授权许可、作品鉴定证书、专利证书等。

对于已工商注册的项目,在报名时需提交相关证明材料(含单位概况、法定代表人情况、营业执照复印件、税务登记证复印件、组织机构代码复印件等材料)。已工商注册项目的负责人须为企业法定代表人。企业法定代表人在通知发布之日后进行变更的不予认可。

(5)参赛作品涉及有关内容时,必须由申报者提供有关部门的证明材料,否则不予评审(具体可参照"挑战杯"全国大学生课外学术科技作品竞赛中的参赛资格与作品申报)。

(6)每个学校选送参加主体竞赛的作品总数不得超过6件(专项竞赛名额另计),其中,每个组别至多2个,每人(每个团队)限报1件;每个参赛项目只可选择1个组别,不得兼报。参赛作品须经过本省(区、市)组织协调委员会进行资格及形式审查和本省

(区、市)评审委员会初步评定,方可上报全国组织委员会。各省(区、市)选送全国竞赛的作品数额由主办单位统一确定。

(四)展览、交流、孵化

(1)全国组织委员会将在竞赛决赛阶段组织多种形式的交流、展示活动和适时举办其他活动,丰富"挑战杯"竞赛的内容。

(2)全国组织委员会拥有组织转让及孵化获奖作品的优先权。成果产权及利益分配由学校和作者协商确定。全国组织委员会可结集出版竞赛获奖作品及评委评语。

(3)在每届竞赛举办期间,全国组织委员会将适时在全国范围遴选确定若干家大学生创业示范园区,并联合园区及风险投资机构举办项目对接和孵化活动,对竞赛中涌现出的优秀作品优先转化。

(4)全国组织委员会将适时设立大学生创业基金,加强与有关方面特别是创业投资公司、金融机构等方面的合作,为高校学生通过参与竞赛实现创业提供支持。

(5)竞赛设学校集体奖。以学校为单位计算参赛得分并排序评选。金奖项目每个计100分,银奖项目每个计70分,铜奖项目每个计30分。竞赛设"挑战杯",授予团体总分最高的学校;设"优胜杯"若干,授予除"挑战杯"获得高校之外团体总分靠前的学校。每校取获得奖次最高的6个项目计算总积分,如遇总积分相等,则以获金奖的个数决定同一名次内的排序,以此类推至铜奖。如总积分、获奖情况完全相同,由全国组委会综合考虑予以最终评定。

(五)奖 励

(1)全国评审委员会对各省(区、市)报送的参赛作品进行复审,评出参赛作品总数的90%左右进入决赛。竞赛决赛设金奖、银奖、铜奖,各等次奖分别约占进入决赛作品总数的10%、20%、70%;各组参赛作品获奖比例原则上相同。

全国评审委员会将在复赛、决赛阶段,针对已创业(甲类)与未创业(乙类)两类作品实行相同的评审规则;计算总分时,将视已创业作品的实际运营情况,在其实得总分基础上给予1%~5%的加分。专项赛事单独设置奖项。

(2)参加全国终审决赛的作品,确认资格有效的,由全国组织委员会向作者颁发证书,并视情况给予奖励。参加各省(区、市)预赛的作品,确认资格有效而又未进入全国竞赛的,由各省(区、市)组织协调委员会向作者颁发证书。

(3)竞赛设省级优秀组织奖和高校优秀组织奖,奖励在竞赛组织工作中表现突出的省份和高校。优秀组织奖的评选主要依据为网络报备作品的数量和进入决赛作品的质量。省级优秀组织奖由主办单位评定,报全国组织委员会确认。高校优秀组织奖由各省(区、市)组织委员会提名,主办单位评定后报全国组织委员会确认。

(4)在符合本章程有关规定的前提下,全国组织委员会可联合社会有关方面设立、评选专项奖。

（六）附 则

（1）竞赛结束后,对获奖作品保留一个月的质疑投诉期。若收到投诉,竞赛领导小组将委托主办单位有关部门进行调查。经调查,如确认该作品资格不符者,取消该作品获得的奖励,取消该校、该省所获的优秀组织奖,通报全国组织委员会成员单位,并视情节给予所在学校取消参赛资格或其他处罚。竞赛组委会不接受匿名投诉,将保护实名投诉人的合法权益。

（2）竞赛承办单位有权以全国组织委员会名义寻求赞助。

（3）www.tiaozhanbei.net 为全国"挑战杯"竞赛官方网站,由主办单位和承办单位共同建设。

（4）本章程自全国组织委员会通过之日起生效,由竞赛主办单位及全国组织委员会秘书处负责解释。

第三节 "中国创翼"创业创新大赛

为了贯彻党的十九大和十九届历次全会精神,落实国家创新驱动发展战略、就业优先战略及人才强国战略,人力资源和社会保障部联合有关部门举办"中国创翼"创业创新大赛,以创新引领创业、创业带动就业、推进乡村振兴为核心价值和重点评价指标,大力营造全社会鼓励支持创新创业的浓厚氛围和良好环境,推进"大众创业、万众创新"向高质量纵深发展。

一、组织机构

（一）主办及承办单位

主办单位:人力资源和社会保障部、相关部门和社团组织。

承办单位:人力资源和社会保障部就业促进司、全国人才流动中心。

（二）大赛组委会

成立大赛全国组委会,负责大赛的组织领导。全国组委会下设办公室,具体负责大赛的方案设计、统筹协调、组织实施、宣传发动、赛事保障等工作。办公室设在人力资源和社会保障部全国人才流动中心。

各省级人力资源和社会保障部门可联合有关部门和群团组织设立省级组委会,负责大赛的宣传动员、报名审核、省级选拔赛的组织实施、全国选拔赛和全国总决赛的组织协调、创业典型的推荐宣传和政策(资金)奖励扶持等工作。

（三）专家委员会

为提升大赛层次，更好发挥创业服务效果，全国组委会将邀请部分热心公益、有一定社会影响力，在创新创业研究、指导和服务方面具有丰富经验的专家组成大赛专家委员会。专家委员会对全国组委会负责，对大赛方案策划设计、评审标准规则等方面提出意见建议，审核评委资格，监督评审过程。

（四）评审委员会

为确保大赛评选工作公开、公平、公正进行，全国组委会将邀请就业创业研究的指导专家、成功创业企业家及创投行业领军人士组成大赛评审委员会。评审委员会对全国组委会负责，并在专家委员会监督下独立开展评审工作。

二、组织形式及赛制安排

大赛按照"1+3"模式，即1个主体赛加3个专项赛。其中，主体赛分为制造业和服务业2个项目组；3个专项赛分别为青年创意专项赛、劳务品牌专项赛和乡村振兴专项赛。

大赛按照省级选拔赛（劳务品牌专项赛可直接推荐）、全国选拔赛、全国总决赛3个阶段实施。

（一）主体赛

主体赛制造业项目组，既包括采矿冶炼、纺织服装、机械制造、产品代工、小商品制造等传统产业的改进创新和升级迭代，也包括信息技术、生物技术、新能源、新材料、高端装备、新能源汽车、绿色环保、航空航天、海洋装备、互联网TMT等新兴产业。服务业项目组，既包括商贸、餐饮、住宿、家政、物业等传统服务业项目，也包括服务研发设计、电商物流、法律服务、教育培训、人力资源、健康医养、文体旅游等现代服务业。

年满16周岁的各类创业群体均可报名参赛，项目所在地位于中国大陆。

（二）青年创意专项赛

面向16～35周岁的高校及技工院校在校生、毕业生等青年群体，项目类型不限，须有技术、产品、模式等方面的创新成果，有完整的创业计划书。

（三）劳务品牌专项赛

面向各类依托、运用劳务品牌培育、开发和创业的项目。年满16周岁的各类创业群体均可报名参赛，项目所在地位于中国大陆。

（四）乡村振兴专项赛

面向各类乡村创业项目，如农业科技、特色种养殖、农产品加工、农村电商物流、乡村旅游、传统手工艺、文化传承与创新、乡土人才培育开发等。

年满16周岁的各类创业群体均可报名参赛，项目所在地位于中国大陆。限于下辖乡镇农村的县域以内(包括市辖郊区、县级市、县、自治县、旗、自治旗、特区、林区)注册、生产与经营。

三、报名参赛条件

报名参赛项目应符合国家法律法规和国家产业政策,经营规范,社会信誉良好,无不良记录,不侵犯任何第三方知识产权。往届"中国创翼"创业创新大赛全国决赛获一、二、三等奖的项目不能参加。

(一)主体赛、劳务品牌专项赛、乡村振兴专项赛报名参赛条件

(1)须为截至赛事发布当年度5月31日,在市场监督管理部门已登记注册且未满5年的企业或机构。

(2)参赛项目具有创新性的技术、产品或经营服务模式,具有较高成长潜力,项目的产品、经营属于同一参赛主体,且对技术有合法使用权。

(3)参赛项目须为原创性创新项目,不存在知识产权争议,不会侵犯第三方的知识产权、所有权、使用权和处置权。

(4)参赛者须为该项目的第一创始人或核心团队成员。

(二)青年创意专项赛报名参赛条件

(1)项目第一创始人须为截至赛事发布当年度5月31日,已满16周岁、不超过35周岁的高校及技工院校在校生、毕业生等青年群体。

(2)项目尚未在市场监督管理部门登记注册。

(3)项目在技术、产品、模式等方面有创新,有完整的创业计划书,具备落地发展必要条件,未来成长潜力较大。

(4)项目不存在知识产权争议,不会侵犯第三方的知识产权、所有权、使用权和处置权。

四、赛事流程

第一阶段:大赛启动和组织发动

(1)大赛启动时间:赛事当年度的2月中旬大赛启动,各省按要求成立省级组委会,制订本省大赛实施方案,广泛开展宣传发动。

(2)报名和审核:

报名截止时间:按照赛事当年度发布的文件为准。

各省组织参赛项目在大赛官网统一报名,按主体赛2个组别、青年创意专项赛、劳务品牌专项赛、乡村振兴专项赛分类报名,不得兼报。

各省级组委会依据大赛报名参赛条件,对本省报名项目进行资格审核,并将审核结果上报至全国组委会。

第二阶段:省级选拔赛

(1)省级选拔赛:除劳务品牌专项赛外,各地原则上须采取项目路演方式举办省级选拔赛,情况允许可延伸到地市和区县,有困难或特殊情况不能举办的,需经全国组委会同意后,按照统一规则,采取专家集中评审等方式对本省参赛项目进行选拔。

(2)确定全国选拔赛参赛项目:各省按照全国组委会统一分配的名额,确定本省参加全国选拔赛的项目。名额分配方式为:

①主体赛制造业项目组和服务业项目组确保每省每个组别不少于 1 个项目参赛,1 个(不含)以上的名额,按前 3 年新增经济体数量权值分配。

②乡村振兴专项赛 100 个比赛项目中,确保每省有 2 个项目参赛,剩余 36 个比赛项目的参赛名额,由涉及国家重点帮扶县的 10 个省,按国家重点帮扶县数量权值分配。

③劳务品牌专项赛每省最多推荐 3 个项目(可少于 3 个或不推荐)参赛。

④青年创意专项赛每省 3 个项目参赛。

各省将入围全国选拔赛的项目资料上传大赛官网,全国组委会进行复核。复核结果反馈后,由省级组委会以短信、电话或邮件方式告知本省参赛者。

第三阶段:全国选拔赛和全国总决赛

全国选拔赛和全国总决赛由全国组委会统一组织实施,集中在同一城市举办。

(1)全国选拔赛:各项赛事均分 2 个小组同时进行比赛。每个项目参赛不超过3人,采取现场路演方式 2 天时间完成。各组获得前 15 名的项目晋级全国总决赛,其他项目获得"创翼之星"奖。

(2)全国总决赛:每项赛事每个项目参赛不超过 3 人,采取现场路演方式 1 天完成,每项赛事各评出一等奖、二等奖、三等奖、优秀奖等若干名。

总决赛结果产生后,全国组委会将择期举办颁奖式和闭幕式。

五、评审标准及规则

(一)评审标准

突出"创新引领创业,创业带动就业"的导向,重点关注项目的创新性、示范性、引领性及带动就业、助力乡村振兴等社会价值。"创新",主要围绕项目的产品、技术、商业模式、管理模式等评分;"创业带动就业",主要围绕项目直接提供的就业岗位数量及质量、带动上下游产业就业规模、带动重点群体就业等方面进行打分;"助力乡村振兴",主要围绕项目吸纳就近就地就业数量及质量,带动当地产业发展、资源利用、民族文化传承,以及对地区经济社会发展贡献等方面评分。

(二)评审规则

全国选拔赛和决赛项目评审采用现场路演方式进行。现场路演评分的组织规则及评定标准将在大赛组织实施细则中明确。

六、奖励与扶持

（一）奖　励

全国组委会对获得全国总决赛一、二、三等奖，以及优秀奖的项目颁发奖杯和证书，并分别给予相应奖金，同时由人力资源和社会保障部授予"全国优秀创业创新项目"称号；对获得"创翼之星"奖的项目颁发奖牌和证书。各地人力资源和社会保障部门可按规定对获奖项目给予适当奖励。

优秀组织单位奖：对严格按照统一名称、统一进度、统一标准举办省级选拔赛，组织、动员和宣传力度大、效果好，参赛项目数量多、质量好，大赛全程未发生违规事件的省份授予优秀组织单位奖并颁发奖牌。

特别贡献奖：对大赛提供大力支持的省（地市）级人社部门或社会机构、企业授予特别贡献奖并颁发奖牌。

（二）扶持服务措施

全国组委会设立"中国创翼"官网，将所有参加全国选拔赛的项目纳入大赛项目库，通过大赛平台持续宣传推广，提升创业项目和创业者知名度，帮助其对接资金和市场，拓宽发展渠道。

省级选拔赛期间，全国组委会将根据地方需求给予推荐评审专家、培训导师、投资机构和媒体宣传等方面的支持。

对所有参加全国选拔赛的项目第一创始人，全国组委会将区分不同群体，在征求省级组委会意见的基础上，从中选出一批有代表性的典型人物，收入"中国创翼风采录"，在系统内和社会上广泛宣传，发挥典型示范引领作用。

鼓励各地人社部门积极协调其他相关部门，将大赛评选结果与本地创业扶持、创业服务、人才鼓励等政策措施相挂钩，对晋级全国选拔赛的项目，尤其是获得"全国优秀创业创新项目"称号的项目，可放宽创业担保贷款申请条件，并在资金扶持、入驻园区、孵化培训等方面给予优先扶持。在全国总决赛成绩优异的地市，将优先纳入创业型城市创建范围。

七、宣传发动与配套活动

大赛启动后，全国组委会将广泛发动各类媒体对大赛进行全方位、多角度的宣传报道，并委托专业机构全程跟踪各阶段赛事进展，宣传地方经验做法，树立不同领域的创业典型，提升大赛的社会影响力和关注度，积极营造"大众创业、万众创新"的舆论氛围。

为丰富活动内容，提升大赛影响，在省级选拔赛期间，各省应结合本地实际，积极开展创业讲座、创业培训、创投对接、主题论坛等配套活动，努力营造浓厚氛围，扩大社会影响，增强活动成效。全国选拔赛和全国总决赛期间，全国组委会视情况组织赛前培训、创投对接、主旨论坛等活动,同时鼓励各类创业服务机构和媒体充分发挥各自作用,积极参与大赛的相关活动,并为参赛项目提供指导、培训、宣传、推广、投融资等方面的深度服务。

八、经费保障

全国组委会所需经费通过申请财政资金和接受社会赞助两个渠道保障。省级以下赛事活动经费由各级组委会负责,各省举办大赛及配套活动时可按规定接受社会资助。

第四节　中国创新创业大赛

中国创新创业大赛以习近平新时代中国特色社会主义思想为指导,深入贯彻党中央、国务院重大决策部署,落实创新驱动发展战略,秉承"政府引导、公益支持、市场机制"的办赛理念,聚焦国家战略和重大需求,突出高新技术产业和战略性新兴产业重点领域,推动创新链、产业链、资金链、人才链深度融合,强化企业战略科技力量,助推关键核心技术攻关,推动大中小企业融通创新,构建企业主导产学研深度融合的创新要素集聚平台,持续推进国家高新区产业协同创新和区域协调发展,提升产业发展现代化水平,打造高质量发展强劲引擎。

一、目的意义

为落实党中央、国务院提出的大众创业、万众创新的重大部署,深入实施创新驱动发展战略,中国创新创业大赛(以下简称"大赛")聚集和整合各种创新创业资源,引导社会各界力量支持创新创业,搭建服务创新创业的平台,弘扬创新创业文化,激发全民创新创业的热情,掀起创新创业的热潮,打造推动经济发展和转型升级的强劲引擎。

(一)弘扬文化,营造氛围

充分利用各种媒体,宣传创新创业人物、事迹和精神,树立创新创业品牌,让更多的人了解和参与创新创业,激发全民创新创业的热情,引领创新创业文化的形成,营造良好的创新创业氛围。

(二)搭建平台,服务企业

聚集和整合人才、技术、资本、市场等各种创新创业要素,提供辅导培训、金融投资、技术转移、展览展示、市场对接等各类服务,加速中小微企业的成长壮大,打造全国最强的"众扶"机制。

（三）创新方式，促进改革

探索以创投专家为评委、以市场化方式进行项目评审的新途径，建立便于媒体和社会监督的公正、公开、公平的筛选方式，促进科技计划管理体制改革和财政资金支持方式的创新。

二、组织机构

（一）参与单位

（1）指导单位：科技部、财政部、教育部、中央网信办、全国工商联。

（2）支持单位：致公党中央、共青团中央、科技日报社、招商银行、上海证券交易所、深圳证券交易所、北京证券交易所。

（3）承办单位：科技部火炬高技术产业开发中心（科技部科技型中小企业技术创新基金管理中心），各省、自治区、直辖市及计划单列市科技厅（委、局），新疆生产建设兵团科技局，北京国科中小企业科技创新发展基金会，深圳证券信息有限公司。

（4）协办单位：中国互联网投资基金、各国家高新技术产业开发区管委会。

（5）特别支持：招商银行创新创业公益基金。

（二）大赛组织委员会

大赛指导单位、支持单位、承办单位共同组成大赛组织委员会。组委会办公室设在科技部火炬高技术产业开发中心，负责大赛各项工作的具体执行。

三、运作模式

（1）大赛采用"政府主导、公益支持、市场机制"的方式，旨在搭建为创新创业服务的公共平台，弘扬创新创业文化，营造良好创新创业氛围，支持中小微企业创新发展，推进大众创业、万众创新。

（2）大赛由科技部火炬高技术产业开发中心、科技部科技型中小企业技术创新基金管理中心、科技日报社、北京国科中小企业科技创新发展基金会具体承办。

（3）大赛第一阶段为地方赛，由各省级科技管理部门组织举办。第二阶段为总决赛，按照新材料、新能源及节能环保、生物医药、电子信息、先进制造、互联网及移动互联网6个行业进行比赛。

（4）大赛按照企业组和团队组进行比赛。企业和团队可登录大赛官方网站直接报名。参赛企业和团队应对报名信息的真实性、准确性负责。大赛不向参赛企业和团队收取任何参赛费用。

（5）参赛的优秀企业和团队，有望获得合作银行的授信、创投基金的投资、股改和上市方面培训、创业导师的辅导以及大赛创新创业扶持资金的支持。

（6）各省级科技管理部门可结合实际情况组织举办地方赛，根据大赛方案统一要求编制地方赛工作方案,报送科技部火炬中心。

四、参赛条件

(1)企业具有创新能力和高成长潜力,主要从事高新技术产品研发、制造、服务等业务,拥有知识产权且无产权纠纷。

(2)企业经营规范、社会信誉良好、无不良记录,且为非上市企业。

(3)企业上一年度年营业收入不超过 2 亿元人民币。

(4)企业注册成立时间按照每年比赛文件规定执行。

(5)全国赛按照初创企业组和成长企业组进行比赛。

(6)入围全国赛的成长企业组,须获得科技型中小企业的入库登记编号或有效期内的高新技术企业证书编号;对初创企业组不做此项要求。

(7)在往届大赛全国总决赛或全国行业总决赛中获得一、二、三名或一、二、三等奖的企业不参加本届大赛。

五、地方赛工作流程

(一)报名参赛

(1)自评符合参赛条件的企业自愿登录中国创新创业大赛官网(网址:www.cxcyds.com)统一注册报名。报名企业在进行注册和统一身份认证后,应提交完整报名材料,并对所填信息的准确性和真实性负责。大赛官网是报名参赛的唯一渠道,其他报名渠道均无效。

(2)各省、自治区、直辖市及计划单列市科技厅(委、局),新疆生产建设兵团科技局(以下简称省级科技管理部门)负责辖区内企业报名材料的形式审查,对符合参赛条件且提交报名材料完整的企业确认参赛资格。

(二)地方赛比赛

(1)地方赛由省级科技管理部门负责牵头组织,落实比赛方案、组织机构、赛事费用等有关事项,加强对赛事的管理,接受社会对赛事的监督。坚持赛事的公益性,不向参赛企业收取任何参赛费用。

(2)地方赛主名称为:第××届中国创新创业大赛××赛区,同时各地可冠以反映地方特点的副名称。

(3)地方赛采用逐级遴选的方式产生优胜企业,初赛环节要突出项目科技创新性评价指标,比赛评选要注重发挥创业投资专家作用。组织单位要严格落实当地工作要求,自主确定比赛方式。

(4)地方赛整体比赛方案应向社会公布,各比赛环节的相关评审资料应留档备查。

(5)省级科技管理部门自主设立地方赛奖项,并积极为参赛企业提供政策支持和多元化服务。

(6)所在地不举办地方赛省份的参赛企业,由省级科技管理部门间协商参加相关地方赛区比赛。

(三)入围推荐

(1)大赛组委会办公室根据举办地方赛情况和参赛企业数量,分配各赛区入围全国赛名额。省级科技管理部门结合地方赛成绩产生拟入围企业名单。

(2)省级科技管理部门书面推荐入围全国赛的企业,应附尽职调查报告,并完成网上推荐程序。未在规定时间内完成书面、网上推荐或未附尽职调查报告的企业,不得入围全国赛。

(3)大赛组委会办公室将在大赛官网公示入围全国赛企业和项目名单,主动接受社会监督。通过公示的企业方可参加全国赛,未通过公示的将被取消参赛资格。

六、专业赛工作方向

专业赛由大赛组委会办公室牵头组织,按专场举办,采用线下或网上评审方式进行。专业赛组织方案和服务政策将在大赛官网另行发布。

(一)科技创新服务专业赛

聚焦科技创新服务新场景,以技术服务、人才服务、金融服务等为重点,发掘、支持从事科技创新创业服务活动的优质企业,提升科技服务专业化、国际化水平,推动建立新时代科技创新创业服务体系。

(二)大中小企业融通专业赛

发挥科技领军企业创新引领作用,聚焦大企业相关细分产业领域,协同中小企业共同打造资源共享、合作共赢的企业创新生态系统,促进产业链上中下游、大中小企业融通创新。

(三)产业技术创新专业赛

发挥科技型中小企业技术创新活力和潜力,选择重点、产业链细分领域,突出关键核心技术方向,运用市场机制,集聚并发掘一批高水平创新项目,促进社会资本支持科技型中小企业开展产业关键技术创新。

(四)科技计划项目产业化专业赛

面向国家或省级重点科技计划,聚焦科技型中小企业承担的科技项目产业化融资需求,以市场为导向,发现科技项目的市场新价值,推动先进科技成果转化,促进形成社会资本参与支持科技计划项目产业化的机制。

(五)技术融合专业赛

面向民用与国防双向应用技术开发的科技型中小企业及团队,发掘和培育符合国家需求导向的技术融合创新生力军,搭建技术融合交流合作网络平台,促进市场机制驱动下的技术融合创新与资源整合。

七、全国赛比赛安排

（一）全国半决赛

(1)全国半决赛由大赛组委会办公室负责组织,根据大赛进展情况,按一个或多个战略性新兴产业领域(新一代信息技术、生物医药、高端装备制造、新材料、新能源、新能源汽车、节能环保)进行优化分组,采用线下或网上评审方式进行比赛。

(2)全国半决赛,初创企业组和成长企业组入围数量根据竞赛当年的文件执行。

(3)全国半决赛结束后,评选大赛优秀企业,具体数量根据竞赛当年的文件执行。

（二）全国总决赛

(1)全国总决赛产生第××届中国创新创业大赛"创新创业50强",并产生一、二、三等奖。

(2)全国总决赛采用公开路演方式,评委以创投专家为主。比赛向观众开放,并通过网络平台进行直播。

八、服务政策

(1)择优向国家中小企业发展基金设立的子基金、国家科技成果转化引导基金设立的子基金、科技型中小企业创业投资引导基金设立的子基金、中国互联网投资基金等国家级投资基金等推荐。

(2)大赛合作银行择优给予贷款授信支持。

(3)择优推荐参选"创新人才推进计划"等相关计划,参加相关展览交流等活动。

(4)促进与大企业的对接与合作,打造资源共享、合作共赢的创新链、产业链和生态圈,促进产业融通创新。

第二章　创新创业计划书

第一节　商业计划书

商业计划书是一份创业宣言,是创业者对其项目发展蓝图的完整描述,是企业吸纳资金的敲门砖,是风险投资公司对初创企业进行综合评估的依据,也是创业者与风险投资公司之间进行全面沟通的桥梁。商业计划书就是企业的电话通话卡片。商业计划书质量的高低,往往决定了融资的成败。

商业计划书是一把双刃剑:对内,它能够帮助创业者厘清项目的发展思路;对外,它是融资的主要手段之一。商业计划书的写作能够帮助创业者审视自己创业的目的。因创业初期,人们对于一个酝酿中的项目往往很模糊,通过制订商业计划书,能够使自己的心静下来,把自己的思路梳理清楚,有利于逐条推敲。这样,创业者就能对这一项目有更清晰的认识,使思维更接近理性和现实。创业者书写商业计划书的目的是打动风险投资家的心,而商业计划书的书写过程是把计划中要创立的企业推销给创业者自己的过程。创业者本身首先要建立自己对创业的信心、热情和美好前景的憧憬。对外,商业计划书是企业家向投资者宣讲自己的范本,通过商业计划书,把自己的企业推销给天使投资家、风险投资家或其他投资者。

一份优秀的商业计划书是成功的基石,但并不是全部。创业者和风险投资家的会晤是关键。创业者应当在有一份具有说服力的商业计划书的同时,具备个人魅力和表达能力。只有创业者能够说服风险投资家,说明自己的项目是有竞争实力的,可以保证风险投资家的最大利益,才能使风险投资家信服地对自己进行投资。创业者要学会站在投资者的角度思考问题。对于创业者,最忌讳的是缺乏对投资者利益的考虑。一些创业者在书写商业计划书时,往往过多强调自己企业的未来远大前程,而忽略了投资者的潜在收益,他们忘记了,如果没有吸引人的投资回报,投资者是不会冒风险投资的。

一份内容详细、经得起反复推敲的商业计划书,对于创业者能否顺利地融到资金以及未来的发展具有关键性的作用。商业计划书是融资的敲门砖，一份热情洋溢又分析理智的商业计划书能够吸引风险投资家的注意和青睐，风险投资家才有可能和创业者进行会谈，增加投资的可能性。可以说，商业计划书是获取风险投资比较关键的一个环节，是创业者融资是否成功的基石。

一般来说，风险投资家并不是创业者的亲戚或朋友，他们是一群陌生人，在自己职业上取得了成功，具有一定的资本金。他们心怀创业的激情，愿意以资金、以自己的经验与智慧帮助他们认为具有前途的创业者共同创业。对于他们来讲，创业者也是陌生人。商业计划书是连接这两个陌生人的一座桥梁。

如前所述，商业计划书不仅能够帮助潜在投资者了解创业企业的概况、发展前景、现金流及其他财务状况，更重要的是，它能够帮助创业者梳理自己的创业理念，分析自身的优劣势，发掘自己企业的发展前景，找到企业前进的瓶颈。正是上述原因，商业计划书最好由创业者本人书写，而不要找别人替代，利用抄袭或购买的方法提供的商业计划书完全起不到上述作用，这种商业计划书如同废纸一张。因为真正的创业理念、核心的科技概念、重要的市场开发潜力，只有创业者本人最清楚，只有创业者本人亲自动笔，才能表述创业的精华，才能真正打动投资者的心。

创业者本人应当利用书写商业计划书的时间静下心来，梳理好自己的思想、创业理念，发掘自己的核心竞争力。很多创业者在书写商业计划书的过程中，发现了弊病或进一步升华了自己，看到自己从未看到的发展潜力或竞争优势。创业者应当把商业计划书的写作看成是梳理自己思想的一种必修课。

对于企业融资来说，商业计划书虽然必不可少，但一个精炼明确的商业计划书的执行摘要是至关重要的。事实上，由于风险投资家大都会收到很多商业计划书，他们在最初并没有时间逐一浏览。在项目初选阶段，他们一般只阅读一页纸的执行摘要。所以，在向风险投资家或风险投资机构递交商业计划书时，最好先递交执行摘要。一旦风险投资家对项目产生兴趣，他们会主动要求企业家提供完整的商业计划书。

商业计划书虽然十分重要，但创业企业绝不能仅仅依赖商业计划书来实现融资目标。活跃在美国麻省的一位风险投资家指出，在创业一年之内，大约有50％的创业企业会全面和局部地修改其商业计划书中的企业模式。众多的研究发现，商业计划书的质量并不是企业是否获取风险投资的决定性因素。这项研究在业内引起激烈争论，因为在实践中，商业计划书的好坏的确是企业是否可以获取风险投资的重要的但不是唯一的一个环节。

一、商业计划书的类型

(一)项目计划书

(1)定义:项目计划书是指项目方为了达到招商融资和其他发展目标等目的而制作的计划书。

(2)特点:

①从使用主体来看,项目计划书的使用主体一般以集团公司为主。

②从融资规模来看,项目计划书的融资金额相对较大,往往在亿元以上,甚至高达数亿元。

③从撰写的角度来看,项目计划书的核心在于项目产品/服务的市场分析和项目财务的分析。

(3)项目计划书撰写要点:

①封面页。这是判断一份项目计划书编制机构是否专业的判断标准之一。项目计划书是投资机构了解和认识项目的一个重要的窗口,其专业性与严谨性是最起码的要求。项目计划书的封面要注明项目名称、申请(执行)机构和编制日期,必要时还要包括以下信息:项目承办方的通讯地址、电话、传真、E-mail、联系人/负责人姓名及联系方式等。

②项目概要。这是项目计划书最重要的一部分,也是投资者最先阅读、浏览的部分。该部分内容的质量将对投资机构最终做出是否为项目提供投资资金的决策产生决定性的影响。概要部分要着重论述项目的发展潜力、项目投资亮点及预期收益情况等信息。

③项目公司介绍。项目投资的最终落脚点为项目公司,项目公司开展项目的资质及优势、项目公司过往业绩及相关经验、项目公司团队构成、项目公司企业信誉等都会对投资人的决策产生重要的影响。

④目标与产出。这一部分要详细地介绍项目计划、总体目标、阶段性目标与任务,以及各目标的评估标准。总体目标是一个长期的、宏观的、概念性的、比较抽象的描述,由总体目标可以分解成一系列具体的、可衡量的、可实现的、带有明确时间标记的阶段性目标。同时对目标的陈述一定要非常清楚。最重要的是,制定的目标要切合实际,切忌过分夸大和盲目乐观。

⑤目标群体。项目目标群体是项目产品/服务最终变现,获得投资回报的关键所在。一个项目其所面对的目标群体画像、目标群体消费特征、目标群体现有体量及未来发展潜力、目标群体的消费痛点、目标群体的扩展速度等,都会对投资者的决策产生影响。

⑥解决方案与实施方法。以上部分已经清楚地解释了存在的问题及希望完成的事情,现在需要介绍如何达到目标,即采用什么方法、开展什么活动来实现这些目标。在

介绍方法时,要特别说明这种方法的优越特性,可以同时列举出其他相关的方法,并对它们进行比较;还可以引用专家的观点和其他失败或成功的案例等。总之,要充分说明选择的方法是最科学、最有效、最经济的。同时,也要说明在采用这种方法时,存在一定的风险与挑战。

(二)商业策划书

(1)定义:商业策划书是创业者手中的武器,提供给投资者和一切对创业者的项目感兴趣的人,向他们展现创业的潜力和价值,说服他们对项目进行投资和支持。

(2)特点:

①从使用主体来看,商业策划书的使用主体一般以独立的大中型企业为主。

②从融资规模来看,商业策划书的融资金额相对较高,往往在亿元以上。

③从撰写的角度来看,商业策划书的核心在于商业模式和商业逻辑的阐述。

(3)商业策划书的价值:商业策划书是为了展望商业前景、整合资源、集中精力、修补问题、寻找机会。其实商业策划是为了预测企业的成长率并做好未来的行动规划。

(4)商业策划书写作特点:

①摘要是商业策划书的要点提炼,它浓缩了商业策划书的精华。摘要涵盖了商业策划的要点,以便投资者能在最短的时间内评审项目并做出判断。

摘要一般包括以下内容:项目发起的背景、项目投资亮点、项目投融资规模、项目预期收益等投资人较为关注的信息。

首先,要说明项目发起的思路、商业机会的发现过程以及项目的目标和发展战略。其次,要交代项目现状、过去的背景和企业的经营范围。在这一部分中,要对企业以往的情况做客观的评述,不回避失误。最后,还要介绍一下风险,企业家自己的背景、经历、经验和特长等。摘要应尽量简明、生动,特别要详细说明自身企业的不同之处以及企业获取成功的市场因素。

②综述部分最主要的是进行产品/服务、人员组织、营销策略、市场预测、财务规划介绍。

项目产品/服务介绍是商业策划书中必不可少的一项内容。通常,产品/服务介绍应包括以下内容:产品/服务的概念、性能及特性、产品/服务的市场竞争力、产品/服务的收费和成本分析、市场前景预测、品牌和专利。有了产品/服务之后,第二步要做的就是突出项目团队。投资者除了关注项目本身,更为关注的是"人",投资者会特别注重对管理队伍的评估。

在商业策划书中,营销策略应包括以下内容:市场机构和营销渠道的选择、营销队伍和管理、促销计划和广告策略、价格决策等。

在商业策划书中,市场预测应包括以下内容:市场现状综述、市场需求预测、竞争厂商概览、目标顾客和目标市场、产品的市场地位、市场格局和特征等。

财务规划一般要包括以下内容:商业策划书的条件假设、预计的资产负债表、预计的损益表、现金收支分析、资金的来源和使用。

③作为附录,在商业策划书最后附上专利证明、权威机构授权书等能够为项目提供背书支撑的相关文件的扫描件,以增强投资人对项目的信心。

(三)招商计划书

(1)定义:招商计划书是项目建设单位根据项目定位、项目所在地经济发展情况、项目本身基本情况发起的对商户的共同合作的招募行为的构想,是对项目发展、执行框架性的总体构建,主要从宏观上论述项目的定位及策略,具体地制定招商的各项执行方式,将项目的宏观构想变为实实在在的行动。

(2)特点:

①从使用主体来看,招商计划书的使用主体往往以地方招商办、产业园区管委会和产业园主导企业为主。

②从融资需求来看,招商计划书对资金的需求相对较弱,主要是为了将相关的企业整体引进。

③从撰写的角度来看,招商计划书的核心在于招商对象的确定、招商区域的选定、招商活动的策划和招商保障措施的制定等。

(3)招商计划书的主要内容:

招商计划书第一部分需要说明项目定位,即招商项目的招商目的、招商标准和相应的优惠条件等。

第二部分要说明项目具体的招商策略、招商计划。招商策略指项目在招商过程中所采取的指导思想、运作模式、设计理念,从宏观上把握项目的招商需求;招商计划是指招商过程中招商的阶段划分、每一个招商阶段的时间安排、商场各层的布局、整体的结构。计划书中涉及招商项目人员的组成,说明各级员工的工作职责和权限,明确各项与招商有关的招商文件和资料,包括宣传手册、招商规定、招募对象之间的合同文书等。下一步会说明招商方式以及招商项目的宣传方式、路径、时间表等。最后会说明招商费用预算及租金建议方案,评估在招商过程中产生的费用。

第三部分主要是说明招商完成后的运营模式及保障机制设计。

(四)创业计划书

(1)定义:创业计划书是创业者叩响投资者大门的敲门砖,是创业者计划创立的业务的书面摘要。一份优秀的创业计划书,往往会使创业者达到事半功倍的效果。

(2)特点:

①从使用主体来看,创业计划书的使用主体以独立的技术人员或是资源渠道掌握者为主。

②从融资规模来看,由于处在创业阶段,创业计划书的融资金额相对较小,往往亿

元以下。

③从撰写的角度来看,创业计划书的核心在于其项目的创意和创新点。

(3)创业计划书的意义:

创业计划书是一份全方位的商业计划,其主要用途是递交给投资人,以便于他们能对项目做出评判,从而使项目获得相关投资。

创业计划书的好坏,往往是决定投资成败的关键所在。对初创的项目而言,创业计划书的作用尤为重要。当确立了创业目标后,在资金、人脉、市场等各方面条件都已准备妥当或已经累积了相当实力,这时就必须提供一份完整的创业计划书,创业计划书是整个创业过程的灵魂。

创业计划书的起草与创业本身一样,是一个复杂的系统工程,不但要对行业、市场进行充分的研究,而且还要有很好的文字功底。对于一个发展中的企业,专业的创业计划书既是寻找投资的必备材料,也是企业对自身的现状及未来发展战略全面思索和重新定位的过程。

(4)创业计划书的主要内容:

创业计划书是将有关创业的想法,以书面的方式向投资人展示。创业计划书的质量,往往会直接影响创业发起人能否找到合作伙伴、获得资金及其他政策的支持。

通常一本创业计划书在前面需要写一页左右的摘要,接下来是创业计划书的具体章节,一般分成十大章。

第一章:项目描述。必须描述所要进入的是什么行业、卖什么产品(或服务)、谁是主要的客户;所属产业的生命周期是处于萌芽、成长、成熟还是衰退阶段;还有,企业要用独资还是合伙或公司的形态、打算何时开业、营业时间有多长等。

第二章:产品/服务。需要描述您的产品和服务到底是什么、有什么特色,您的产品跟竞争者有什么差异,如果并不特别,为什么顾客要买。

第三章:市场。首先需要界定目标市场在哪里,是既有的市场和现有的客户,还是在新的市场开发新客户。不同的市场和不同的客户所对应的营销方式不同,在确定目标之后,决定怎样推向市场、促销、定价等,并且做好预算。

第四章:地点。项目选址也是创业计划书中较为重要的部分,选址的因素、选址的区域优势也是吸引投资者投资的重要因素之一。

第五章:竞争。下列3种情况尤其要做竞争分析:①要创业或进入一个新市场时;②当一个新竞争者进入自己在经营的市场时;③随时随地做竞争分析,这样最省力。竞争分析可以从5个方向去做:谁是最接近的五大竞争者、他们的业务如何、他们与本业务相似的程度、从他们那里学到什么、如何做得比他们更好。

第六章:管理。管理对于企业的重要性不言而喻,对初创期项目更为重要。创业项目采取怎样的管理模式和管理团队的构建也是决定创业项目能否融到资金的一个重要决定因素。

第七章：人员配备。要考虑现在、半年内、未来 3 年的人员配备，并且具体考虑需要引进哪些专业技术人才、全职或兼职、薪水如何计算、所需人事成本等。

第八章：财务需求与运用。考虑融资款项的运用、营运资金周转等，并预测未来3年的损益表、资产负债表和现金流量表。

第九章：风险。从政策、市场、技术、管理、资金等各个维度对创业项目进行风险评估，并结合项目自身特点和能力，提出项目风险的应对措施。

第十章：成长与发展。对于投资者而言，投资的是项目的未来。初创的项目未来发展潜力如何、如何去达到预定的发展目标，这都要有具体的实施步骤，只有这样才有可能打动投资人，否则未来前景描绘得再好，没有具体可实施的策略，最终也只能沦为空谈。

（五）私募计划书

（1）定义：私募计划书就是说明企业的目前情况以及未来发展。私募计划书会对企业自身商业模式进行阐述，并预测未来市场机遇，以及实现与私募股权基金共赢的商业计划的论证。可见，私募计划书实际上是企业未来 3～5 年发展的规划图和论证方案。成功撰写一份私募计划书，不仅可以启动私募股权融资程序，而且有助于企业家形成正确的企业发展方案。

（2）特点：

①从使用主体来看，私募计划书的使用主体一般以私募基金的发起人为主。

②从融资规模来看，私募计划书的融资对象相对较为集中，单个个体的融资规模相对较大，多在千万元以上。

③从撰写的角度来看，私募计划书的写作重点在于募集资金后拟投资项目产品/服务的市场潜力及发展前景。

（3）私募计划书的编制原则：私募计划书的阅读人员可能是团队成员、潜在的投资人和合作伙伴、供应商、顾客、金融机构等，因此一份好的私募计划书应该写得让人明白，避免使用过多的专业词语，应当聚焦于特定的策略、目标、计划和行动。计划书的篇幅要适当，太简短容易让人不相信报告的严肃性和项目的可行性；太冗长则会被认为太啰唆，表达不清楚。一篇私募计划书通常篇幅为 20～40 页。从总体来看，写私募计划书的几条原则是：①简明扼要；②条理清晰；③内容完整；④语言通俗易懂；⑤意思表述精确。

（4）私募计划书撰写注意事项：

①去接近你潜在的私募资金募集者。当私募计划书初稿完成以后，寻求专业顾问进行修补完善，下一步就是把私募计划书递交给私募股权投资公司，供他们审阅。应该选择那些投资风格（包括投资阶段、行业、地点、投资金额等）与私募项目需求相符合的

私募股权投资公司。在开始接触的阶段,可以只把一份执行摘要的复印件发给潜在投资者,这样能够节约成本,并且提高获得注意的机会。

②注意保护私募项目的机密性。私募股权投资公司应该为向其寻求资金的公司保守机密信息。如果你特别关心机密性方面的问题,下面是一些处理方法,包括:寻求专业人士的建议;看看潜在投资者是否和你有重要的利益冲突,比如你的竞争对手;不要提供重要的机密信息;只发送你的执行摘要。

一般来说,私募股权投资公司收到你的计划书之后一周左右会给你反馈,可能是拒绝,也可能是向你要进一步的信息,或者要求和你会面。如果你得到的反馈是拒绝,试着找找看原因是什么,在接触其他潜在投资者之前,你必须考虑对私募计划书做一些修改,改变或者强化管理团队,或者进行进一步的市场研究。

③把握私募股权投资公司的关注点。私募股权投资公司如何评估一份计划书?他们会考虑下面几个主要方面:产品或服务是否在商业上是可行的?公司是否有持续增长的潜力?管理团队是否有能力发挥公司潜力,在各个发展阶段控制公司的增长?对于承受的风险是否有足够的回报可能性?潜在的投资回报率是否符合他们的投资标准?

如果一家私募股权投资公司有兴趣和你进一步深入接触,你需要确保管理团队的关键成员能够令人信服地演讲你的私募计划书,并且证明对业务的所有方面,包括市场、运营、前景,都有透彻的知识和理解。

（六）并购计划书

(1)定义:并购计划书是并购方为了对特定的项目进行并购而出具的一份并购方案,以供集团内部审核和被并购企业评估决策。

(2)特点:从使用主体来看,并购计划书的使用主体以资金实力较为雄厚的大中型集团为主。从撰写的角度来看,并购计划书的核心在于论述并购活动对公司现有业务的影响及被并购项目的未来潜力。从并购动机来看,主要有以下几点:

①扩大生产经营规模,降低成本费用。通过并购,企业规模得到扩大,能够形成有效的规模效应。规模效应能够带来资源的充分利用,资源的充分整合,降低管理、原料、生产等各个环节的成本,从而降低总成本。

②提高市场份额,提升行业战略地位。规模大的企业,伴随着生产力的提高,销售网络的完善,市场份额将会有比较大的提高,从而确立企业在行业中的领导地位。

③取得充足廉价的生产原料和劳动力,增强企业的竞争力。通过并购实现企业的规模扩大,成为原料的主要客户,能够大大增强企业的谈判能力,从而为企业获得廉价的生产资料提供可能。同时,高效的管理、人力资源的充分利用和企业的知名度都有助于企业降低劳动力成本,从而提高企业的整体竞争力。

④实施品牌经营战略,提高企业的知名度,以获取超额利润。品牌是价值的动力,同样的产品,甚至是同样的质量,名牌产品的价值远远高于普通产品。并购能够有效提

高品牌知名度,提高企业产品的附加值,获得更多的利润。

⑤为实现公司发展的战略,通过并购取得先进的生产技术、管理经验、经营网络、专业人才等各类资源。并购活动收购的不仅是企业的资产,而且获得了被收购企业的人力资源、管理资源、技术资源、销售资源等。这些都有助于企业整体竞争力的根本提高,对公司发展战略的实现有很大帮助。

⑥通过收购跨入新的行业,实施多元化战略,分散投资风险。这种情况出现在混合并购模式中,随着行业竞争的加剧,企业通过对其他行业的投资,不仅能有效扩充企业的经营范围,获取更广泛的市场和利润,而且能够分散因本行业竞争带来的风险。并购计划书对资金的需求相对较弱,主要是为了将相关的企业整体引进。

(3)并购计划书的主要内容:并购计划书也可以理解为并购方案的制订,关于并购方案的设计主要根据评价结果、限定条件(最高支付成本、支付方式等)及目标企业意图,对各种资料进行深入分析,统筹考虑,设计出并购方案,包括并购范围(资产、债务、契约、客户等)、并购程序、支付成本、支付方式、融资方式、税务安排、会计处理等。

(七)合作计划书

(1)定义:合作计划书是项目发起方为了分散风险或是联合合作伙伴的核心技术或特有的资源渠道等目的而向拟合作的伙伴发出的项目邀请文件。

(2)特点:

①从使用主体来看,合作计划书的使用主体以项目的发起方为主,项目发起方自身拥有一定的资源,但要完成整个项目,还需要寻找外部资源进行合作。

②从合作方式来看,往往采取的方式是合作双方(多方)组成新的企业法人,按照合作协定的利润分成比例进行最终的利润分配。

③从撰写的角度来看,合作计划书更注重的是合作模式的商定及利益分配机制的设定。

(3)合作计划书的内容:

①项目发起方的优势及资源。主要是向其潜在合作伙伴展示项目发起人自身的优势,向潜在合作伙伴传递与"我"合作是切实可信的、是有盈利保障的。

②合作伙伴的资源及优势。合作伙伴的资源及优势是合作计划书开展的前提,如何将合作伙伴的资源及优势融入项目中来,通过何种形式将合作双方(多方)的资源形成合力,实现"双赢(多赢)"的局面。

③合作双方(多方)的利润分配。这是合作成果的分享环节,也是合作的最终目的。通过对合作双方(多方)资源禀赋价值的评定及其在项目营收中的贡献,分配给合作双方(多方)相应的利润分配权益。

(八)商业企划书

(1)定义:商业企划书就是创业者(或是企业主)与潜在投资者之间一种最有效的沟

通工具,用于构建企业的大体框架和前期预算。

商业企划书的表现形式非常多样,但是本质上,其是一种说明公司的长期目标/总目标、阶段目标/次目标、商业策略以及战术的文书。简单地说,商业企划书的目的是要说明公司未来要往哪里去,它要如何到达目的地,以及目标达成后的景象如何。

(2)商业企划书的分类:企划包括市场营销调研企划、营销企划、市场定位企划、企业形象企划、产品企划、品牌企划、价格企划、营销渠道企划、促销企划、广告企划、整合营销传播企划、服务企划、关系营销企划、网络营销企划。具体如下:

①市场营销调研企划:市场营销调研是进行营销企划的前提,调研的结果是企划方案的重要依据。

②营销企划:营销企划是企业在市场营销活动中,为达到预定的市场营销目标,结合市场调研结果,全方位、多角度地把握目标市场和顾客群的利益共性,从而对企业的人、财、物等各种资源进行优化配置并就整体市场营销或市场营销的某一方面进行分析、判断、推理、预测、事实和制订市场营销方案的行为。

③市场定位企划:市场定位企划有利于增强企业核心竞争力和长期竞争的优势,有利于增强企业的无形资产;市场定位企划有利于树立企业形象和企业品牌形象,有利于提高产品知名度和美誉度,有利于增强企业顾客的满意度;市场定位企划是企业整合营销企划的基础,市场整合营销企划是其营造核心竞争力的基本手段;市场定位企划有利于企业对各级市场的建立和完善,有利于企业降低经营风险,从而确保企业长期战略目标的实现。

④企业形象企划:企业形象企划是指通过专业运作把企业经营管理和企业精神文化传达给社会公众,从而达到塑造企业个性、显示企业精神,使社会公众对企业产生认同感,营造企业的核心竞争力和长期竞争优势的一种行为。

⑤产品企划:产品企划的最终目的不在于如何使消费者接受企业的产品,而是企业如何最大限度地满足消费者的各种需求。

⑥品牌企划:品牌企划包括品牌定位、品牌认知、品牌忠诚、品牌命名。

⑦价格企划:价格企划就是企业为了实现一定的营销目标而协助处理企业内部各种价格关系的活动。其有利于实现企业的长期经营目标,有利于企业营造长期的竞争优势,有利于企业缓解巨大的价格竞争压力。

⑧营销渠道企划:营销渠道企划是将生产者、中间商和消费者有效地连接起来。

⑨促销企划:促进销售简称促销,促销企划是为了帮助消费者认识产品或服务给购买者带来的利益,促进和影响人们的购买行为和消费方式。

⑩广告企划:广告企划是对广告传播活动的运筹规划,是在获取市场信息的前提下,预测市场的发展规律,在符合广告主营销策略的基础上,科学地制定广告总体战略,以追求最优化的广告效果的活动过程。而美工、POP、DM 的制作只是最终执行的一种

体现方式。

⑪整合营销传播企划:整合营销传播企划是企业对于消费者沟通中的传播行为进行超前的规划和设计,以提供一套统一的有关企业传播的未来方案,这套方案是把公关、促销、广告等集于一身的具体行动措施。

⑫服务企划:服务企划就是把用于出售或者是同产品连在一起进行出售的活动、利益或满足感有规划、有效果地实施。

⑬关系营销企划:关系营销是把营销活动看成是一个企业与顾客、供应商、经销商、竞争者、政府机构、社区及其他公众发生互动作用的过程,其核心是建立并发展与这些公众的良好关系。在这一过程中,营销人员对顾客所做的分析、判断、构思、设计、安排、部署等工作,便是关系营销企划。

⑭网络营销企划:网络营销企划是指企业以电子信息技术为基础,以计算机网络为媒介和手段,对整个营销活动进行的超前决策。

(3)商业企划书的特色:商业企划书的制作过程需要考虑八大基本要素,具体如下:

①What(什么)——企划的目的、内容。

②Who(谁)——企划主体及项目产品/服务对应的目标群体。

③Where(何处)——企划实施场所。

④When(何时)——企划的时间。

⑤Why(为什么)——企划缘由、前景。

⑥How(如何)——企划的方法和运转实施。

⑦How much(多少)——企划预算。

⑧Effect(效果)——预测企划结果、效果。

任何一种真正意义上的企划书必须具备上述 8 个基本要素。值得一提的是,要注意 How much 和 Effect 对整个企划方案的重要意义。如果忽视企划的成本投入,不注意企划书实施效果的预测,那么,这种企划就不是一种成功的企划。

二、商业计划书的写作禁忌

(1)内容凌乱。虽然商业计划书并没有明确的框架要求,但在写作过程中也要按照一定的行文逻辑来开展,切忌东拼西凑,内容凌乱。

(2)没有市场分析。项目产品/服务市场分析是判断项目是否切实可投的最重要的依据。如果一份商业计划书中缺少对项目产品/服务市场现状及未来发展潜力的分析,投资人对项目投资可行性的判断就无从谈起。

(3)缺少发展战略规划。商业计划书不能仅仅只是项目公司短期的发展规划,更为重要的是要为投资人描绘未来的发展蓝图,并给出相应的落实措施。如果一份商业计划书缺少对项目未来发展的规划,是很难吸引投资者和合作伙伴的。

(4)缺少特色。商业计划书的核心在于对项目特色及投资亮点的描述和分析。如果一份商业计划书对项目特色和投资亮点缺少描述和分析,就很难对投资者产生吸引力。

(5)包装痕迹太过明显。一份合格的商业计划书必须建立在客观分析基础上,如果过分夸大和包装,不仅不能赢得投资人的信任,而且最终也会坑害项目投资人。

(6)商业模式不清晰。商业模式是项目的关键所在。如果一份商业计划书没能够清晰明了地将项目商业模式阐述清楚,那么这样的商业计划书就算不上合格的商业计划书,更谈不上能够融到资金。

(7)财务测算模型过于乐观。财务测算是在一定的假设条件前提下对未来收益、成本、税费及利润的测算过程。如果假设条件太过乐观,则可能会导致现实情况与预测情况出现较大偏差的风险,进而会误导投资人的决策。

(8)风险分析流于表面。不同的项目,其所面临的风险也不尽相同。如果对风险的分析流于表面或者仅仅只是泛泛而谈,而不结合项目特点进行分析,这样的分析将毫无意义。

三、商业计划书写作"痛点"

(1)商业计划书很难快速打动投资人。投资人关于项目的投资决策往往取决于项目的摘要部分,如果这部分不能打动投资人,则投资者就会对项目缺乏兴趣。

(2)项目商业模式不清晰。对于投资者而言,只有清晰明了的商业模式才能对其形成吸引力。但现实是很多项目发起人只是一味地强调技术和市场,而忽略了项目商业模式的设计,或是无法简明扼要地将项目商业模式讲述清楚。

(3)项目商业逻辑设计不严谨。商业逻辑是针对市场中的商机,通过为市场提供产品/服务,将商业机会变现。但大多数商业计划书撰写者在项目商业逻辑设计时生搬硬套,结果不伦不类,对投资者毫无吸引力。

(4)项目盈利模式设计不合理。盈利模式是项目产品/服务变现的渠道,事关投资人投资能否收回,是投资人最为关注的关键所在。国内有些咨询机构在对项目盈利模式进行设计时,往往只是简单的论述,而缺少相关的落实和保障机制。

(5)找不到合适的投资人。对于项目融资需求方而言,如何在最短时间内找到最适合的投资人是其不得不面临的问题。但由于信息获取渠道的限制,大部分资金需求方难以寻找到合适的投资人。

(6)担心自己的项目创意被窃取。对于项目融资需求方而言,其要想获得投资人的投资,就要向投资人详细地说明项目的商业价值和商业逻辑。如果双方之间的合作最终未能达成,则融资需求方的商业创意就很可能会因此泄露。

四、商业计划书的框架

商业计划书的基本框架包含 12 个部分,分别为项目总论、项目概述、项目公司、市场分析、项目建设条件分析、项目商业模式及盈利模式分析、项目产品/服务市场推广、项目投融资方案、项目财务测算、项目效益评估、项目风险衡量及防范、项目发展规划等。具体如下:

(1)项目总论。项目总论是对整个计划书的高度概括,也是最先映入投资者眼帘的内容。该部分内容的优良程度,直接决定了投资者对整个项目的判断。在某种程度上,没有好的项目总论,就没有后续的投资。

(2)项目概述。主要是拟建项目的详细说明,包括但不限于项目规划背景(politics、economic、society、technology,PEST)、项目规划意义(宏观、中观、微观)、项目产品/服务介绍、项目 SWOT 分析、项目投资亮点及项目投资价值。

(3)项目公司。主要是对项目发起人(承办方)开展项目的资质、资源、优势等进行论述。该部分将着重论述项目公司的情况,主要包括:项目公司开展项目的技术条件、成本条件、建设及运营经验、建设及运营资质、项目公司发起项目可对接的资源/渠道。

(4)市场分析。主要是对拟建项目产品/服务市场的分析,包括项目产品/服务市场现状、市场供需情况、市场存在问题、市场消费痛点、市场竞争情况、市场发展趋势及市场发展潜力等。

(5)项目建设条件分析。主要是对项目拟建地建设条件进行调研和评估,包括两个部分:自然条件(水文、气候、自然环境、能源及资源情况等)和社会条件(人口、交通、市场、原材料、劳动力成本、当地特有的资源等)。如果项目涉及土木工程建设,该部分还会对项目进行空间功能布局分布进行规划。同时该部分还包含项目劳动人员的定员和建设工期的规划等。

(6)项目商业模式及盈利模式分析。项目商业模式解决的是"钱在哪里"的问题,即项目通过提供何种产品/服务解决市场中存在的痛点或未被满足的需求,进而体现项目商业价值的过程;项目盈利模式解决的则是"怎样赚钱"的问题,即通过什么样的渠道将项目产品/服务提供给目标群体,以及通过什么样的收费方式和标准将项目产品/服务变现,进而实现项目投资资金的回收。

(7)项目产品/服务市场推广。该部分会结合项目产品/服务自身特点及目标群体的消费渠道偏好、消费场景偏好等情况,为项目制订产品/服务定制营销推广方案。

(8)项目投融资方案。该部分会根据项目投资建设内容、规模及标准,测算项目总体投资规模(静态投资和动态投资);接着根据项目公司自有资金情况评估项目需融资的规模;然后根据项目公司投资步骤及建设规划,测算每一阶段资金需求规模及资金使用特点(主要是资金的流动性特点),同时结合项目未来发展前景,为项目方提供融资成本最低、融资结构最优的融资方案,并在项目获得相应投资回报后,为项目设计退出损失最小化、退出速度最快的资金退出方式。

(9)项目财务测算。该部分是整个商业计划书的核心部分,也是投资者最为关注的部分。该部分会根据项目产品/服务对应的盈利模式分别测算项目所包含的业态的收入,并根据行业及当地实际物价变动情况,预测项目在一段运营期限内的总体收入;根据项目所涉及的业态、可供参考的同类项目来测算项目的运营成本(人员薪酬及福利、原材料费用、用能费用、营销推广费用、管理费用、折旧摊销费用、设备维护及维修费用、其他费用等);根据项目应缴纳的相关税费科目、税基及其适用的税率计算项目应缴纳的税费;最后根据项目收入、成本、税费计算得出项目运营期的利润情况。

(10)项目效益评估。该部分主要论述项目建设及实施可能产生的社会效益和财务效益。就社会效益而言,主要是从项目对当地的税收贡献、产业结构调整及带动作用、增加就业、自然环境改善、城市新名片等方面进行论述(有助于项目申请当地政府相关优惠政策及专项扶持资金);就财务效益而言,则主要是论述项目投资回收年限、项目投资回报率、项目财务净现值、项目内部财务收益率及对项目进行的敏感性分析等。

(11)项目风险衡量及防范。项目的风险是项目收益的对立面,通过分析项目可能会存在的风险因素,并结合项目建设及运营的特点,对风险的影响力进行综合评定,并结合项目公司能力及资源为其制定相应的风险防范措施。

(12)项目发展规划。该部分是对项目未来发展的展望。对于投资者而言,投资项目投资的是未来的发展前景和潜力。商业计划书通过向投资人描绘项目未来发展的蓝图,并根据项目发展特点制定阶段性的目标和落实措施,让整个项目计划更加丰满,以此增加项目融资成功的概率。

第二节　可行性研究报告

可行性研究报告的编制是确定建设项目之前具有决定性意义的工作,是对投资决策上的合理性、技术上的先进性和适应性以及建设条件的可能性和可行性等方面进行分析,从而为投资决策提供科学依据。

可行性研究报告是在前一阶段的项目建议书获得审批通过的基础上,对项目市场、技术、财务工程、经济和环境等方面进行精确系统、完备无遗的分析,完成包括市场和销售、规模和产品、厂址、原辅料供应、工艺技术、设备选择、人员组织、实施计划、投资与成本、效益及风险等的计算、论证和评价,选定最佳方案,作为决策依据。可行性研究报告可分为投资机会研究、预可行性研究、可行性研究及项目申请报告 4 个阶段。

大中型投资项目通常需要报请地区或者国家发改委立项备案。受投资项目所在细分行业、资金规模、建设地区、投资方式等不同影响,项目可行性研究报告(立项报告为简版可行性研究报告)均有不同侧重。为了保证项目顺利通过发改委批准完成立项备案,可行性研究报告的编制应当请有经验的专业咨询机构协助完成,或者委托有资质的设计单位完成。

一、可行性研究报告主要用途

(1)融资贷款。主要是企业通过编制可行性研究报告向银行等金融机构进行募集资金。对于银行等金融机构,他们对可行性研究报告最为关注的地方是项目的财务分析和风险分析。

(2)审核评估。企业内部需要可行性研究报告对项目进行评估,最终决策是否要开展项目;银行等金融机构需要可行性研究报告对项目进行评估,最终决策是否对项目进行投资或发放贷款;政府机构需要可行性研究报告对项目进行评估,最终决策是否审批通过拟建项目。

(3)报备立项。主要是企业在项目开始实施之前,要向项目建设地发改委提交项目可行性文件,向其进行项目的报备和立项。政府部门在审批项目立项时,较为关注的是项目的预期社会效益和环境影响。

(4)申请土地。对于生产型的项目而言,往往会涉及厂房的建设,这就需要项目申请人通过编制项目可行性报告向政府部门申请土地,政府部门根据项目可行性报告所要申请的用地类型、用地面积、用地产出情况等,做出是否批准企业土地申请的决策。

(5)募投可研。当企业决定进入资本市场时,其需要通过可行性报告的编制,通过私募或是公募的形式募集资本市场关于资本的门槛要求。募投可研是所有可行性研究报告中最为复杂的一种,对于潜在投资者而言,他们最为关注的是项目产品/服务的市场表现及未来发展潜力,因为他们投的就是项目的未来。

(6)招商合作。有些项目的建设体量较大,单独依靠一家企业难以建设完成,这时企业就需要编制项目可行性研究报告,向拟招商的企业展示双方合作的模式,并分析双方合作可以给彼此带来的利益。

(7)申请政策。为鼓励和支持某些特定行业的发展,中央政府和地方对一些特定行业内的项目给予了相对较为优惠的政策。当企业满足相关申请标准时,其需要通过可行性报告向政府有关部门申请可以享受到的优惠政策。

(8)设立公司。企业为了开展项目,往往会组建新的公司,这时企业就需要通过编制可行性研究报告向政府相关部门说明项目情况,以便政府部门最终决定新设公司是否审批通过。

二、可行性研究报告类型

（一）风险评估报告

（1）定义：风险评估报告是针对项目建设可能存在的风险因素进行逐一分析，并结合实际情况逐一评估各项风险因素对项目建设的影响程度及可控程度，最终为项目投资决策人做出决策提供参考依据的报告。

（2）特点：

①从使用主体来看，风险评估报告的使用主体是银行、基金等发放贷款的金融机构。

②从撰写角度来看，风险评估报告更侧重于对项目风险因素的分析和风险程度的评估。

（3）风险评估报告的价值：风险评估报告可以帮助企业和潜在的投资者充分认识和评估项目存在的风险，并根据对风险控制的把握程度做出是否开展项目或对项目进行投资/发放贷款的决策。

（二）可行性研究

（1）定义：以投资项目的市场前景、经济效益、资金来源、产品技术方案等内容，进行详细分析和论证。

（2）特点：

①从写作内容来看，主要是从政策、技术、市场供需、财务等角度论述项目是切实可行的。

②从投资规模来看，不同建设规模的项目投资金额不一，可行性研究报告项目投资金额小到数十万元，大到数百亿元。

③从撰写的角度来看，可行性研究报告的核心在项目可行性的论述。

（3）可行性研究报告的价值：可行性研究报告是为了向公司内部、募资对象或是项目建设地相关政府部门证明拟建项目是切实可行的，是项目开展实施之前必备的一份项目说明文件。

（三）投资价值分析报告

（1）定义：投资价值分析报告是国内外投融资领域投资商确定项目投资与否的重要依据，主要对项目背景、宏观环境、微观环境、相关产业、地理位置、资源和能力、SWOT、市场详细情况、销售策略、财务详细评价、项目价值估算等进行分析研究，反映项目各项经济指标，得出科学、客观结论的报告。

（2）特点：

①从使用主体来看，投资价值分析报告的使用主体以项目实际投资人为主，其可以是企业，也可以是为项目提供资金来源的各类金融机构。

②从撰写角度来看,投资价值分析报告更侧重于对项目发展潜力和投资机会的分析。

③投资价值分析报告不只是停留在"计划"等理论的分析,它的分析是理论和实际的结合。

(3)投资价值分析报告的价值:投资价值分析报告主要在于项目的投资价值分析,把项目放在市场、社会这个大环境中更全面地分析项目能不能实施、实施后到底有没有价值。对企业或项目法人而言,利用项目投资价值分析报告可以对项目的投融资方案以及未来收益等进行自我诊断和预知,以适应资本市场的投资要求,进而达到在资本市场上融资的目的。

一份好的项目投资价值分析报告将会使投资者更快、更好地了解投资项目,使投资者对项目有信心、有热情,动员促成投资者参与该项目,最终达到为项目筹集资金的目的。

(四)项目建议书

(1)定义:项目建议书又称立项报告,是由项目投资方向其主管部门上报的文件。从宏观上论述项目设立的必要性和可能性,建议书内容包括项目的战略、市场和销售、规模、选址、物料供应、工艺、组织和定员、投资、效益、风险等,把项目投资的设想变为概略的投资建议。目前,项目建议书广泛应用于项目的国家立项审批工作中。

(2)特点:

①从需求时间来看,项目建议书通常是在项目早期。

②从内容详尽程度来看,项目建议书中的建设方案和投资估算相对较粗,投资误差相对较大。

③从撰写的角度来看,项目建议书主要论证项目建设的必要性。

(3)项目建议书的价值:项目建议书是项目发展初始阶段基本情况的汇总,通过编制项目建议书,可以减少项目选择的盲目性,是国家选择和审批项目的依据,也是企业编制可行性研究报告的依据。

(五)课题研究报告

(1)定义:课题研究报告是针对某一特定课题而开展的专项研究报告。一般而言,其主要包括课题立项、国家级课题、省级课题、市级课题、县级课题、阶段性或终端性课题研究报告。

(2)特点:

①从使用主体来看,课题研究报告的使用主体多为非营利性的企事业单位或政府职能规划部门。

②从撰写角度来看,课题研究报告更偏向于从整体的视角对被研究的事物进行分析。

③从研究对象来看,课题研究报告的研究对象不再仅仅只是某个个体,而是同一类个体的集合。

④从研究视角来看,课题研究报告追求的是对课题进行全面、多维度的分析。

(3)课题研究报告的价值:课题研究报告的价值在于其是对某一类事物的研究,得出的结论具有一定的普遍指导性;课题研究报告的视角更为全面,有助于对被研究课题研究层次的深入和对后续研究进行启迪。

(六)项目申请报告

(1)定义:对拟建项目从规划布局、资源利用、征地移民、生态环境、经济和社会影响等方面进行综合论证,为有关部门对企业投资项目进行核准提供依据。

(2)特点:

①从需求主体来看,项目申请报告是政府部门要求企业必须提供的文件,具有一定的强制性。

②从撰写的角度来看,项目申请报告更侧重于项目宏观影响分析,包括对项目建设地宏观经济、产业结构、生态环境等方面的影响。

(3)项目申请报告的价值:项目申请报告是企业向政府管理部门提交的项目基本情况说明的文件,通过项目申请报告,使政府主管部门能够知晓拟建项目对项目地经济发展和社会环境可能产生的影响。

(七)境外投资报告

(1)定义:境外投资报告是国内企业为了在国外进行投资而根据国家发改委的要求向其提供的符合境外投资要求的材料。一般说来,境外投资的投资报告要包含境外投资地点、境外投资项目的介绍、境外投资的模式、境外投资风险认识及拟采取的风险控制措施等。

(2)特点:

①从使用主体来看,境外投资报告的使用主体为国家发改委,境外投资报告要按照其要求的格式和内容来撰写。

②从撰写角度来看,境外投资报告更侧重于投资人境外投资的必要性、境外投资模式和境外投资风险的分析。

③从研究内容来看,境外投资报告涉及的内容更为复杂,需要对投资地法律、经济、市场进行全面深入的分析,报告撰写难度相对较高。

(3)境外投资报告的价值:境外投资报告的价值在于向国家发改委说明其在海外投资的目的、必要性、投资模式和风险等情况,是向国家发改委提交强制要求提交的备案文件,也是国家发改委对国内投资者境外投资活动负责的体现。

(八)资金申请报告

(1)定义:资金申请报告是指项目投资者为获得政府专项资金支持而出具的一种报告。政府资金支持包括投资无偿补助、奖励、转贷和贷款贴息等方式,政府只审批资金申请报告。

（2）特点：

①从使用主体来看，资金申请报告的使用主体是政府机构中具有项目审查、评估和筛选决策权的相关部门。

②资金申请报告对申请人有严格的要求，政府的补助资金或是专项支持资金的发放对申请人有着严格的要求，项目必须满足相应的要求才能进行资金申请报告的编制。

③资金申请报告有提交时间要求，不同的地方政府关于资金申请报告提交时间和批复时间的规定不尽相同，在编制资金报告的同时要密切关注项目建设当地关于资金申请报告提交截止日。

④资金申请报告有着统一的内容要求，无论是政府的补助资金还是专项支持资金，其申请报告都有较为统一的格式和内容要求，资金申请报告编制单位必须严格按照统一的格式和内容进行编制。

（3）资金申请报告的价值：资金申请报告的价值是企业向政府部门提交的项目说明文件，通过论证项目建设主体能够满足政府扶持资金或补助资金的标准，或是论述项目能够带来巨大社会效益来申请获得政府给予的补助资金。

（九）贷款申请报告

（1）定义：这是可行性报告中最为常见的一种，主要是企业为了获取项目建设和发展所需的资金而向银行等金融机构进行资金申请而编制的贷款申请报告。

（2）特点：

①从使用主体来看，贷款申请报告的使用主体为以银行为主的各类金融机构。

②从撰写角度来看，贷款申请报告更侧重于项目财务的分析，尤其是项目投资回收期和收益率等指标的分析。

（3）贷款申请报告的价值：贷款申请报告的价值在于向银行等金融机构详细阐述项目资金募集后的使用计划、预期收益及风险控制情况，使银行等贷款资金发放单位能够较为放心地把资金贷给项目建设主体。

三、可行性研究报告写作痛点

（1）内容冗杂，思路不清晰。虽然可行性研究报告涉及的内容较多，有些咨询机构在编制可行性研究报告时，只是机械地把可行性研究报告要求的内容进行简单的罗列，使得整个可行性研究报告看起来混乱不堪，毫无章法。

（2）编制的可行性研究报告不符合审批机构的要求。对于需要上交相关审批单位的可行性研究报告，需要按照相关单位出具的可行性研究报告模板进行编制，这样才有助于项目的审批通过，否则，很可能花费大量时间和精力制作出来的可行性研究报告成为无用功。

（3）财务模型不合理，预测数据与实际发生较大偏离。有些可行性研究编制单位为了项目能够通过审批,盲目乐观地预估未来市场,并在建立财务预测模型时过分夸大市场发展潜力,结果导致项目建成实施运营后的收益与实际发生较大的偏离。

(4)报告写作太平,抓不住写作要点。可行性研究报告需要编制的内容较多,有些咨询机构在编制可行性研究报告时,通篇平铺直叙,抓不住投资人或是审批机构关注的重点,进而很难实现融资或是审批通过的目的。

(5)设计过分超前,落地实施难以保障。有些咨询机构在可行性研究报告编制过程中为了对项目进行包装,对项目发展规划设计得过分超前,结果造成项目看起来"高大上",但不具备实际落地的能力。

(6)项目建设必要性和紧迫性论述不足。在如今建设用地资源紧缺的时代,项目与项目之间的竞争也在日益加剧。有些咨询机构在项目必要性论述时,理由不够充分或是建设紧迫性论述不足,最终导致项目用地被别的项目"抢走"。

四、可行性研究报告写作要求

(1)投资必要性。以项目产品/服务市场发展现状及需求痛点为出发点,从宏观的经济发展、中观的产业分析和微观的企业发展战略3个层面分析项目投资建设的必要性。

(2)技术可行性。以国际化的视角和客观的市场实际为依据,从项目相关技术的成熟度、未来被替代的可能性等方面对项目的技术及工艺进行论证。

(3)市场可行性。通过市场调研了解项目相关产品/服务市场发展状况,并根据对目标群体消费特征和消费趋势的调研,判断未来项目产品/服务的发展前景,并根据行业发展态势及项目自身的定位预估项目未来市场空间。

(4)建设可行性。通过实地调研对项目拟建地自然条件(地势、地貌、水、光热条件、自然资源等)和社会条件(交通、商贸、人均消费水平、劳动力数量和质量等)是否适合项目的建设进行评估。

(5)组织可行性。制订合理的项目实施进度计划、设计合理组织机构、选择经验丰富的管理人员、建立良好的协作关系、制订合适的培训计划等,保证项目顺利执行。

(6)社会经济可行性。从资源配置的角度衡量项目的价值,评价项目在实现区域经济发展目标、有效配置经济资源、增加供应、创造就业、改善环境、提高人民生活等方面的效益并分析项目对社会的影响,包括政治体制、方针政策、经济结构、法律道德、宗教民族、妇女儿童及社会稳定性等。

(7)财务可行性。通过市场调研掌握较为客观的资料,同时基于项目建设内容和规模进行一定的假设,建立财务测算模型,对项目预期营收、成本、税费和利润进行估算,测算项目投资回收期、内部收益率、投资回报率等可量化评估的财务指标。

(8)风险因素控制的可控性。对项目的市场风险、技术风险、财务风险、组织风险、法律风险、经济及社会风险等因素进行评价,并有针对性地制定相关的规避和防范措施,为项目全过程的风险管理提供依据。

五、可行性研究报告内容

编制可行性研究报告,主要内容包括项目概论、项目建设背景及必要性、项目公司和产品、市场分析、项目建设条件分析、项目建设环境评估和安全评估、项目产品/服务市场推广、项目投融资方案、项目财务测算、项目效益评估、项目风险衡量及防范、研究结论和建议等。具体内容如下:

(1)项目概论。项目概论是对可行性报告的概括,该部分主要是对项目基本情况进行介绍和阐述。项目概论撰写的内容主要包括项目名称、项目投资主体、项目建设地址、项目建设性质(新建/扩建)、项目建设内容、项目建设规模、项目投资规模及投资资金筹措、可行性研究报告编制依据、项目主要财务指标等。

(2)项目建设背景及必要性。主要是从政策环境、经济环境、社会环境和技术环境搭建 PEST 分析模型,对项目建设的外部环境进行分析,并从宏观的经济形势、中观的行业发展情况和微观的企业发展战略 3 个角度,对项目建设的必要性进行论证。

(3)项目公司和产品。主要是对项目发起人(承办方)开展项目的资质、资源、优势和项目产品/服务的特色(亮点)进行论述。该部分主要从公司概况、组织架构、项目管理团队、项目公司项目建设的 SWOT 分析及运营经验、建设及运营资质、项目公司发起项目可对接的资源/渠道等角度对项目公司进行论述;从产品工艺成熟度、特点、性能等方面论证项目产品及服务是切实可行的。

(4)市场分析。主要是对拟建项目产品/服务市场现状、市场供需情况、市场存在问题、市场消费痛点、市场竞争情况、市场发展趋势及市场发展潜力等方面的分析。市场可行性是项目开展的前提条件,不具备市场可行的项目最终只能沦为空谈。

(5)项目建设条件分析。主要是对项目拟建地建设条件进行调研和评估,包括两个部分:自然条件(水文、气候、自然环境、能源及资源情况等)和社会条件(人口、交通、市场、原材料、劳动力成本、当地特有的资源等)。如果项目涉及土木工程建设,该部分还会对项目进行空间功能布局分布进行规划。同时,该部分还包含项目劳动人员的定员和建设工期的规划等。

(6)项目建设环境评估和安全评估。项目建设尤其是当项目建设涉及土木工程建设时,项目将不可避免地对周围的环境造成一定的影响。因此,在报告中,需要从项目建设可能会产生的空气污染、噪声污染、水污染、固体废弃物污染、土壤污染等角度详细分析项目建设对环境的影响,并给出相应的防治建议,确保项目建设安全可靠。

(7)项目产品/服务市场推广。该部分会结合项目产品/服务自身特点及目标群体的消费渠道偏好、消费场景偏好等情况,为项目制订产品/服务定制营销推广方案,并根据方案的设定制定项目实施进展日程表,设定阶段性目标,循序渐进,推动项目的建设和发展。

(8)项目投融资方案。该部分会根据项目投资建设内容、规模及标准,测算项目总体投资规模(静态投资和动态投资);接着根据项目公司自有资金情况评估项目需融资的规模;然后根据项目公司投资及建设规划,测算每一阶段资金需求规模及资金使用特点(主要是资金的流动性特点),同时结合项目未来发展前景,为项目方提供融资成本最低、融资结构最优的融资方案。

(9)项目财务测算。财务可行性是整个可行性研究报告的核心部分,也是投资者最为关注的部分。该部分会根据项目产品/服务的盈利模式及收入渠道,并结合行业及当地实际物价变动情况,预测项目在一定运营期限内的预期收入;根据项目所涉及的业态、可供参考的同类项目来测算项目的运营成本(人员薪酬及福利、原材料费用、能源动力费用、营销推广费用、管理费用、折旧摊销费用、设备维护及维修费用、其他费用等);根据项目所应缴纳的相关税费科目、税基及其适用的税率计算项目所应缴纳的税费;最后根据项目收入、成本、税费计算得出项目运营期的利润情况。

(10)项目效益评估。该部分主要论述项目建设及实施可能产生的社会效益和财务效益。就社会效益而言,主要是从项目对当地的税收贡献、产业结构调整及带动作用、增加就业、自然环境改善、城市新名片等方面进行论述(有助于项目申请当地政府相关优惠政策及专项扶持资金);就财务效益而言,则主要是对项目投资回收年限、项目投资回报率、项目财务净现值、项目内部财务收益率及项目敏感性等指标的分析。

(11)项目风险衡量及防范。项目的风险是项目收益的对立面,通过分析项目可能会存在的风险因素,结合项目建设及运营的特点,对风险的影响力进行综合评定,并结合项目公司实际情况为其制定相应的风险防范措施。

(12)研究结论和建议。该部分是对项目的归纳和总结,通过对项目建设必要性、技术可行性、市场可行性、建设可行性、社会经济可行性、财务可行性和风险可控性的论证,评判项目是否切实可行,并依据项目公司发展目标,结合同类项目建设和发展经验,为项目的建设制定可落实的保障措施。

第三章 竞赛项目的领域选择

第一节 农业产业领域

农耕文明是人类史上的第一种文明形态。我国拥有历史最为悠久的农耕文明,耕地面积占全球的 7%,是全球最大的农业国家之一。

传统上,中国属于一个农业国家,随着工业化的发展,我国农业从 1.0 时代开始迈入 2.0 时期;而现代化农业是我国农业 3.0 模式的目标,需要从设备、技术、管理 3 个层面完全实现现代化,提升我国农业实力。

现代农业是农业发展历史上一个重要的具体的阶段,它是一个动态的而非抽象的概念。为了我国传统农业完全向现代农业转型,可以借鉴发达国家的经验,需要经过以下两个过程:一是提高农业生产的物质条件和技术现代化水平,实现农业生产机械化、电气化、信息化、生物化和化学化;二是推动农业组织管理的现代化,实现农业生产专业化、社会化、区域化和企业化。

一、现代农业的潜力领域

(一)农业机械

农业机械是指在作物种植业和畜牧业生产过程中,以及农、畜产品初加工和处理过程中所使用的各种机械。农业机械包括农用动力机械、农田建设机械、土壤耕作机械、种植和施肥机械、植物保护机械、农田排灌机械、作物收获机械、农产品加工机械、畜牧业机械和农业运输机械等。

广义的农业机械还包括林业机械、渔业机械和蚕桑、养蜂、食用菌类培植等农村副业机械。农业机械属于相对概念,指用于农业、畜牧业、林业和渔业所有机械的总称,农业机械属于农机具的范畴。推广使用农业机械称为农业机械化。

农业机械的发展,与国家和农村的经济条件有直接的联系。在经济发达国家,特别是在农业劳动力很少的美国,农业机械继续向大型、宽幅、高速和高生产率的方向发展,并在实现机械化的基础上逐步向生产过程的自动化过渡。电子技术、微型电子计算机技术等各种先进科学技术,在农业机械产品及其设计制造中得到日益广泛的应用。在畜牧饲养业中,养鸡业已进入工厂化连续生产的阶段,自动控制小气候的密闭鸡舍是畜牧机械的新发展。

农业插秧机械,在田间作业机械中,液压和电气控制相结合,或直接用电气或电磁控制的自动控制装置已开始应用,如谷物联合收获机上收割台的升降控制和拨禾轮的无级变速等。电子监视仪表的品种日益增多,如播种机上的播种均匀度监视仪、谷物联合收获机上的谷粒损失监视仪和滚筒转速检测仪,以及喷雾机上的喷幅和喷量监视仪等。电子技术越来越多地用在蔬菜和水果的自动分级、田间灌溉的自动管理等机械设备上。

中国仍以发展中小型农业机械为主,重点发展的项目是经济效益高、能提高抗御自然灾害能力、保证稳产高产和增产增收的农业机械品种,如排灌、植物保护和施肥等机械。用于农村多种经营的机械产品将得到较大的发展,如各种农副产品加工机械和禽畜饲养机械,以及养蜂、养蚕、池塘养鱼和食用菌类培植等机械设备。

农业机械的节能和农用多种能源的开发,越来越受到重视,发展趋势是:①从改进燃烧过程、回收利用废气和冷却水热量等方面着手,降低内燃机的耗油量。②使用植物油、酒精和沼气等从农副产品或农村废弃物中获得燃料的内燃机,以及可以更换所用燃料的双燃料内燃机。③利用太阳能、地热和火电站余热等烘干谷物和其他农产品,或把它们用于温室和禽畜舍的采暖加温系统。④利用风力发电和提水等。

（二）育　种

育种是通过创造遗传变异、改良遗传特性,以培育优良动植物新品种的技术。其以遗传学为理论基础,综合应用生态、生理、生化、病理和生物统计等多种学科知识,对发展畜牧业和种植业具有十分重要的意义。

新一轮生物技术和信息技术深度融合,驱动现代生物育种技术快速变革迭代,成为推动现代农业产业发展的新引擎。育种已进入一个大数据、大平台、大发展的新时代。

2021年3月5日,在第十三届全国人民代表大会第四次会议"部长通道"上,农业农村部部长唐仁健表示:"我们正在会同有关部门,研究制定打好种业翻身仗的行动方案。力求用10年左右的时间,实现种业重大突破。一是在种质资源方面,目前畜禽种质资源库正在立项;海洋渔业种质资源库已经开建;新的农作物种质资源库今年9月就能建好,建成后保存能力将达到150万份,位居世界第一。二是在关键核心技术攻关方面,将在原创技术、底盘技术上尽可能突破,争取把这些技术掌握在我们手上。三是要培育一批育繁推一体化种子企业,建立健全商业化育种体系。四是抓好海南南繁基地和甘肃、四川等国家种子基地建设。五是管好种子市场,保护好知识产权,尤其要严厉打击套牌侵权行为。"

一粒种子可以改变一个世界。种业发展直接关系国家粮食安全和百姓的"米袋子""菜篮子"。

（三）冷链物流

冷链物流，一般是指冷藏冷冻类食品在生产、贮藏运输、销售，到消费前的各个环节中始终处于规定的低温环境下，以保证食品质量、减少食品损耗的一项系统工程。它是随着科学技术的进步和制冷技术的发展而建立起来的，是以冷冻工艺学为基础、以制冷技术为手段的低温物流过程。要使中国农产品冷链物流业快速发展，国家必须尽早制定和实施科学有效的宏观政策。冷链物流的要求比较高，相应的管理和资金方面的投入也比普通的常温物流大。

中国宏观经济增速趋缓，物流行业遭受一定冲击。但随着政府各类"扩内需、保增长"政策的陆续出台，中国经济有望继续保持平稳较快增长，物流行业的市场前景也开始逐步好转，农村物流、零售业物流等细分市场成为投资热点。

随着社会的发展，中国物流产业将进入更高层次的发展阶段，并呈现一些新的发展趋势与特征。第一，伴随着国民经济的快速稳定发展，物流产业规模将继续快速扩张。第二，与经济结构和产业布局调整相适应，物流产业的集中度进一步提升。第三，随着物流市场的进一步扩大，物流产业内的分工将越来越细。第四，物流服务方式日益多样化，以现代信息技术、运输技术、管理技术为基础的集成化、一体化物流服务将得到更为广泛的应用。第五，物流产业技术进步与创新步伐加快，现代化水平进一步提升。第六，合作互动将成为物流产业实现规模扩张、协调发展的重要途径。第七，物流产业发展的制度环境日趋规范，市场秩序与环境条件进一步优化。

国家发展和改革委员会会同有关部门专门研究编制了《"十四五"冷链物流发展规划》，并由国务院办公厅印发实施。2021年12月13日，国家发展和改革委员会召开新闻发布会，就上述文件精神以及"十四五"冷链物流发展规划有关情况做详细介绍。冷链物流是减少农产品产后损失和食品流通浪费的重要手段，是支撑农业规模化产业化发展、促进农业转型和农民增收、助力乡村振兴的重要基础，也是健全"从农田到餐桌、从枝头到舌尖"的生鲜农产品质量安全体系的重要组成部分。

（四）乡村旅游

乡村旅游是以具有乡村性的自然和人文客体为旅游吸引物，依托农村区域的优美景观、自然环境、建筑和文化等资源，在传统农村休闲游和农业体验游的基础上，拓展开发会务度假、休闲娱乐等新兴旅游方式。

中国乡村旅游起步较晚，目前尚处于发展成长过渡的阶段。乡村旅游的发展速度较快，各种农业观光园、农家乐、采摘节等乡村旅游形式在各地大量涌现。总体来说，乡村旅游在空间布局上主要分布于都市郊区、远离客源的景区和老少边穷地区。乡村旅游的发展为各地带来了一定的经济效益,对解决"三农"问题起到了一定的积极意义,同时也满足了城市居民回归自然和体验传统生活方式的心理需求。随着乡村旅游的火热发展,尤其是在乡村振兴国家战略的助推下,乡村旅游逐渐成为市场上新的旅游消费热点。

旅游是农业发展除去传统业态外近年才新兴的新业态,也是现代化农业化发掘农业新价值的有效途径,同时也是解决国内居民日益增长的旅游需要的新途径之一,未来的成长潜力很大,是现代农业发展的重要组成行业之一。

二、现代农业的盈利模式

现代农业的盈利模式主要有几种,包含资源垄断型/规模经营型盈利模式、精品定制型盈利模式、品牌农业型盈利模式、产品深加工型盈利模式、休闲创意型盈利模式、流通服务型盈利模式等。具体如下:

(1)资源垄断型/规模经营型盈利模式。农业和农产品有自己的特性,不像工业品那样增加生产线就能增加产量。农业和农产品的生产与自然资源息息相关,企业可以通过不断扩大规模来掌控资源,形成自己的垄断能力和溢价能力。

(2)精品定制型盈利模式。精品定制型盈利模式不盲目追求规模和产量,更在意品质及用户的感受,它主要靠单品的高毛利来获得盈利。

(3)品牌农业型盈利模式。品牌农业型盈利模式,就是企业形成比较知名的品牌,通过品牌去整合市场资源和产品资源,最终获得盈利。此模式跟精品定制型盈利模式有相似之处,但服务的范围更广,而且也比较好复制。

(4)产品深加工型盈利模式。农业深加工是农业很重要的出口。深加工不仅可以提高产品的附加值,还能平抑行业价格的大幅波动,因为它可以吞吐这个行业的原料。

(5)休闲创意型盈利模式。休闲创意型盈利模式即农业和文化、旅游、养老等结合在一起的跨界组合,通过融合创造新的产品。它已成为国家提倡的大服务业的一个组成部分。

(6)流通服务型盈利模式。流通服务型盈利模式就是在解决农产品销售过程中获得服务的回报。流通服务领域一方面可以做规模,另一方面可以利用现代技术搭建社会化社交平台,提高效率。

三、现代农业发展趋势

(1)标准化趋势。消费者对食品安全、营养、口感等要求日益提高,推动标准化生产、标准化管理制度与流程成为行业趋势。

(2)规模化趋势。分散经营的弊端已被重视,规模化经营将是必然趋势。

(3)信息化趋势。企业基础装备信息化,农业技术操作全面自动化,农业经营管理信息网络化。

(4)集约化趋势。传统粗放经营模式将逐渐退出,用最少的资源或投入换取最大回报和收益的集约化经营将是未来。

(5)生态化趋势。全球生态环境的恶化和社会环保意识的增强,呼吁农业产业发展与生态发展的协调统一。

(6)深加工趋势。行业从业企业将大力发展农产品深加工,延长产业链条,提高产业附加值。

(7)社会化服务趋势。围绕农业产销各环节的技术服务、信息化服务、金融服务等社会化服务将全面展开。

四、现代农业发展的意义

现代农业是农业发展的高级阶段,对我国转变农业发展方式、实现食品安全等具有重大现实意义,对改善农民生活水平有着巨大的社会意义。同时,在新的紧张全球环境下,对保障国内农产品供给也有着巨大作用。

(1)推动农业信息化。中国现代农业通过物联网等现代信息技术的使用,信息得以实时、自动传输到农业专家和经理人的眼前,实现了人与田的交互;农田信息的获取和联网还能够起到自然灾害监测预警作用,实现高度的信息共享和农业自动化。

(2)提高农业管理水平。中国现代农业利用农业智能传感器和组织智能物联网,实现农业环境信息的实时采集、实时报送,让农业生产管理者可以在第一时间进行远程管理和遥控指挥;利用农业专家系统帮助生产管理者进行因地制宜决策,提高科学管理水平,防止决策的盲目性和主观性,减少决策失误。

(3)保障农产品和食品安全。中国现代农业通过建立集成应用电子标签、条码、传感器网络、通信网络等技术的追溯系统,可实现农产品和食品质量跟踪、溯源和可视数字化管理,对农产品从田头到餐桌、从生产到销售全过程实行智能监控,确保农产品和食品的质量安全。

(4)盘活农村土地资源。中国现代农业的发展促使大量城市工商资本进入农业、农村,进行土地流转和规模化经营,盘活了农村闲置的土地资源,增加农民的土地财产性收入,有利于推进农民进入城镇就业,提高户籍人口城镇化率。

五、投资现代农业所需要面对的问题

(1)细分市场如此多,哪些具备投资价值? 现代农业涉及领域多达数十个,既有传统市场也有新兴领域,哪些领域在当下社会和技术发展下仍旧具备发展潜力,哪些已经面临下坡路? 这是现代农业所需要面对的首要问题。

(2)哪些区域适合进入? 农业极度受到区域条件的影响和限制,在一个地方适合发展的农业模式在另一个地区可能会完全不适合。因此,即使找到了合适的投资方向与投资方式,也需要进一步确定在哪开始更加适合,这是关乎投资成败的关键要素之一。

（3）上游供应商、下游需求方在哪？任何一家企业都不能脱离产业链单独存在,上游供应商决定了企业的成本与产品质量,下游需求方直接决定了企业的收入来源。但是作为一个新进入者,您的供应商和需求方又在哪？这对企业实现生产和收入产生重要影响。

（4）哪种投资方式更加适合您？当您找到一个具备投资价值的方向时,如何进入该行业？如果是收购,收购目标是谁？如果是入股,入股目标是谁？又或是自立门户,所需要的条件有哪些？不解决以上问题,将无法放心投入该行业。

（5）商业模式、盈利模式如何设计？任何一个成功的投资和企业要想长久地生存乃至壮大下去,首要的要素就是确定核心商业模式与盈利模式。确定哪一种商业和盈利模式是适合现代农业,这将影响项目的长久发展。

第二节 文化旅游产业领域

关于"文化旅游"的定义,目前比较普遍的有两种:其一,文化旅游是以旅游文化的地域差异性为诱因,以文化的碰撞与互动为过程,以文化的相互融洽为结果的旅游活动。其二,文化旅游泛指以鉴赏异国异地传统文化、追寻文化名人遗迹或参加当地举办的各种文化活动为目的的旅游。

一、文化旅游的内涵

文化旅游是旅游产业的重要因素,它既不是一种产品,又与旅游文化大不相同。所谓文化旅游,关键在文化,旅游只是形式。

文化旅游之"文化",应解释为对旅游之效用及目的所做的定性,它的出现与游客需求的转变密切相关。因此,其目前较为流行的定义是,那些以人文资源为主要内容的旅游活动,包括历史遗迹、建筑、民族艺术和民俗、宗教等方面,通过旅游实现感知、了解、体察人类文化具体内容之目的的行为过程。

文化旅游属于专项旅游的一种,是集政治、经济、教育、科技等于一体的大旅游活动,是以旅游经营者创造的观赏对象和休闲娱乐方式为消费内容,使旅游者获得富有文化内涵和深度参与体验的旅游活动的集合。

二、文化旅游的产业周期

（一）萌芽期

20世纪80年代之前：在这一阶段，人们生活还处在基本温饱阶段，旅游市场规模相对较小，旅游主体主要以商人和具备时间与金钱的人群为主，旅游目的更多的是商业出行和探亲访友，旅游以观光休闲为主。

（二）培育期

20世纪80年代至90年代：在这一阶段，人们生活有了较大程度的改善，旅游群体逐渐向白领阶层转化，旅游在此阶段仍属于"小资生活"，文化旅游依托地区的特有文化吸引区域外的游客前来参观游玩，旅游方式还以传统的参观为主。

（三）成长期

21世纪前10年：在这一阶段，人们收入水平进一步提升，旅游群体日益大众化，文化旅游逐渐成为最常见的旅游方式，文化旅游产品和服务日益丰富。

（四）高速成长期

"十二五"到现在：在这一阶段，人均GDP超过3000美元，按照国际上的一般规律，当一国或者地区人均GDP超过3000美元时，旅游需求就会出现爆发式增长。

三、文化旅游的发展阶段

第一阶段：以文化展示为主要内容，以器具等外在实物形式来展示特有的文化，主要形式有博物馆、展览馆等。

第二阶段：注重的是对文化的加工和文化之间融合而擦出的创意火花，科技手段、艺术形式、文化的多元化等都被拿来为文化的创意和再开发服务。

第三阶段：主要是将文化推向市场，实现文化的市场价值，通过文化的深度挖掘和再创新，增加游客的参与性与活动性，使旅游成为一种文化学习和传播的形式。

四、文化旅游的特征

文化旅游产业是以文化为主要内容和灵魂的，而文化是以旅游产业为重要载体的，旅游产业是意识（精神）形态的文化发展为物质形态产业的重要方式或载体。不以旅游产业作为载体的文化，只能是意识形态意义上的文化，不可能发展为物质形态的文化旅游产业。因此，文化与旅游是"你中有我，我中有你"的关系，二者不仅是相融关系，而且是耦合的关系，缺一不可。其特点主要表现在超综合性、延展性、载体性、体验性与参与性、创意性、精品性、民族性与国际性等方面。

（1）超综合性。从旅游环节的角度看，文化旅游产业是集吃、住、行、游、购、娱、健、闲、体的"九位一体"产业，并在每一个旅游环节中赋予了更为丰富的文化内容；从产业关联的角度看,文化旅游产业是集旅游产业、文化产业、休闲娱乐产业、艺术产业、体育产业、商业等一体化的庞大产业,产业边界越来越模糊。

(2)延展性。延展性是指以一项文化旅游产品为核心,可以衍生出一系列的其他产品。文化旅游产业的文化含量高,附加值大,通过深度开发与创新,能够挖掘和衍生出一系列的新产品,具有超强的延展性。

(3)载体性。文化旅游产业的发展不是孤立的,必须以历史文化景点、文化艺术场所、演出会展场所等为载体,文化旅游产业的发展程度与这些载体的品质和密集程度息息相关。

(4)体验性与参与性。静态的文化观赏是传统的、低层次的一种旅游方式。现代文化旅游倡导的是文化体验与文化参与行为。

(5)创意性。文化旅游不仅仅与历史古迹相联系,更多的是通过文化创意来实现的,好的创意本身就可能成为文化吸引物。

(6)精品性。从产品的角度看,文化旅游产品资源的品位高,它是人类历史的结晶,是在人类历史发展中沉淀下来的人类精神与物质行为的精品。

(7)民族性与国际性。文化旅游的景点,一方面具有民族性,是一个民族精华的代表;另一方面具有国际性,因为文化旅游景点既是民族领先的,又是世界一流的,是被世界认可的高品位的民族精品,因而同时具有了国际性和世界性。

五、文化旅游的类型

(1)历史文化型。主要是指文物、史记、遗迹、古建筑等,这也是文化旅游最常见的类型。国内比较知名的历史文化旅游景点有故宫博物院、秦始皇陵兵马俑、长城、红色旅游和名人故居等。

(2)民俗文化型。主要是指生活习俗、节日庆典、祭祀、婚丧嫁娶、体育活动、衣着服饰等,这是文化旅游文化性最为具体的体现。国内比较知名的民俗文化旅游景点有傣族泼水节、各种形式的音乐节、各类体育赛事等。

(3)宗教文化型。宗教礼仪丰富而复杂,对于普通游客来说,只有身处宗教文化浓郁的地区,才能真正感受各种宗教礼仪的区别。国内比较知名的宗教文化景点主要有五台山、九华山、峨眉山、乐山、武当山等。

(4)现代文化型。该类型主要是融合了现代技术的旅游活动,如某些科技的展览、展会、影视基地等。

六、文化旅游产业链

文化旅游产业链上游主要是文化研究单位、文化产品生产商以及文化旅游开发投资商;在上游将文化旅游规划和资金到位后,经由建设单位建设完成中游主题公园、体育场馆、博物馆等文化旅游项目地;中游文化旅游目的地建设完成后,再经由广告媒体和旅行社推送给文化旅游消费者——游客。按照功能的不同,文化旅游产业链所涉及的行业又可以划分为以下 9 种:

(1)游憩行业:包括景区景点、主题公园、休闲体育运动场所、旅游村寨、农场乐园等的经营管理和运作的行业。

(2)接待行业:包括旅行社、酒店、餐饮、会议等。

(3)交通行业:包括旅游区外部的公路客运、铁路客运、航运、水运等,也包括景区内部的索道等小交通。

(4)商业:包括集购物、观赏、休闲和娱乐等于一体的购物休闲步行街、特色商铺、创意市集等。

(5)建筑行业:包括园林绿化、生态恢复、设施建造、艺术装饰等。

(6)生产制造业:包括车船交通工具生产、游乐设施、土特产品、旅游工艺、旅游衍生品、信息终端及虚拟旅游等设备制造。

(7)营销行业:包括旅游商务行业(包括电子商务)、旅游媒介广告行业、展览、节庆等。

(8)金融业:包括旅行支票、旅行信用卡、旅游投融资、旅游保险、旅游衍生金融产品等。

(9)旅游智业:包括规划、策划、管理、投融资、景观建筑设计等咨询行业以及相关教育培训行业。

一个文化旅游项目,从最初策划到规划、设计、建设,再到对外营业、游客来游玩,需要以上各个环节系统紧密地配合。

七、文化旅游的开发模式

根据开发主体的不同,文化旅游项目的开发模式可以划分为 3 种类型:政府主导模式、政府干预模式和市场主导模式。

(1)政府主导模式:是指在以市场为基础配置资源的前提下,全面实行政府主导型的旅游发展模式。政府主导模式开发的文化旅游项目,往往是出于文化保护、科普教育或是扶贫的目的。该类开发模式中的文化旅游代表项目以各类博物馆、展览馆、文化遗产、民俗保护村等为主。政府主导模式具有地区规划、资金信息、基础设施、资源整合等方面优势。

(2)政府干预模式:是指政府与企业或其他组织以合作的方式,共同开发文化旅游资源,这是目前文化旅游项目开发最常见的模式。在该模式中,政府作为引导者,为文化旅游的开发提供政策、资金、基础配套等支持,但最终落地仍以企业为主。该模式的优势在于市场竞争力较强,资源整合利用率较高。

(3)市场主导模式:是指完全由企业或盈利组织开发运营。该模式以企业利益最大化为终极目标,商业目的最为明显,但由于缺乏政府的引导和管控,有时难免会将重心倾向商业而非文化的开发,这也是目前国内文化旅游开发过程中存在的较为普遍的问题。该模式下的开发商大多为房地产商,万达、新希望、华夏幸福、宝能等国内知名房地产开发商均有涉及文化旅游项目。

八、文化旅游的投融资模式

(1)银行信贷融资模式:这是文化旅游项目投融资常见的模式之一,但随着国内文化旅游相关主管部门对项目审批严格程度的提高,目前国内银行、信托等金融机构对文化旅游项目融资的审批和要求也较以往有了提高。但是,这种融资使得项目每年要背负较大的还本付息压力,目前使用频次在逐渐降低。

(2)上市融资模式:这种投融资模式一方面可以使企业获得大量资金,另一方面也可以使企业不用承担巨大的还本付息压力,而且通过上市融资这种模式还能扩大项目的知名度和影响力。但是,该种投融资模式也存在着审批程序长、上市要求严格、容易受资本市场情绪影响等弊端。

(3)PE融资模式:这种投融资模式可以使企业短期内快速获得所需资金。但是,PE投资形式多以股权形式存在,除非项目经营情况较好,PE才能维持其投资强度,否则,一旦发现项目出现问题,PE可能随时中断资金供应或者获得相应回报率之后就撤出投资,这对于项目的可持续发展会造成一定的影响。

(4)PPP融资模式:这种投融资模式正日益成为文化旅游项目主要的投融资模式。对于政府而言,降低了政府的投资强度,有利于缓解地方政府财政压力;对于企业而言,由于有政府的支持,有利于项目的开展;政府和企业各司其职,有利于整个项目效率的提高。

九、文化旅游的运营模式

(1)轻资产模式:用有限的资产获取最大的收益。在当今时代,经济环境的发展日新月异,"变轻"不仅仅是一种战略选择,也是一种必然。在这种模式中,企业只需关注自身的核心价值,将非核心业务外包出去。轻资产运营是以价值为驱动的资本战略,是网络时代与知识经济时代背景下企业战略的新结构。在该运营模式下,企业只关注自身的核心价值,能够以较少的资本占用获取最大化的收益,是企业资本高效运作的体现。同时,该运营模式将非核心业务外包给其他主体运营,使得主导企业缺乏对产品的有效控制和对外包服务商依赖性的增强,也可能会存在主导企业由于信息不对称而发生损失的风险。

(2)O2O模式:线上线下结合促进交易。互联网用户基础大,传播速度快,且不受时间、空间的限制,因而成为现代化运营的重要工具。通过将线下商务的机会与互联网结合在一起,让互联网成为线下交易的前台。在该模式下,线下为线上提供内容,线上为线下引流,具有一定的优势。但是,该模式下,线上线下结合切入点较难寻找,而且线上的渗透率和有效转化率目前仍处于较低水平。

(3)品牌管理输出模式:专业化的运营管理。品牌管理输出模式是指品牌企业通过向合作项目输出管理品牌,并实现产业化、连锁式经营的无形资产运营模式。该模式通过专业化的品牌运营和管理,提升整个项目的运营效率和项目的影响力,具有一定的优势。但是文化旅游项目特色各异,品牌管理复制难度较大。

十、文化旅游的商业模式

(1)门票模式:这是文化旅游最基础、最原始的商业模式。该商业模式成功与否,对文化旅游资源品位的依赖性较高。这种模式的投资相对较小,但如果文化旅游资源品位不能迎合主流游客的需求,则该商业模式也难以获得成功。

(2)综合收益模式:这种模式摆脱了单一的门票经济,而是强调餐饮、购物和住宿等多种收益形式。单一的门票经济难以适应现阶段发展的需求,收益也非常有限。一般文旅项目门票收入占到总收入的 40% 左右,引导游客在吃、娱、住方面的消费才是文旅项目的关键所在。

(3)产业联动商业模式:这种模式就是以文化旅游为平台,利用这个平台资源开发相关的产业,从而获得更多的收益。如现在很多以动漫形象或者神话故事为 IP 开发出的手工艺产品;再比如在农耕文化基础上开发的采摘、体验等旅游项目;又如目前国内大多数房企开发的文旅项目,都是依托当地特有文化打造文化旅游景区,并以此提升周边商业地产价值,从而实现整个项目的价值。该商业模式的成功之处在于在原有产业的基础上,通过新的形式形成新的产业,获得更多衍生收入。

(4)产业和资本运作相融合的商业模式:这种模式就是将文化旅游项目开发到一定程度后,通过引进战略投资者获得收益,实现自身退出的商业模式。

十一、文化旅游市场的"痛点"

(1)文化资源内涵挖掘层次不够深入。有些文化旅游项目的开发仅仅停留在游览、观赏的基础层面,游客的参与性和互动性相对缺乏。

(2)文化资源过度开发。有些区域为了借助某一文化热点而强行联系,结果打造出的文化旅游产品不伦不类,造成了文化资源被糟蹋。

(3)重复建设。这是文旅项目存在的最大问题,也是游客复游率较低的根源所在。要想在文旅项目中脱颖而出,差异化的经营策略势在必行。

(4)文化项目开发商业气息过重。这主要集中在市场主导型文化旅游项目中。由于企业追求的是自身利益的最大化,因此他们在开发过程中往往会集中资金投向那些利润回报率较高和资金回流速度较快的领域,这也是导致我国很多文旅项目最终变成

"房产项目"的原因之一。

(5)文化创意专业人才不足。虽然我国文化创意从业人员呈现出逐年增长的趋势，但整体人才结构呈现出金字塔结构，高精尖的专业文旅项目策划人才严重不足，而底层文化创意从业人员则出现"人满为患"的局面

(6)文旅项目发展遭遇瓶颈。目前，国内大部分文旅项目发展遭遇瓶颈，每年的营收固定在一定区间，难以形成较大程度的突破。

第三节　大健康产业领域

在美国，大健康产业是三大产业之一，2020年大健康产业规模超过3.6万亿美元，是全球最大的大健康产业市场。相比之下，中国大健康产业虽然近年增长很快，但是总体量才接近5万亿元。作为全球第一人口大国而言，现有的市场体量是远远不能够代表中国市场潜力的。根据国家发展规划以及现有的市场增速判断，到2020年我国大健康产业的市场规模可以突破10万亿元，2018—2020年总计剩余2年时间将产生超过5万亿元的市场空间，可以说未来，大健康产业将是我国最令人垂涎的市场之一。从中美的大健康产业结构对比看，中国目前的大健康产业药品市场占比超过50％，而在美国药品市场占比仅仅不到15％，占比较大的是家庭与社区保健服务，说明我国大健康产业在结构上还远远未完善。也就是说，在未来，我国大健康产业发展过程中，将会产生大量的市场空白点，投资机遇无限。

大健康产业是根据时代发展、社会需求与疾病谱的改变而提出的一种全局性理念，是围绕满足各类健康(精神、心理、生理、社会、环境、道德)需求的产业总称。具体包含以下领域：①核心层：医疗产品、医疗服务。②中间层：辅助医疗、康体养生、健康管理。③基础层：健康食品、健康环境、心理健康、健康文化。④外围层：连锁药店等健康产品中转流通和专业物流配送等相关服务业。

相比国内大健康产业的发展速度，美国的大健康产业已然发展成熟，在产业规模和结构上都趋于合理化，虽然不能够完全应用在中国的大健康产业，但是有极高的借鉴意义。通过双方的现有规模结构对比，我们可以初步判断未来几年最具投资价值的市场领域，主要如下：

(1)家庭与社区保健服务。家庭与社区保健服务是美国大健康产业结构中占比最大的领域。在中国，国内的保健服务目前仍旧以个人为主流，以家庭和社区为单位的保健服务市场才刚刚起步，在国内大健康产业的整体占比不足3％，相比美国而言相对较小。即便国情差异，但是未来此块市场的规模超过2万～3万亿元应该是非常轻松之事。

(2)保健品。保健品是目前我国大健康产业成长最为快速的领域之一。中国保健品市场虽然近年成长很快,但是毕竟起步晚,截至 2017 年,中国保健品的市场规模还不到 2000 亿元,未来的成长潜力至少超过万亿元。

(3)健康风险管理。中国健康风险管理的规模为 4500 亿元左右,根据规划进度和目前的发展速度来预测,到 2025 年,中国健康风险管理的规模将可能达到 2 万亿元。

(4)中医药。中医药是中国特色医疗产业板块,是国内大众普遍认可的医疗方式之一。区别于普通西医服务,中医药产业中,国内企业占据绝对的优势地位,即便未来很难得到全球市场的普遍认可,在国内市场中也有极大的成长潜力空间,由中医药产业投射到大健康产业中所产生的市场潜力超过 2 万亿元。

(5)养老。截至 2021 年底,中国 60 岁以上老年人口达 2.67 亿。据测算,"十四五时期。60 岁及以上老年人口数量将突破 3 亿,占比将超过 20%,进入中度老龄化阶段。2035 年左右,60 岁及以上老年人口将突破 4 亿,占比将超过 30%,进入重度老龄化阶段"。

对比各国的老龄化程度和老龄化人口来看,虽然中国 60 周岁以上人口占比远远不如日本和意大利,也不如美国和英国,但是从老龄化人口总量上来看,我国则远远超过以上国家。

从现有规模上看,我国因人口老龄化所产生的市场需求空间要远远高于日本、美国、英国等发达国家;从老龄化占比看,我国未来人口老龄化还有进一步扩大的空间,说明我国老龄化人口产生的市场空间在未来几年仍旧有很大的上升潜力。虽然从国家角度而言,老龄化的社会并不乐观;但是从市场角度而言,中国养老产业的规模和潜力极大,是未来中国大健康产业所必不可少的重要部分。

(6)医疗器械。随着我国居民生活水平的提高和医疗保健意识的增强,医疗器械产品需求持续增长。受国家医疗器械行业支持政策的影响,国内医疗器械行业整体步入高速增长阶段。虽然国内医疗器械市场销售规模增长较快,但是 2017 年的药品和医疗器械的消费比例仅为 1∶0.37,远低于 1∶0.7 的全球平均水平,更低于发达国家的 1.02∶1 的水平。因此,国内医疗器械市场的发展前景广阔,市场也远远没有饱和。

(7)健康保险。根据银保监会数据,中国经营健康险业务的人身保险公司从 2011 年的 61 家增加到 2017 年的 85 家。我国健康保险产业区域发展极不均衡,健康保险收入最高的广东省 2017 年保费收入达到 402 亿元,而保费收入最低的西藏地区仅有 3 亿元,区域发展不均衡显示出我国健康保险产业的发展阶段较低,也凸显了国内巨大的市场潜力空间。

(8)健身娱乐。体育健身娱乐业作为一种产业,在经济发达的西方世界得到了突飞猛进的发展,逐步进入一些国家支柱产业的行列,其生产总值一般占国民生产总值的 1%～2%。因此,他们的经营管理也是达到了相当高的水平,各项管理制度与法规也是比较完善的。而在我国,体育健身娱乐业是一个新兴的产业,正处于起步阶段,它的经营管理水平低于西方世界,各项管理制度与法规更是处在一个讨论和初步制定之中,但是有一点值得肯定,健身娱乐业必将取得持续、快速、稳定的发展。

按照国际市场经验,以日本健身俱乐部会员渗透率为参考值,若我国健身俱乐部会员渗透率达到 3.1%,我国健身俱乐部的会员群体将会超过 4000 万人;按照人均年消费 5000 元估算,那么我国健身俱乐部所产生的市场规模将达到 2000 亿元。

第四节 互联网产业领域

互联网,又称国际网络,指的是网络与网络之间所串联成的庞大网络,这些网络以一组通用的协议相连,形成逻辑上的单一巨大国际网络。互联网始于 1969 年美国的阿帕。通常 internet 泛指互联网,而 Internet 则特指因特网。这种将计算机网络互相连接在一起的方法可称作"网络互联",在这基础上发展出覆盖全世界的全球性互联网络称互联网,即是互相连接在一起的网络结构。2021 年末,中国互联网上网人数达 10.32 亿人。

一、中国互联网现状

中国互联网已经形成规模,互联网应用走向多元化。互联网越来越深刻地改变着人们的学习、工作以及生活方式,甚至影响着整个社会进程。截至 2022 年 6 月,中国网民规模达 10.51 亿,普及率为 74.4%;2022 年上半年新增网民 191.9 万人,较 2021 年末增长 1.4%;中国手机网民规模达 10.47 亿,网民通过手机接入互联网的比例高达 99.6%。截至 2022 年 6 月,中国农村网民占比 27.9%,规模为 2.93 亿,较 2021 年末增加 1.2%;城镇网民占比 72.1%,规模为 7.58 亿,较 2021 年末增加 1.6%。截至 2022 年 6 月,中国网民使用手机上网的比例达 99.8%,较 2021 年末提升了 0.8 个百分点;使用台式电脑、笔记本电脑上网的比例分别为 33.3%、32.6%,较 2021 年分别下降 1.7 个百分点、0.4 个百分点;网民使用电视上网的比例达 26.7%,较 2021 年末提升了 0.6 个百分点。

我国网络经济得到快速增长。截至 2022 年 1 月,网络经济指数高达 766.8,对经济发展新动能指数的贡献为 90%,发展最快,贡献最大。数据显示,2022 年,移动互联网接入流量高达 2617.6 亿千兆字节(GB),是 2017 年的 10 倍。移动互联网用户数达到 14.55 亿户,比上年增长 8%。而随着移动智能设备的普及以及零售企业网络化智慧化运营的推进,线上消费对线下消费的替代作用不断增强。2017 年,我国电子商务平台交易额达到 43.83 万亿元,增长 3.5%。网络消费持续保持较快增长,2022 年全国网上零售额 13.79 万亿元,同比增长 4%。其中实物商品网上零售额 11.96 万亿元,同比增长 6.2%,占社会消费品零售总额的比重为 27.2%。

在互联网产业及中国经济发展向好的预期下,互联网企业再现上市潮。2010 年以来,中国互联网公司频频赴海外上市,其中以美国首次公开募股(initial public offering, IPO)居多,这批上市公司占到了美国 IPO 公司总数的 1/4,成为 2000 年北京新浪互联信息服务有限公司、北京搜狐互联网信息服务有限公司、广州网易计算机系统有限公司等网络公司上市后的第二波集体上市浪潮。与上一波相同的是,这批上市网络企业市盈率普遍偏高。2011 年 5 月,4 只中国网络股先后上市,但后市表现让人失望。人人网虽首日大涨 30%,但第二天就走跌,第 5 个交易日跌破每股 14 美元的发行价。而网秦天下首日即破发,最终以近 20% 的跌幅结束当天交易。

专业人士称,许多美国投资者只是冲着中国的经济增长,根本不了解公司基本面,其追捧中有明显的投机成分。在互联网繁荣的外表下,实则暗潮汹涌。在此背景下,互联网企业更应该密切关注行业发展动态,抓住机遇,抵御风险。

《中华人民共和国 2021 年国民经济和社会发展统计公报》显示:2021 年末,中国互联网上网人数 10.32 亿人,其中手机上网人数 10.29 亿人。互联网普及率为 73.0%,其中农村地区互联网普及率为 57.6%。全年移动互联网用户接入流量 2216 亿千兆字节,比上年增长 33.9%。

二、什么是"互联网+"

(1)"互联网+"其实是专门针对传统企业转型所提出的概念,指的是互联网与传统行业相结合的过程。"互联网+"不是简单的两者相加,而是利用信息技术及互联网平台,使互联网与传统行业深度融合,进而创造新的发展生态。

(2)如果说互联网思维是一种商业模式的话,那么"互联网+"可以理解为一种对企业发展的改变策略及指导思想。当前出现的互联网金融、在线教育、智慧医疗及智慧农业等商业形态,都是"互联网+"的典型内容。这些行业内的企业通过与互联网技术相结合,成功完成了从传统企业到"互联网+"企业的转型,获得了不俗的发展前景。

(3)由于互联网的出现带来了新的便利尤其是信息交流的便利,不可避免对传统行业形态下的商业模式产生冲击。传统行业就像是旧的河道淤积,一条新的更畅通的河道正在孕育,而这其中带来的就是淘汰和机遇。所谓的"互联网+"也就容易理解了,就是在互联网的帮助下,实现更优质的信息交流,进一步减少信息不对等,提高产能。比如,互联网+餐饮的 O2O 模式,提供的餐饮服务没有任何改变,但通过打通线上线下,解决了信息不对称问题,降低了信息获取的成本,提高了商业利润。

(4)"互联网+"把传统行业里解决不了的难题用互联网技术解决,实现线上线下物流深度融合。通过与互联网信息技术相结合,传统企业扎根的领域、产品和内容没有改变,但核心商业模式和运营模式发生了转变,利用互联网信息畅通进行新的产业营销。

(5)曾经在阿里研究院的《互联网＋研究报告》上也对"互联网＋"的概念进行了解读:所谓"互联网＋",就是指以互联网为主的一整套信息技术(包括移动互联网、云计算、大数据技术等)在经济、社会生活各部门的扩散、应用过程。互联网作为一种通用目的技术,将对人类经济社会产生巨大、深远且广泛的影响。

(6)"互联网＋"的本质是传统产业的在线化、数据化。无论网络零售、在线批发、跨境电商、快的打车还是淘点点所做的工作分享都是努力实现交易的在线化。只有商品、人和交易行为迁移到互联网上,才能实现"在线化";只有"在线"才能形成"活的"数据,随时被调用和挖掘。在线化的数据流动性最强,不会像以往一样仅仅封闭在某个部门或企业内部,在线数据随时可以在产业上下游、协作主体之间以最低的成本流动和交换。数据只有流动起来,其价值才得以最大限度地发挥出来。

三、"互联网＋"能带来什么

(1)更加快速地获取信息。互联网的连接,让传统企业可以有机会直接面对每一位消费顾客,以最快的速度将顾客的反馈进行统一采集,同时也能够将企业的话语以最快的速度反馈到顾客耳中,真正了解到客户需要的是什么,实现企业与客户的交流"零距离"。简而言之,互联网＋已经成为传统企业最有效率的信息渠道。

(2)节省运营成本。"互联网＋"让传统企业的生产和运营模式产生翻天覆地的改变,企业内部 OA 系统让企业内部管理更加效率化、员工内部的沟通更加便捷化,管理成本实现有效降低;生产制造系统类系统直接提升了生产制造效率,实现生产要素最高效的配置,最大程度地压缩生产成本。

(3)提升运营效率。"互联网＋"为传统企业与供应商的交流提供快速通道,企业快速对接供应商,方便企业整合供应链渠道,组合成效率最高、价格最低、质量最优的供应链渠道,提升在生产运营中的工作效率。

(4)扩大市场影响力。"互联网＋"提升的信息传递效率是双向的,传统企业通过互联网能够快速地将自身影响力投放到市场,影响到终端消费群体,有利于企业品牌的塑造和市场占有率的提升。

(5)适应市场潮流,取得竞争优势。"互联网＋"是当下企业转型的潮流趋势,企业应该积极迎合潮流,抢先竞争对手一步,将自身立于竞争市场的更高一层,对现在和未来占据更多的市场空间有着巨大作用。

四、"互联网＋"转型中面对的问题

(1)切入点模糊。互联网的发展太快,很多传统企业甚少接触互联网,突然面对"互联网＋"转型,完全不明白应该从哪一步着手,转型的切入点在哪?

(2)商业模式不清晰。"互联网＋"给传统企业带来的最大转变之一就是商业模式的变化,但是商业模式多变,如何选择一个适合自身企业实际情况的商业模式,这是一个难题。

(3)转型步骤不明确。"互联网＋"转型对于传统企业而言是一个大手术,涉及方方面面,需要清晰的转型步骤,才能实现有序、高效的转型。但是对于大多数企业而言,在没有参考和指导的情况下,对于"互联网＋"的匮乏理解,完全无法设计出明确有效的转型步骤,这就非常容易踏错第一步,导致事倍功半乃至功亏一篑。

(4)竞争对手情报缺失。"互联网＋"是市场的趋势,谁能够抢占先机,谁就能在未来的市场中占据巨大优势,这是一个竞争性机遇,任何一家企业都不愿意落后于人。因此,在选择"互联网＋"的同时,应关注竞争对手是否也在进行转型或者是否已然转型成功,这也异常关键。

竞争对手的情况有利于您调整转型步伐,也能作为转型的重要参考,但是没有专业的调查部门或者专业咨询机构辅助,您又对竞争对手了解多少呢?

(5)转型供应商如何选择。"互联网＋"转型企业需要更加先进和智能化的设备和软件,但是市场之中供应商数量庞大,如何在其中挑选出实力强劲、价格合理的合适供应商呢? 若是挑选的供应商不合适,轻则造成成本上升、效率降低,重则影响企业的品牌实力,直接拖累企业的战略转型。

(6)投资花费不明确。众所周知,"互联网＋"的转型花费巨大,这也是拦在众多转型者面前的一道重要关卡。转型企业要明确哪些花费是必要的,哪些花费是可以避免或者推后的,这些都需要专业机构为企业提供专业的建议。

(7)不知如何实现落地。人手准备好了,设备软件升级了,该做的准备都已经做好了,如何将"互联网＋"落地执行下去,实现与传统企业的差异呢? 落地之后,实施的效果如何? 如何改进落地效果? 这都是企业"互联网＋"转型所面对的难题。

五、"互联网＋"的发展

2017 年,全国电子商务交易额达 29.16 万亿元,同比增长 11.7%。其中实物商品网上零售额 5.5 万亿元,占比 2017 年全国社会消费品零售总额 36.6 万亿元的 15.03%。近年来,我国政府继续出台财政政策加快中小企业应用电子商务,国内外环境均利好我国企业电子商务的发展。而在网购市场中,企业加大移动端布局,移动购物发展迅速,成为拉动网购市场发展的重要力量,进而推动电子商务整体市场增长。根据商务部数据,2011—2020 年,我国电子商务交易额持续增长,2020 年,全国电子商务交易额达 37.21 万亿元,同比增长 4.5%。其中,商品类电商交易额 27.95 万亿元,服务业电商交易额 8.08 万亿元,合约类电商交易额 1.18 万亿元。

可以说电子商务的发展规模已经足够庞大,已然改变中国终端消费群体的消费习惯,互联网已经成为中国所有企业都无法忽视的重要渠道和媒介。未来"互联网+"将会成为一种常态,谁若是在这场转变的潮流中落后,那么未来将加倍面临市场淘汰的风险。

第五节 智能制造领域

智能制造源于人工智能的研究。一般认为,智能是知识和智力的总和,前者是智能的基础,后者是指获取和运用知识求解的能力。智能制造应当包含智能制造技术和智能制造系统。智能制造系统不仅能够在实践中不断地充实知识库,而且具有自学习功能,还有搜集与理解环境信息和自身的信息,并进行分析判断和规划自身行为的能力。

一、智能制造的内涵及要求

实现智能化的3个驱动力,即科技创新发展方向、客户需求和社会发展趋势、制造业发展要求。智能化的具体内涵包括产品智能化、装备智能化、生产智能化、服务智能化、管理智能化。

(1)产品智能化:包括产品可追溯、可识别、可定位、可管理。

(2)装备智能化:包括智能工厂、设备全面联网、通讯。

(3)生产智能化:包括个性化定制、极少量生产、服务型制造、云制造。

(4)服务智能化:包括用户需求高效、准确、及时挖掘、识别和满足。

(5)管理智能化:包括企业内无信息孤岛,企业间实时互联,企业、人、设备、产品实时互联。

二、智能制造的综合特征

智能制造与传统的制造相比,具有以下特征:

(1)自律能力。即搜集与理解环境信息和自身的信息,并进行分析判断和规划自身行为的能力。具有自律能力的设备称为"智能机器",智能机器在一定程度上表现出独立性、自主性和个性,甚至相互间还能协调运作与竞争。强有力的知识库和基于知识的模型是自律能力的基础。

(2)人机一体化。IMS(intelligent management system)不单纯是"人工智能"系统,而是人机一体化智能系统,是一种混合智能。基于人工智能的智能机器只能进行机械式的推理、预测、判断,它只能具有逻辑思维(专家系统),最多做到形象思维(神经网络),完全做不到灵感(顿悟)思维,只有人类专家才真正同时具备以上 3 种思维能力。因此,想以人工智能全面取代制造过程中人类专家的智能,独立承担起分析、判断、决策等任务是不现实的。人机一体化突出人在制造系统中的核心地位,同时在智能机器的配合下,更好地发挥出人的潜能,使人机之间表现出一种平等共事、相互"理解"、相互协作的关系,使二者在不同的层次上各显其能,相辅相成。

因此,在智能制造系统中,高素质、高智能的人将发挥更好的作用,机器智能和人的智能将真正地集成在一起,互相配合,相得益彰。

(3)虚拟现实技术。这是实现虚拟制造的支持技术,也是实现高水平人机一体化的关键技术之一。虚拟现实技术以计算机为基础,融合信号处理、动画技术、智能推理、预测、仿真和多媒体技术为一体;借助各种音像和传感装置,虚拟展示现实生活中的各种过程、物件等,因而也能虚拟制造过程和未来的产品,从感官和视觉上使人获得完全如同真实的感受。但其特点是可以按照人们的意愿任意变化,这种人机结合的新一代智能界面,是智能制造的一个显著特征。

(4)自组织超柔性。智能制造系统中的各组成单元能够依据工作任务的需要,自行组成一种最佳结构,其柔性不仅突出在运行方式上,而且突出在结构形式上,所以称这种柔性为超柔性,如同一群人类专家组成的群体,具有生物特征。

(5)学习与维护。智能制造系统能够在实践中不断地充实知识库,具有自学习功能。同时,在运行过程中自行故障诊断,并具备对故障自行排除、自行维护的能力。这种特征使智能制造系统能够自我优化,并适应各种复杂的环境。

三、智能制造的影响

智能制造的发展对社会的发展与人的生活产生了重大的影响,主要体现在以下几个方面:

(1)去人力化。减少了人员使用数量,降低了人工劳动成本。

(2)高度灵活性。实时满足客户需求的动态产品规划,实现各个生产环节的无缝对接,生产过程全程可监控,缩短生产任务的时间。

(3)P2P 的客户关系。去中介化,带来商业模式的创新;制造业企业和客户关系变得更加密切。

(4)分布式、地区化。减少了规模效应,处理能力分散到各地;能够快速重新定义需求,制定更加符合客户需求的生产过程。

(5)快速迭代推出新产品。随着新材料的使用,产品的生产将变得更加高效;产品之间的组合催生新的产品。

(6)能力的大幅提升。更加简单、便利的人机交互,使得工人能够以更快的速度使用新技能。

（7）资金周转。极大地降低了库存量,提升了货物周转效率;设备正常运营的时间大大延长,降低了设备检修和故障造成的停机的损失。

四、中国智能制造重点领域

《中国制造 2025》提出:加快机械、航空、船舶、汽车、轻工、纺织、食品、电子等行业生产设备的智能化改造,提高精准制造、敏捷制造能力;统筹布局和推动智能交通工具、智能工程机械、服务机器人、智能家电、智能照明电器、可穿戴设备等产品研发和产业化;发展基于互联网的个性化定制、众包设计、云制造等新型制造模式,推动形成基于消费需求动态感知的研发、制造和产业组织方式等。由此,集合了中国智能制造的十大重点领域分别为新一代信息技术、节能与新能源汽车、高档数控机床和机器人、电力装备、海洋工程装备及高技术船舶、农机装备、航空航天装备、新材料、先进轨道交通装备、生物医药及高性能医疗器械。

五、智能制造发展前景

(一)人工智能技术

因为 IMS 的目标是计算机模拟制造业人类专家的智能活动,从而取代或延伸人的部分脑力劳动,所以人工智能技术成为 IMS 关键技术之一。IMS 与人工智能技术(专家系统、人工神经网络、模糊逻辑)息息相关。

(二)并行工程

针对制造业而言,并行工程是一种重要的技术方法学,应用于 IMS 中,将最大限度地减少产品设计的盲目性和设计的重复性。

(三)信息网络技术

信息网络技术是制造过程的系统和各个环节智能集成化的支撑,同时也是制造信息及知识流动的通道。

(四)虚拟制造技术

虚拟制造技术可以在产品设计阶段就模拟出该产品的整个生命周期,从而更有效、更经济、更灵活地组织生产,保证了产品开发周期最短、产品成本最低、产品质量最优、生产效率最高。同时,虚拟制造技术也是并行工程实现的必要前提。

(五)自律能力构筑

自律能力是指收集和理解环境信息、自身的信息,并进行分析判断和规划自身行为的能力。强大的知识库和基于知识的模型是自律能力的基础。

(六)人机一体化

智能制造系统不单单是人工智能系统,而是人机一体化智能系统,是一种混合智能。想以人工智能全面取代制造过程中人类专家的智能,独立承担分析、判断、决策等任务是不现实的。人机一体化突出人在制造系统中的核心地位,同时在智能机器的配合下,更好地发挥人的潜能,达到一种相互协作、平等共事的关系,使二者在不同层次上各显其能,相辅相成。

第四章　竞赛项目路演注意事项与方法

路演(roadshow)是指通过现场演示的方法,引起目标人群的关注,使他们产生兴趣,最终达成销售目的。路演是在公共场所进行演说、演示产品、推介理念,即向他人推广自己的公司、团体、产品、想法的一种方式。

路演最初是国际上广泛采用的证券发行推广方式,指证券发行商通过投资银行家或者支付承诺商的帮助,在初级市场上发行证券前针对机构投资者进行的推介活动。它是在投资、融资双方充分交流的条件下促进股票成功发行的重要推介、宣传手段,促进了投资者与股票发行人之间的沟通和交流,以保证股票的顺利发行并有助于提高股票潜在的价值。

项目路演是企业或创业代表在讲台上向投资方讲解项目属性、发展计划或融资计划,一般分为线上项目路演和线下项目路演。线上项目路演主要是通过 QQ 群、微信群,或者在线视频等线上方式对项目进行讲解;线下项目路演主要是通过专场活动对投资人进行面对面的演讲以及进行交流。

第一节　路演的方式与注意事项

一、路演的方式

路演是创业者吸引投资人投资的一种重要方式。对于很多创业者来说路演还很陌生。那创业路演有哪些形式呢?

路演涉及的方面很多,如 IPO(首次公开募股)路演、融资路演、业绩说明会、股东大会、新闻发布会、调研沟通会、重大事件说明会、新三板路演、金融产品发行路演、论坛及行业峰会、竞赛路演等。这些路演总结起来可归为三大类型,分别是参观型路演、活动型路演和现场展示型路演。

(一)参观型路演

参观型路演其实就是邀请投资人到企业内部来参观,从参观企业的过程中感受公司的文化、产品的好坏,从而产生投资的兴趣。参观型路演的最大特点就是聚沙成塔,这是促进融资最好的路演方式。但是,这样的路演需要一定的特质,不是每个企业都能操控的。

参观型路演企业必须具备 2 种特质:

(1)具备领袖的特质,即企业必须在行业内具备一定的名气和影响力,这样投资人才会愿意接受企业的邀请去企业内部参观。

(2)具有极强的引领创新能力,即企业要有可以被别人学习的东西。

(二)活动型路演

活动型路演其实就是通过举办沙龙的方式来吸引投资人。这种类型的路演需要企业花大量的时间和精力,但在短时间内看不出什么收益。虽然这种收益是滞后型的,但是非常可观的。活动型路演能立竿见影看到回报的很少,几乎都要经过一段时间的孕育,才能从中得到投资人的投资。

活动型路演企业必须具备 3 种特质:

(1)教育能力。它是指企业的文化和精神能在多次的活动交流中对投资者起到潜移默化影响的能力,能让投资人在无形中认可企业的文化。

(2)分享能力。有教育能力还不够,还需要有分享能力,因为企业只有把自己的优势分享出去,才能被更多的人看到。

(3)分享精神。具备了教育能力和分享能力,还需具备分享精神。企业只有主动分享出自己的优势,才能得到投资人的主动投资。

(三)现场展示型路演

现场展示型路演就是让企业和投资人直接对接,便捷且成功率极高。

有一种投资叫"对接投资",对接投资的直接作用就是"盗梦偷心",让企业与投资人心交心,当场达成投资合作。如果企业无法与投资人面对面、心交心地谈论,而是通过他人转述的话,效果就会大打折扣。而现场展示型路演是对接投资最好的方式。

现场展示型路演企业需要具备 3 种特质:

(1)完善的路演系统和路演线路图。因为这种现场型路演很多时候不止一场,大多需要经过多次的路演,所以一个完善的路演系统和路演线路图就变得非常重要。

(2)良好的支撑平台。这种大型、长时间的路演如果没有平台作为支撑是很容易出现错误的。有大平台支撑就能有一定的安全保障,同时也可借助大平台的名气吸引更多的投资人。

(3)精准的针对性。现场展示型路演具有非常精准的针对性,因此企业要在很短的时间内最精准地阐述、展示出企业或产品最有优势的地方,可以通过 PPT、影像工具帮助企业表达得更为精准快速。

现场展示型路演除了要具备以上几个特质,还需注意 3 个环节:

（1）阐述展示。用幻灯片和影像展示自己的项目,并加上一些阐述,让投资人了解这个项目的概况。

（2）现场问答。路演现场会有问答环节,投资人不会听路演人的一面之词,会根据路演的内容和项目提问,如该项目具体有哪些阶段? 如何保证投资安全? 投资回报如何?

（3）意向签约。现场有准备好的签约合同,如果投资人有投资意愿的话,现场就可以直接进行签约。

路演不单是要展示,还要懂得寻找。那么要寻找什么呢? 就是要找到价值。这个价值不是针对路演人,而是针对投资人的价值。企业要想明白,参加路演展示会的投资人能从这场路演中得到什么样的价值。如果投资人没有得到任何有价值的信息,那么很遗憾,企业有可能融不到任何资金。要相信"有价值的路演,才是融资界的宠儿"。

二、路演的注意事项

线下项目路演是通过现场演示的方法引起投资人的注意,使他们产生兴趣,达成融资合作。那么,线下路演过程中有哪些需要注意的事项?

（一）直面投资人,解说路演项目

（1）表达清晰:因为路演的时间比较有限,一般在5～15分钟。

创业者首先要根据投资人关注的领域言简意赅、条理清晰地说明自己要做什么、怎么做,投资人能获得什么回报等。

（2）语言简洁:时间有限,把握轻重分类,简洁地总结内容。

比如,自行车轮胎是什么材质、评估了多少供应商、造价多少、利润多少,然后拿出一大堆数据解释等,这样虽显得清晰但拖沓,没有必要这样做。

（3）引起兴趣:与投资人沟通时,要懂得引起投资人的兴趣。

一般第一次路演的目的不一定是让投资人当场决定投资,毕竟投资人不一定就是专业的,他可能对企业的"家底"不是很懂,他需要找更专业的人来跟企业进行第二次约谈。

（二）切忌时间到了还没讲完

项目路演时,要注意把握现场节奏,特别是公开路演,现场会有投资人、官员、媒体等。

不需要一上去就说很多表示感谢的话,再花两三分钟做个人介绍,结果主持人提示你还有3分钟时间,你就手忙脚乱地随便选了几页,蜻蜓点水讲完。这样既浪费时间,又给人留下不好的印象。

路演之前一定要经过多次演练,规划30分钟、20分钟、10分钟、5分钟、1分钟时间分别该怎么讲。

（三）投资人没听懂，竞争对手却听懂了

路演时，项目讲完了，但是会场一片安静，没人提问，没人跟你交换名片，这样看似完成了一次路演任务，实际上根本没效果。

还有一种情况是，在场的竞争对手听懂了，于是他就中场溜回去跟自己的公司说了你的思路，这样反倒给自己添了麻烦。所以路演时，投资人其实对一些商业机密和细节并不是特别感兴趣，他们更关注一些结论性的东西，比如你的用户增长很快、用户黏度很高，至于你怎么做到的，则不需要说出来。

路演演讲时，不要口无遮拦，核心的东西尽可能地留着，再与对项目有兴趣的投资人交流。

第二节 路演的核心与方法

路演是项目展示的重要环节。路演不是讲话，更不是秀口才，单凭妙语连珠、口吐莲花是很难获得投资的。因为对于创业者的这些"秀"，投资人早已见怪不怪了。真正的路演不单靠嘴上功夫，更是靠脑袋里自己对所做项目的系统思考。

一、路演的核心

（1）你为什么要创业？搞清楚你创办这个项目或公司的原因。很多人会因为一些错误的原因而开始创业，或者对为什么创业这个问题根本就没有考虑过。而投资人却必须确认你对这个问题是经过深思熟虑的。

（2）你卖的产品或服务是什么？这是一个至关重要的问题，它需要你在做过充分调查的情况下才能得到答案。用一些定位模糊、宽泛的词汇来描述你的产品并不具备说服力，你需要阐述清楚你在解决的是什么问题，并且这个问题存在于大型的可量化市场当中。

针对这个问题，你要尽可能多地与潜在用户展开对话，加快调查频率和加大调查力度并且多举行产品或服务小组座谈会。如此，当投资人问你"你卖的是什么?"时，你就能够利用潜在用户的兴趣度及他们感兴趣的点等相关细节来充实你的回答。

（3）你的单元市场到底有多大？你对自己的产品或服务的市场有多少了解，决定了投资人给你投资的风险大小。面对这个难题，你必须证明你的产品或服务能够创造一个足够大的市场。

为此，你必须获取可信的市场调查结果来证明"在你的池塘里有非常多饥饿的大鱼可以钓取"，再将调查结果的数据细化到你的产品或服务上。在市场上需要达到多少用户,又需要多少用户你才可以达成 1 年、3 年或 5 年的毛利润目标和纯利润目标等。

(4)你拥有的付费客户有多少？这个问题能够决定你的产品或服务是否有人在乎,所以一定要展示出已经为你的产品或服务付费的客户数量,并且展示出在各个区域还有很多潜在的可以付费的客户。在你还没有搞定付费客户的情况下,如果拥有体验过测试销售的客户数据,就需要调查清楚他们为何对你的产品或服务以及与之相关的所有临时数据感兴趣。

(5)你怎么为投资者提供最大的利润回报？这一点一定要在你路演的前期阶段就阐述清楚。这也是投资者给你说话机会的最大原因,一定要深刻表现出你对自己的财务状况有清晰的认知和理解,你的收支模式合理且可信等。

(6)你的竞争对手是谁？你的竞争对手任何时候都会存在,你如何击败他们？事实上,身处的现状就是你最强硬的竞争对手之一。有些时候你面对的竞争对手可能由于领域等不同,竞争不够直接,但其可能正致力于取代你的产品或服务功能。

因此,务必要了解清楚你的竞争对手(直接、间接、未来潜在的),再结合竞争对手的产品或服务性质与你的进行对比,对他们有清晰的认知,并且确定你在哪些方面与众不同(类似更好、更便宜或更简单),最后一定要展示出你足以保持领先地位的详解方案。

(7)你达到了什么样的里程？例如,你的产品开发以及客户获取速度是否迅猛？在你的路演当中应该充分展示出你的公司自创建以来具代表性的重大事件、已经达成的成果及对未来的清晰规划,这对展现你的战略眼光、规划以及领导、执行能力意义重大。

(8)你的核心团队是怎样的？投资者对你的核心团队要求会很高,他们希望你的核心团队应该有具备营销、财务、管理等方面能力的专业人士,显示出你在市场领域足够的可信度。这种情况下,即使你的核心团队还不够完善,也一定要展现出你具备吸引符合并能够执行你的商业计划的专业人才的能力。

(9)客户获取的计划是否准确？通常经验不足的创业者会借助非专业的图表来展示并信誓旦旦地声称,如果 x 年内在市场营销方面投入 x 万元,将会为我们带来多少可观的客户。这对于投资者们来说无异于画饼充饥,该设想也基本不会实现。因此,你需要借助更专业的趋势曲线图和调查数据等来证明你具备可真正实施客户获取计划的能力。

(10)你为什么要融资这么多？你需要提供关于融资数额足够精确的数据和方案等来支撑自己能够拿到这些钱。然而,大多数创业者都会低估这个数额,如果他们当初做了为期半年的融资,但实际上 3 个月就把钱花光了,投资人必然难以接受,因为他可能甚至还没看到什么实质性的进展。

(11)你怎么利用从投资人那里拿到的资金？如果你的产品开发已经完成,那将是投资者喜闻乐见的。这样,筹集到的资金就可以专注于市场营销等方面。千万不要把投资者的钱用在偿还遗留的债务或者无端的管理等方面(主要指无关紧要的事务)。你当前筹集到的资金及其应用是为下一轮融资做充足铺垫的最佳佐证,否则以后在你最需要钱时,将会很难筹集到下一轮资金。

(12)与你相关的人(亲人、爱人、朋友等)是否投资了这个公司?与你相关的人本身就属于这项事业的一部分,这对投资人来说,比你大力投入的团队或人力资源更加重要。通常与你相关的人是否参与投资能够很好地证明这一点,否则往往会向投资者们传达一个不妙的信号。

(13)除了钱,你还希望投资人在哪些方面给予你支持?投资人会关注创业者"除了钱,我还有什么可以帮助到你的?",对于这个问题,只要你在路演之前对你的潜在投资者做一些足够深入的调查,自然会得到答案,并且这样还可以让你有充足的准备去应对一些特定投资者的特殊要求(比如特定的消费群体等)。

二、路演的方法

作为一个创业者来说,项目路演是必修课,需要做好以下几个方面。

(一)准备工作

(1)准备一份清晰简洁的路演材料,避免出现密密麻麻的文字。复杂的文字容易吸引投资人过多的注意力,尽量用简单的图表代替文字。

(2)如果创始人是技术出身不擅长社交,可以让合伙人做项目的展示,自己则作为旁听者,在必要的时候做补充。

(3)对公司的各项指标要比任何人都了解,无论是运营指标还是财务状况。

(4)提前对评委做些简单的功课,有利于你和投资人的交流。

(5)列出项目大纲,梳理自己的观点,分清项目的重点和次重点,并据此安排路演中每部分需要花费的时间。

(6)明确产品的定位。例如,乔布斯推广 Macbook Air 时称它为"世界上最薄的 Macbook";美菜的自我定位是"让天下做菜的不再买菜",用一句口号把产品的亮点展示出来。

(7)建议提前演练,做到严格控制路演时间。

(8)要有后备计划,提前想好投资人可能会问的问题和答案,做最坏的打算,路演中一旦出现事故或者变化,随机应变。

(二)合理分配演讲时间

以下是以 5 分钟的路演时间作为标准。

(1)在开场之前,需要提前展示 PPT,因此首页可以项目名+公司 Logo,直击主题,给投资人清晰的展示。

(2)首先介绍你遇到的问题或是创业的初衷,通过故事将投资人带到你的项目里。此时应加强和投资人的眼神交流,避免投资人长时间盯着 PPT,通常生动的演讲、风趣的言谈能给人留下更深的印象。此部分建议用时 30 秒。

（3）用简短的两句话介绍公司概况,目的是让投资人知道公司的背景,为后续的演讲内容做准备。此部分建议用时 20 秒。

（4）介绍你的产品和它是如何解决问题的,相比其他的竞争对手,你有什么优势和亮点。此部分建议用时 70 秒。

（5）告诉投资人你的产品要如何变现,也就是商业模式和盈利模式,包含用户画像、竞争对手等。此部分建议用时 90 秒。

（6）介绍项目的管理团队,包括他们的学历和经验,如果没有特别出色的学历,就突出团队成员的大公司经验或是相关领域的创业经验。尤其是相关领域的创业经验,这可以帮助项目避免一些风险。此部分建议用时 30 秒。

（7）对于股权结构、融资计划及资金用途,每部分只需要一两句话的介绍。此部分建议用时 30 秒。

（8）最后一点是项目的运营规划和发展蓝图。此部分建议用时 30 秒。

以上所涉及的是我们认为投资人看项目时所需要了解的内容。

（三）三大禁忌

（1）面面俱到。尽管以上 8 点基本包含了商业计划书的全部,但也要分清主次,不是主要的内容只需要一两句话的介绍,点到即止,但也不能省略,因为它们同样重要。

（2）根本性的错误。对市场或方向判断错误,比如复制一款产品来挑战腾讯在社交平台上的地位。

（3）现场演示。可以做录制好的演示,现场的演示耗费时间,没有十分必要可以采用其他的形式代替。不过对于一些特殊的项目(比如说技术应用类、娱乐类),演示能带来很震撼的效果,如一个聚集了大量冒险和刺激活动爱好者的平台,视频的展示远比演讲传达的内容更多。

（四）画重点

（1）早期投资人对项目内容的关注度由高到低分别是管理团队、产品、市场情况、竞争优势、盈利模式、数据情况、融资计划。

（2）认真对待与投资人的互动过程。投资人的建议往往是宝贵的,多几次路演的经验对创业者逻辑表达能力的提升很大。

（3）注重逻辑,实现高效沟通。投资人喜欢有逻辑、善于思考的创业者。

（4）想办法让投资人记住你。

（5）不要忽视"投资人如何退出"的问题。

（6）每次参加活动,都要想办法要到投资人的联系方式。

虽然关于路演的注意事项在很多文章中经常被提及,但是创业者依旧会出现以下错误,需要格外注意,尽量避免:

一是全程在读 PPT,过程很枯燥。

二是废话很多。人在紧张的时候习惯把注意力转移到无关的事物上,通常说出的话都没有价值。如果你紧张到无法专注地完成路演,不妨留出更多的时间给投资人用来提问。

三是过多地使用专业术语。投资人也分传统企业出身和新兴的投资机构出身,每个投资人都有自己擅长和不擅长的领域,过多地使用专业术语会阻碍投资人快速理解项目和做出判断。

以上是项目在路演过程中的核心与方法,创业项目路演是让投资人记住你的重要时刻,需重视路演的各环节。

第五章　竞赛项目融资与风险管理

第一节　项目融资

从狭义上讲,融资即是一个企业的资金筹集的行为与过程,是项目根据自身的生产经营状况、资金拥有的状况,以及项目未来经营发展的需要,通过科学的预测和决策,采用一定的方式,从一定的渠道向项目的投资者和债权人筹集资金,组织资金的供应,以保证项目正常生产需要、经营管理活动需要的理财行为。

项目筹集资金的动机应该遵循一定的原则,通过一定的渠道和一定的方式进行。通常讲,项目筹集资金无非有三大目的:项目要扩张、项目要还债以及混合动机(扩张与还债混合在一起的动机)。

从广义上讲,融资也叫金融,就是货币资金的融通,即当事人通过各种方式到金融市场上筹措或贷放资金的行为。从现代经济发展的状况看,作为项目所在企业需要比以往任何时候都更加深刻、全面地了解金融知识、金融机构、金融市场,因为企业的发展离不开金融的支持,企业必须与之打交道。

融资中介在融资中起着重要作用,也就是在融资活动中起到中介作用的公司或者机构。由于交易双方在交易前相互不了解,因此可能寻求一位具有中间立场并且具有一定行业素质的人或者公司,即融资中介,来对交易进行经济或者信誉上的担保,以推动融资交易的顺利进行。

一、企业融资渠道

(一)银行借款

信贷融资是间接融资,是市场信用经济的融资方式,它以银行为经营主体,按信贷规则运作,要求资产安全和资金回流,风险取决于资产质量。信贷融资由于责任链条和追索期长、信息不对称,由少数决策者对项目的判断支配大额资金,因此把风险积累推到将来。信贷融资需要发达的社会信用体系支持。银行借款是企业最常用的融资渠道,但银行的基本做法是"嫌贫爱富",以风险控制为原则,这是由银行的业务性质决定的。对银行来讲,一般不愿冒太大的风险,因为银行借款没有利润要求权,所以对风险大的企业或项目不愿借款,哪怕是有很高的预期利润。相反,实力雄厚、收益或现金流稳定的企业是银行欢迎的贷款对象。因为以上特点,银行借款跟其他融资方式相比,主要不足在于:一是条件苛刻,限制性条款太多,手续过于复杂,费时费力,有时可能办一年也办不下来;二是借款期限相对较短,长期投资很少能贷到款;三是借款额度相对较小,通过银行解决企业发展所需要的全部资金是很难的,特别对于在起步和创业阶段的企业,贷款的风险大,是很难获得银行借款的。

（二）P2P 融资模式运营

P2P(指商品交易通过第三方平台)金融又叫 P2P 信贷,是互联网金融(ITFIN)的一种,指不同的网络节点之间的小额借贷交易,需要借助电子商务专业网络平台帮助借贷双方确立借贷关系并完成相关交易手续。随着网络的发展和社会的进步,此种金融服务的正规性与合法性会逐步加强,在有效的监管下发挥网络技术优势,实现普惠金融的理想。爱投资倡导的 P2C(指商品从生产企业直接到消费者,中间没有任何交易平台)模式撮合的是个人与企业的借贷,面向个人投资者提供安全、透明、便捷、高收益的投资理财项目。P2C 模式与 P2P 网贷的不同之处在于,P2C 是 P2P 网贷的升级和进化版,有效解决了投资者信息不对称、投资风险高等问题,能够帮助中小企业快速融资。爱投资在风控管理体系上,一方面,引入线下金融担保的多担保合作体系,从根本上解决了互联网金融诚信的原则性问题,并在融资过程中实现金融脱媒,缩短空间距离,减少中间环节,让投资者直接获利;另一方面,爱投资与中国金融认证中心达成互联网金融领域首家的战略合作,确保互联网金融信息来源的安全性。爱投资发挥自身的互联网优势,同时又具有线下金融担保的规模化体系,有效整合各角色的参与度,并让投资者的收益最大化,从而实现多方共赢。

（三）证券融资

证券融资是市场经济融资方式的直接形态,公众直接广泛参与,市场监督最严,要求最高,具有广阔的发展前景。证券融资主要包括股票、债券,并以此为基础进行资本市场运作。与信贷融资不同,证券融资是由众多市场参与者决策,是投资者对投资者、公众对公众的行为,直接受公众及市场风险约束,把未来风险直接暴露和定价,风险由投资者直接承担。

（四）股权融资

股票上市可以在境内,也可选择境外;可以在主板上市,也可以在高新技术企业板块上市,如美国纳斯达克(NASTAQ)和香港的创业板。发行股票是一种资本金融资,投资者对企业利润有要求权,但是所投资金不能收回,投资者所冒风险较大,因此要求的预期收益也比银行高。从这个角度而言,股权融资的资金成本比银行借款高。

（五）债券融资

发行债券的优缺点介于上市和银行借款之间,也是一种实用的融资手段,但关键是选好发债时机。选择发债时机要充分考虑对未来利率的走势预期。债券种类很多,国内常见的有企业债券、公司债券和可转换债券。企业债券要求较低,公司债券要求则相对严格,只有国有独资公司、上市公司、两个国有投资主体设立的有限责任公司才有发行资格,并且对企业资产负债率以及资本金等都有严格限制。可转换债券只有重点国有企业和上市公司才能够发行,它是一种含期权的衍生金融工具。采用发行债券的方式进行融资,其好处在于还款期限较长、附加限制少、资金成本也不太高,但手续复杂,对企业要求严格。另外,我国债券市场相对冷清,交投不活跃,发行风险大,特别是长期债券,面临的利率风险较大,而又欠缺风险管理的金融工具。

二、企业融资作用

（一）企业必须更新观念

企业要想发展壮大,跟上时代的步伐,立于不败之地,企业家必须首先打破传统经营的思维方式。多数企业当下仍然处于一种传统经营状态:通过自身的盈余来扩大再生产,由小到大,慢慢地滚雪球式发展。这种发展方式已经给成长中的企业带来了巨大威胁,即在激烈竞争的情况下,企业必须快速发展,发展慢了就会被竞争对手打败。因此,要发展就要融资,融的主渠道是借贷,是债权融资。

（二）金融主导时代已经来临

在中国,深层次的资本运营时代已经到来,企业之间的竞争不再仅仅是技术层面、人才层面的竞争,而是进入更高层面的竞争——资本的竞争。企业之间竞争的胜负,并不取决于技术研发的速度和市场拓展的规模,而最终取决于企业融资的速度和规模。

（三）选择融资战略决定企业未来的命运

传统经营模式是"猎枪加土炮",借助资本市场推动企业发展的方式是"核武器的核爆炸"。这种"核爆炸"的力量无比巨大,快速延伸,将在各行各业的产业链条上掀起大规模的重组、兼并、合资、收购的浪潮,通过资本的力量将全球优势资源聚集到一起,实现整个社会资源配置的最优化和最大化。改革开放前 30 年主要靠的是"机遇加产品",改革开放后 30 年的本质特征则是"资本加技术"。

资金是企业经济活动的第一推动力和持续推动力。企业能否获得稳定的资金来源,及时足额地筹集到生产要素组合所需要的资金,对经营和发展都是至关重要的。

我国民营企业发展中遇到的最大障碍是融资困境,约 80％的被调查的民营企业认为融资难是一般的或主要的制约因素。在创业阶段,90％以上的初始资金都是由主要的业主、创业团队成员及其家庭提供的,银行贷款和其他金融机构或非金融机构的贷款所起的作用很小。融资可以很好地解决我国民营企业的资金问题。

三、企业融资阶段论述

企业的发展一般分为 4 个阶段：种子期、发展期、扩张期和稳定期。整个成长过程中的融资方式也有不同，主要分为天使投资、风险投资、私募股权投资和 IPO。第一个就是天使投资阶段，主要是针对企业的启动期和初创期。天使投资实际上是风险投资的一种特殊形式，是对高风险、高收益的初创企业的第一笔投资。

种子期或者说启动期的企业一般不会进行天使融资，都是以创业团队的启动资金进行企业运作，当然不排除有些优质项目能够吸引一些知名天使投资人。这是一段艰难的起步期，为了企业的后续发展，融资也是必需的，至少是为融资做好各方面的准备。很多的创业团队都会通过各种途径去取得投资人的关注，比如争取创业扶持基金、参加创业大赛、众筹融资甚至是 P2P 借贷等。

随着互联网金融的发展，进行众筹融资是很多创业团队都会选择的方式，硬件创业领域表现得最为明显，一般是进行奖励制的众筹。另外一种是股权众筹，像国内已经有很多的股权众筹平台，如圆桌汇、天使汇等。

当企业进入发展期，会引入天使投资，金额一般也不会太大，这笔资金主要用于扩大业务、加强团队，也是企业做大最主要的阶段，产品、品牌及企业知名度是重点。然后就是我们习惯称呼的 VC，即风险投资，投资对象多为处于创业期的中小型企业，而且多为高新技术企业，投资期限为 3～5 年，投资方式一般为股权投资，通常占被投资企业 30％左右股权，而不要求控股权，也不需要任何担保或抵押。

PE，也叫私募股权投资，一般属于机构投资，且投资数额较大，推动非上市企业价值增长，最终通过上市、并购、管理层回购、股权置换等方式出售持股套现退出。

最后 IPO 股票发行及上市。

四、企业融资问题探析

(一)融资难

(1)近年来，企业总体融资难度有所上升，部分领域和部分优质企业的融资难度反而有所下降，企业融资两极分化现象日趋突出。2015 年，水利环境公共设施、电气水生产及供应行业的审批相对较为顺利。一些产品适销对路、还贷有保障的优质企业，特别是一些大型优质企业，商业银行往往主动上门营销，贷款利率也较为优惠，低于贷款基准利率的不在少数。因此，确切地说，当前企业融资难是一种结构性现象。

(2)自身还款来源减少和区域风险上升共同抬升企业融资难度。调查分析发现，在当前经济增长放缓的形势下，造成企业融资难的主要原因还是在于企业自身还款来源的减少。其表现在以下几个方面：

①企业现金流减少,第一还款来源下降。当前企业营收状况仍未得到明显改善,利润增长趋缓,与此同时,销售回笼趋缓,两项资金占用上升,致使企业现金流减少,第一还款来源下降。

②抵押物价格缩水,第二还款来源下降。企业贷款抵押物主要是房产和土地(以房地产为抵押物的贷款占全部贷款的比重在 47% 左右),在当前房地产市场转冷的背景下,贷款抵押物缩水风险增加,企业第二还款来源下降。

③撤保现象增加,第三还款来源下降。当前,企业出险情况仍在增加(其中出险企业统计口径为出现经营困难、关停、倒闭、法人代表逃逸、法人代表无法联系、资金链断裂、涉及民间借贷、非法集资、承担大额担保代偿责任、发生有重大影响诉讼案件以及发生灾害安全事故等各类出现风险事件的银行贷款户),区域信用环境继续恶化,大量担保公司破产倒闭,优质企业陆续撤保,并不再为其他企业提供担保。企业担保难度增加,导致第三还款来源减少。受此影响,众多企业因找不到有效担保,而无法获得银行的融资。

(二)融资贵

企业的实际融资成本主要由 3 部分组成:一是合同贷款利率,人民银行对此有专门的贷款加权平均利率统计;二是与贷款相关的并且由商业银行收取的各种融资费用,较多体现在商业银行的担保性中间业务收入和管理性中间业务收入等方面,对这部分费用的费率,可通过担保性和管理性两类中间业务收入之和与同期企业贷款平均余额之比计算获得;三是与贷款相关的各种业务回报费用,最典型的是企业买存款费用,即企业在贷得一笔款项的同时,还须按贷款金额的一定比重,以定期存款方式留存银行,这笔存款往往需要企业支付额外贴息费用,以高于定期存款利率的价格从存款市场上购得。

目前,我国金融体系的直接与间接融资比例不协调,资本市场不够发达,不仅规模偏小,而且结构单一,缺乏层次性。企业通过增资扩股等方式筹集资金难度较大,转而被迫寻求债务融资,企业杠杆率被过度放大。这在经济下行期,企业盈利能力普遍弱化时,即便是利率保持不变或略有下降,也会让企业因为利息保障倍数(企业息税前利润与利息费用之比)的陡降而感到融资贵。

五、融资中介服务运作模式

(一)纯中介模式

资金供需双方个人分别到中介机构登记信息,中介机构负责审核信息的真实性并进行信息配对,让配对成功的供需双方见面,如果谈妥,借款人提供不动产抵押,双方签订借贷合同。目前资金出借人的年收益率一般为 12%～15%。三方还需同时签订一份居间合同,中介机构向借款人收取 3% 的居间服务费,这样借款人最终将承担 15%～

18%的融资成本。中介机构在这种模式中不从事放贷业务,出现风险时也不需要垫资,但需协助债务催收、处置抵押物等工作。这种模式较为初级,一般交易额较低(多为100万元以内),期限较短(一年以内),风险比较容易控制,资金出借人的收益率也较低,在其他收益率更高的中介模式影响下,这种模式容易遭遇发展瓶颈。

(二)债权转让模式

在债权转让模式下,中介机构要承担放贷人的角色,通常是中介机构以某自然人(如法人代表)的名义形成债权,期限多为一年以内,最长可达3年。中介机构形成债权的同时,也将自身债权拆分或打包向更多的自然人进行转让。在实践中,因形成债权的途径不同,这种模式又可细分为两种模式:

一是直接放贷形成债权再转让。在这种模式下,中介机构通常有两个业务前台:贷款业务前台和理财业务前台,前者专门负责放贷,后者专门负责以理财产品形式向自然人转让债权。该模式中的出借人资金收益率一般也可达到12%以上,借款人的融资成本包括借贷利息和中介费共计约24%,中介费的支付每月按借贷金额的1%进行。为控制风险,中介机构在其中介费收入中提取一定比例(有的机构该比例为3.5%)的保障金以覆盖违约率,若借款人发生回款风险,中介机构将以保障金代偿。

二是购买银行债权再转让。这种模式有银行和担保机构参加,目前见于车贷业务。自然人向银行提出贷款购车申请,由担保公司提供担保,银行发放车贷,中介机构向银行购买部分车贷债权,然后再以理财产品形式向自然人转让。自然人出借资金的收益率可达到12%以上,购车人付出的成本为担保费、基准利率上的银行贷款,中介机构收入为不低于4%的债权转让利差以及部分资金收回再贷产生的复利收入。

(三)过桥贷模式

过桥贷是指借款人在自有资金不足的情况下,通过民间融资中介机构筹措资金归还银行到期贷款,待重新取得银行贷款后再偿还这部分融资的一种模式。在这种模式中,借款人急需资金,中介机构通常直接充当放贷人,放款期限较短(一般为银行贷款审批流程的时间),因此资金价格非常高,通常可达到月息3~6分甚至更高。中介机构过桥贷模式在市场中非常普遍。

第二节　项目风险管理

风险管理与内部控制是保障项目所在企业在经营过程中有效规避错误、减少错误、正确处理错误的重要手段,也是保障企业战略落实、有效开展管控的核心途径。随着市场经济各项建设渐趋完善,社会、政府、监管部门对企业风管与内控的要求也在逐步加强。同时,市场竞争环境的日益复杂化、白热化,客观上也要求企业及其决策者能够意识到风管与内控的重要性。因此,对于广泛参与市场竞争的大型企业集团、上市公司而言,建立有效的风管与内控机制是内外部环境的共同要求。

目前中国的集团公司做全面风险管理或流于文字和表单不实用,或由于工作量大不适用于子公司众多的大型集团。中国集团企业的风险管控能力还是非常弱,与外资巨头相比,我国的企业战略上更缺乏弹性,管理能力较差,面对的风险相对更多,更需风险管理体系的提升和调和。总体来看,集团全面风险管理面临的问题与误区可以归结为以下 10 点:

(1)风险识别单纯基于运营和流程,不能从集团战略寻找风险入手点,导致集团战略风险加大。

(2)风险管理以合规和简单的风险规避为导向,缺乏风险经营意识。

(3)面临集团战略风险、集团管控风险、总部运作风险、财务风险、市场风险等多层次风险,还未将集团多层级协同风险作为集团的重大风险来对待。

(4)集团风险管理体系不是顶层设计的产物,缺乏与战略、管控体系配套,形成支撑的风险管理体系。

(5)集团缺乏系统的、跨层级的全面风险管理体系。

(6)认为全面风险管理就是对所有的风险进行全面管理,不分主次、不分核心与非核心、不分重大与非重大。

(7)重大流程风险节点缺乏控制,风险预警体系与应急预案准备不足。

(8)缺乏危机公关与风险应急处理的有效机制和专业团队。

(9)母子公司风险管理体系未能有效衔接。

(10)全面风险管理未与日常的经营管理有机结合,出现表里不一现象。

此外,区别于传统的以过外审为目的的内控体系构建,风险管理需要结合企业战略与企业内部环境,借助全面风险管理与内部控制体系项目对企业内部管理问题进行重新审视,促使企业加强管理,使全面风险管理与内部控制体系项目真正对企业起到作用。

一、风险管理的必要性

全面风险管理与内部控制作为企业的一项基础管理工作,是我国在借鉴美国《萨班斯法案》和《风险管理整合框架》的基础上,结合我国实际情况制定的一套企业风险管理与内控体系制度。特别是国际金融危机以来,企业风险管理与内部控制的重要作用与意义更是得以充分体现。企业是否建立了有效的风险管控体系,对能否成功应对金融危机起了重要的作用。这方面的事例不少,经验教训令人深思。

当前,国际金融危机的阴影尚未消除,世界经济复苏存在诸多困难。公司置身于世界经济发展的大环境中,不仅需要有效地防范和化解因国际经济形势复杂多变而带来的国际业务经营风险,而且还需要适应国内调结构、保增长的经济形势。因此,建立起一套与本企业发展相适应的风险管理体系,加强内部控制,管理和防范好企业的战略风险、财务风险、市场风险、运营风险和法律风险,确保企业持续快速科学发展,显得尤为重要和紧迫。

二、风险管理的分类

(一)信用风险

信用风险中最主要的是违约风险。违约风险一般定义为借款人丧失了偿还借款的能力或主动性违反合同约定不偿还贷款而引起贷款人的损失的可能性。违约风险是通过在一段给定的时间内出现违约行为的概率来衡量的。违约风险不能直接度量,但可以利用违约行为出现的历史统计数据计算得出。这些数据可以从公司内部收集,也可以从信用评级机构或管理当局收集。从观测到的违约数据可以得到,在给定的一段时间内违约事件发生的频率与所有借款人样本数目相比后,便得到违约频率,这个频率常常作为违约概率。补偿风险在发生违约行为的情况时能获得多少补偿是无法预测的,这取决于担保类型和其他因素。补偿风险可细分为抵押风险、第三方担保风险和法律风险。抵押品可以是现金、金融资产或者任何固定资产,如房地产、飞机、轮船或机器设备等。通过第三方担保可将借款人的信用风险转变为担保人身上的信用风险。法律风险取决于违约发生类型,发生违约行为并不意味着借款人在将来也不会偿付债务,但是违约行为会引发各种行动,如再次协商谈判,直到借款人偿付所有未偿清的贷款,否则就可能会采用法律手段来解决。

(二)流动性风险

流动性风险被认为是一种重要的风险,其定义也多种多样,可以从流动性资产组合所提供的安全保护程度进行定义,也可以以常规成本水平筹集资金的能力来表示。过低的流动性会导致银行发生"挤兑"或者破产,因此流动性风险有时也是一种致命的风险。流动性风险也意味着银行在筹措资金方面会有许多困难。流动性风险与以合理的成本筹措资金的能力有关。这种能力实际上是两类因素的结果,变化无常的市场环境和银行的资金短缺。同时,流动性风险也是一种普遍性风险,这是因为资产与负债之间总存在缺口,比如银行经常吸收短期存款发放长期贷款,总会伴随着流动性风险及流动性成本存在。

(三)利率风险

利率风险是由于市场利率发生变动而引起收益下降的风险。银行资产负债中的大多数项目的损益会随着利率的变动而变动。既然利率会变化不定,那收益自然会随之发生变化。不管是借款人还是贷款人都会面对利率风险。利率发生变动时,贷款人方面的风险是其收入随利率的下降而下降,而借款人方面的风险是在利率上升时要承担更高的成本,但借款人和贷款人也会有获得收益的机会。利率风险的另一个来源是对银行产品的选择权。在利率下降时借款人总是想提前偿付贷款,然后再按新的利率获得新的贷款。拥有选择权的存款也是如此,因为当利率上升时,这些拥有选择权的存款可以转变为定期存款。选择性风险有时也称为间接利率风险。利率的变动不会直接引起风险,而是取决于客户的行为,客户通常会利用选择权来优化收益与成本。对选择性风险进行量化比那些仅仅由市场利率变动而形成的利率风险困难得多。

（四）市场风险

评估市场风险要运用一些经常发生变动的市场指标,如利率、股票交易指数和汇率等。市场指标的不稳定性都是用均方差来衡量的。为了掌握金融工具价格与市价的偏离程度,应该把均方差与金融工具的敏感性结合起来考虑,由基本的市场指标变化引起的金融工具市场价格变化决定着金融工具的敏感性。因此,市场价格的变化可以用市场指标的均方差与金融工具的敏感性来量化。控制市场风险意味着要设定风险限额,这个限额可以是投资组合潜在的价格最大偏离。在这一限额下,风险管理便建立在对投资组合的敏感性经常调整的基础之上。

（五）清偿性风险

清偿性风险是运用全部可用资本却无法弥补由各种风险引起的损失的一种风险。因而,清偿性风险是银行可能发生违约行为或者破产的一种风险。这是可用资本与银行承担的所有风险相互作用的结果。这些风险包括信用风险、利率风险、流动性风险、市场风险、操作风险等。清偿性风险对于管理者来说是至关重要的,管理者必须保持一个可接受的清偿能力水平,此即为资产充足原则,该原则确定了风险管理的主要方向。

（六）操作风险

操作风险是信息系统、报告系统和内部风险监控规程不完善或发生错误而形成的风险。操作风险表现在两个不同的层次:一是在管理技术层次,信息系统不完善或风险估计不足;二是在组织层次,风险报告以及所有相关的规章和政策不重视。以上两种情况的结果是相似的,如果在风险被忽视的期间不采取任何修正错误的行动,将可能导致很大的损失。这种不完善或不足的存在有许多深层次的原因。

（七）技术风险

技术上的风险有很多方面,主要包括在交易过程中发生的错误、信息系统不完善、量化风险的金融工具缺乏等。信息系统常常不能提供完整的风险防范信息(不是所有的风险都能被测量),同时信息系统也不完全可靠,任何遗失的信息都可以成为风险的来源。例如,抵押品和第三方担保记录的丢失或三番五次的修改,都会使得在发生违约情况时,无法获得应得的赔偿。

（八）管理风险

风险监控方面包括了所有风险信息系统、风险报告和随后采取的行动。商业银行的风险监控应该遵守以下基本原则：①管理规则不应该对风险承担过程限制太多,过于谨慎会减慢决策进行的速度,从而减少业务扩展速度;②产生风险的业务部门应该与那些专门从事监督和控制风险的部门(信用分析部门或风险管理部门)区别开来;③当风险存在时应该鼓励管理者去揭露存在的风险,而不是怂恿管理者隐藏风险。风险管理的目的不仅仅是鼓励管理者去揭露风险,其目的性在于寻找风险控制与业务拓展能力之间的协调与折中。最后,风险监控的效率很大程度上取决于业务部门与风险控制部门的独立作用与影响。

（九）业务风险

每家商业银行的具体业务及规模均可以由财务报表反映出来,其中最主要的财务报表是资产负债表和损益表。风险管理和盈利能力管理与业务或交易的性质相关。从这个角度看,银行业务、市场业务、资本负债表外业务和交易的风险及风险管理是不同的。银行业务会产生流动性风险和利率风险,也会产生信用风险,这将由资产管理部门监控和管理;市场业务会产生市场风险,市场风险是金融工具在清算期间由于市场价格的不利变动形成的一种风险;表外业务增加了银行的潜在风险,这在传统的银行财务状况报表里并未揭示出来,当银行签订备用信用证协议担保客户向第三者借款时尤其明显,如果客户拖欠还贷,银行就得代为偿还客户的借款;银行融资过程中产生的流动性缺口必须用外部资金或变现资产来弥补,在出现大额损失的情况下,还需使用所有者权益来弥补,如果出现资本不足的情况,还需通过资本市场或其他方式筹集股本,银行的融资业务会产生流动性风险、利率风险和信用风险等。

三、风险管理的目标

风险管理目标包括战略目标、经营目标、报告目标、合规目标等,是实施全面风险管理的重要组成部分。

（1）战略目标：与公司使命、愿景和宗旨相一致,是设定相关目标及其子目标的导向。

（2）经营目标：是企业战略目标的具体反映,保证战略目标的实现。

（3）报告目标：保证为监管机构、董事会和投资者、高级管理层和客户提供准确、及时、完整的信息,包括风险报告制度和信息披露制度等。

（4）合规目标：保证从事的经营管理活动符合相关法律法规和规章制度,支持经营目标和报告目标的实现。

四、风险管理的流程

风险管理流程包括风险识别、风险计量、风险控制、风险监测等一系列风险管理活动过程。

（一）风险识别

风险识别是指对实现各类目标的潜在事项或因素进行全面识别、鉴定，进行系统分类并查找出风险原因的过程。

（二）风险计量

风险计量是指在风险识别和确定风险性质的基础上，对影响目标实现的潜在事项或因素出现的可能性和影响程度，采取定性与定量结合的方法进行计量的过程。

建立操作风险计量模型，使用高级法计算操作风险及其对应的资本要求。同时采用压力测试和其他非统计类计量方法进行补充。

运用流动性缺口、期限阶梯、敏感性分析、情景分析等多种度量方法来分析和预测当前和未来流动性风险，并且假设不同情景下本外币资金来源与运用变化趋势，持续度量净融资需求。同时，采用压力测试和其他非统计类计量方法进行补充。

（三）风险控制

风险控制是指在风险计量的基础上，综合平衡成本与收益，针对不同风险特性确定风险规避、风险分散、风险对冲、风险转移、风险补偿等相应风险控制策略并有效实施的过程。

实施风险控制需要确定控制和缓释重大操作风险的政策、程序和步骤，制定风险控制的策略及方法、内部控制制度，采用购买保险或与第三方签订合同的方法缓释操作风险，同时关注运用保险工具将风险转嫁到其他领域所产生的风险。

风险控制需要针对有重大市场风险影响的情形制订应急处理方案，并视情况适时对应急处理方案进行测试和更新。采取市场风险对冲手段，在综合考虑对冲成本和收益情况下，运用金融衍生产品等金融工具，实现一定程度上的市场风险控制或对冲。

（四）风险监测

风险监测是指监测各种可量化的关键风险指标和不可量化的风险因素的变化与发展趋势，以及风险管理措施的实施质量与效果的过程。

五、风险管理的策略

（一）避免风险策略

任何经济单位对待风险的策略，首先考虑到的是避免风险。凡风险所造成的损失不能由该项目可能获得利润予以抵消时，避免风险是最可行的简单方法。例如，不进行某项投资，就可以避免该项投资所带来的风险。但避免风险的方法具有很大的局限性，一是只有在风险可以避免的情况下，避免风险才有效果；二是有些风险无法避免；三是有些风险可以避免但成本过大；四是企业消极地避免风险，会使企业安于现状，不求进取。

（二）控制风险策略

经济单位在风险不能避免或在从事某项经济活动势必面临某些风险时，首先想到的是如何控制风险发生、减少风险发生，或如何减少风险发生后所造成的损失，即为控制风险。控制风险主要有两方面意思：一是控制风险因素，减少风险的发生；二是控制风险发生的频率和降低风险损害程度。要控制风险发生的频率就要进行准确的预测，要降低风险损害程度就要果断地采取有效措施。控制风险会受到各种条件的限制，人类的知识及技术虽然已高度发展，但是依然存在诸多困难无法突破，因而无法达到完全控制风险和充分减少损失的目的。

（三）分散与中和风险策略

分散风险主要指经济单位采取多角经营、多方投资、多方筹资、外汇资产多元化，吸引多方供应商，争取多方客户以分散风险的方式。中和风险主要是指在外汇风险管理中所采用的决策，如采取减少外汇头寸、期货套期保值、远期外汇业务等措施以中和风险。

（四）承担风险策略

经济单位在既不能避免风险，又不能完全控制风险或分散、中和风险时，只能自己承担风险所造成的损失。经济单位承担风险的方式可以分为无计划的单纯自留或有计划的自己保险。无计划的单纯自留，主要是指对未预测到的风险所造成损失的承担方式；有计划的自己保险是指已预测到的风险所造成损失的承担方式，如提取坏账准备金等形式。

（五）转移风险策略

经济单位为了避免自己在承担风险后对其经济活动的妨害和不利，可以对风险采用各种不同的转移方式，如进行保险或非保险形式转移。现代保险制度是转移风险的最理想方式，如单位进行财产、医疗等方面保险，把风险损失转移给保险公司。此外，单位还可以通过合同条款规定，把部分风险转移给对方。

六、风险管理咨询业务范围

企业往往会陷入错误的风险管理状态，干脆规避风险或干脆冒风险，事后再进行危机管理。随着市场经济各项建设渐趋完备，对企业风险与内控的要求也在逐步加强。市场竞争环境的日益复杂化，客观上也要求企业及其决策者能够关注企业的风险并采取正确的措施对待风险。

企业风险管理在企业管理中发挥着重要的作用。通过系统的内部控制建设，满足国内外各种内部控制立法的要求；通过全面识别、考虑企业面临的不确定因素，促使企业识别并积极地把握机会；识别和管理企业的多重风险——企业都面临影响自身不同组成部分的一系列风险，企业风险管理有助于有效地应对交互影响，以及整合式地应对多重风险；抑减经营意外和损失——企业识别潜在事项和实施应对的能力得以增强，抑减了意外情况以及伴随而来的成本或损失；改善资本配置，获取强有力的风险信息，以使管理层能够有效地评估总体资本需求,并改进资本配置。

(1)法律风险管理:评估企业法律关系主体、客体和内容及法律关系所依据的法律规范等方面的风险,设定关键风险分析过程和指标,提供法律风险应对的综合解决方案。具体包括法律风险评估与诊断、法律风险数据收集与分析、合规要求的整理与影响分析、法律风险承受度的确定、确立法律风险管理综合解决方案。

(2)财务风险管理:在财务分析的基础上,发掘公司在财务管理方面的风险,设计关键指标模型,制定财务风险管理整体策略和实施系统。具体包括财务风险的评估与诊断、财务风险模型的建立、财务风险数据的收集与分析、财务风险承受度的确定、财务风险控制措施的设计、财务风险综合解决方案的确立。

(3)信用风险管理:评估和诊断信用风险管理水平,帮助企业制定和调整信用政策,建立完整的信用管理系统,包括客户信用评级、限额控制和应收账款管理等。具体包括信用风险的评估与诊断、信用风险模型的建立、信用风险数据的收集与分析、信用风险承受度的确定、信用风险预警体系的搭建、信用政策的设计与调整。

(4)运营风险管理:针对企业运营过程中的重大风险设计风险监控管理指标,搭建风险监控模型,制订运营风险的解决方案,合理保证企业有效且顺畅运转。具体包括运营风险的评估与诊断、运营风险模型的建立、运营风险数据的收集与分析、运营风险承受度的确定、运营风险指标的控制机制的建立、运营风险综合解决方案的确定。

(5)投资风险管理:协助企业建立科学的投资决策体系,合理防止产生决策失误的风险。具体包括投资决策风险的评估与诊断、投资决策流程的内部控制、投资决策合规要求的整理、投资决策风险承受度的确定、投资决策风险管理信息系统的确立。

(6)市场风险管理:评估企业现有市场风险管理水平,帮助企业建立市场风险度量模型,设置预警指标,并制定应对方针。具体包括市场风险的评估与诊断、市场风险模型的建立、市场风险数据的收集与分析、市场风险承受度的确定、市场风险预警体系的搭建、市场风险应对方针的制定、市场风险综合解决方案的确定。

(7)财务报告风险管理:在审查企业财务报表的基础上,通过财务报告过程中的风险评估与诊断,协助企业辨识和监控财务报表生成的流程和披露的过程,设定关键控制点和控制方法,确保企业财务报表满足监管机构和投资人的要求。具体包括财务报告流程的梳理、财务报告流程的内部控制、财务报告合规要求的整理、财务报告流程风险的审计、财务报告风险管理信息系统的确立。

(8)衍生产品交易风险管理:确定特定企业衍生品交易存在的特殊风险,协助企业制定风险监控的内控措施,规范管理流程,合理保证企业衍生品交易带来的收益,减少不当的损失。具体包括衍生产品交易风险的评估与诊断、衍生产品交易流程的内部控制、衍生产品交易合规要求的整理、衍生产品交易风险承受度的确定、衍生产品交易风险管理信息系统的确立。

第六章　竞赛商业计划书实际案例分析

案例 1　菁选多肉——专为打造多肉精品

项目概述

本项目以技术开发为核心,专注多肉组培苗的研发,致力打造一个有技术、有特色、有服务、有口碑的品牌。同时以多肉植物为基点,通过举办多肉文化节,设计多肉吉祥物、多肉表情包等方式推广多肉文化。主营业务是多肉的研发、生产和销售;产品系列包含了传统苗、组培苗和栽培基质 3 种。本项目掌握多种类型多肉组培核心技术,成功研发出 54 种多肉组培产品,传统苗 96 种,高端精品组培苗 2 种。目前申请专利 14 项,获得软件著作权 3 项,获得版权 63 项。项目财务效益良好,投资回收期较短;内部收益率及投资回收期均在可接受范围内,项目可实现盈利经营,且抗风险能力强、可行性高。

一、市场背景

(一)市场概述

2019 年,多肉的客户人群超过了 2 亿人,市场规模更是达到了 1000 亿元,同时高达近 200% 的年复合增长率,多肉行业的发展呈现出积极的态势。《2019 年多肉行业发展白皮书》指出,目前多肉行业在国民经济增长中扮演重要角色。该行业在财政收入和就业总盘比例方面占据了 2% 的份额,年产值达到 1000 亿元,为约 5000 万劳动人口提供就业机会,并创造了近 100 亿元的行业财政收入,多肉行业对我国经济的影响程度也达到 0.1%。与此同时,白皮书指出多肉行业目前存在的问题是整体创新能力较低,仅为 10%。然而从总体来看,多肉行业的市场前景是非常广阔的(图 6-1 和图 6-2)。

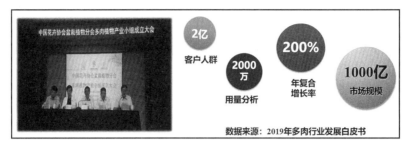

图 6-1　多肉行业前景

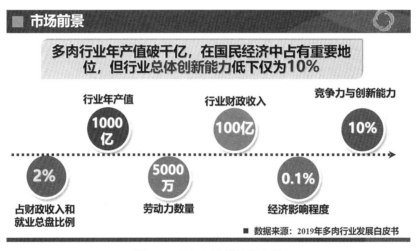

图 6-2　多肉市场创新能力低

（二）主要竞争者与优势分析

1. 传统种植方式的大棚商户

目前,很多种植爱好者对于组培多肉并不偏爱,原因是组培苗的种植需要较为专业的技术进行种植,以确保高存活率,因此一般爱好者更倾向以较高的价格购买大棚实生苗。

2. 批发收购的商户

目前,从事多肉批发的商户众多,他们通过低价大量采购整批组培苗进行种植,并以高利润的方式进行零售;但由于进货渠道不同,导致同品种价格和质量各不相同。

3. 国外产品进口

市面上的大部分多肉植物并非中国原产,大量新品种来自欧美、日韩等国家。中国从事多肉植物新品种选育的机构为数不多,技术并不十分成熟,以至于国内热销产品多以高价从国外进口。

4. 同组培行业的竞争者

截至 2020 年,全国有 168 家从事多肉组培业务且具备一定规模的企业,其中福建地区的产量最大,上海地区的综合品质最好,规模与产值各不相同。

例如:

福建省××园艺有限公司,成立于 2012 年;注册资本 2000 万元;占地面积 10000 平方米;其多肉产品主要有组培玉露、景天、玉扇、万象十二卷、寿;年销售额超 1000 万元。

山东××种苗科技有限公司,注册时间 2014 年;注册资本 1000 万元;规模 1000 平方米;多肉单项年销售额超 1000 万元;多肉产品主要组培玉扇、万象、寿、玉露、景天、硬叶。

重庆××生物科技有限公司,注册时间 2011 年;注册资本 10 万元;规模 1000 平方米;多肉单项年销售额超 200 万元;多肉产品主要组培十二卷组培无根瓶苗、十二卷多肉硬化苗。

以上 3 家企业规模与产值各不相同。福建省××园艺有限公司和山东××种苗科技有限公司组培产品基本相似,且品种较为单一。尽管重庆××生物科技有限公司注册资本只有 10 万元,但其多肉单项年销售额竟然超过了 200 万元,是其注册资本的 20 倍。主要原因在于该公司与前 2 家企业的发展方向不同,其多肉组培产品主要包括十二卷组培无根瓶苗、十二卷多肉硬化苗。然而,现如今大部分商家只追求数量而忽视质量,导致组培苗在出瓶硬化方面表现不佳,成活率低。

我们所掌握的组培快繁技术,不仅具有较高的成活率而且育苗速度比普通多肉组培技术提升了数倍,这是我们的一大竞争优势。

目前国内多肉植物产业存在的市场痛点主要表现在以下几个方面(图 6-3):

(1)多肉行业技术落后,缺乏创新。

(2)多肉市场产品单一,精品难以找到。

(3)多肉行业门槛低,缺乏有序发展,导致价格低廉。

(4)多肉市场产品主要依赖进口,与欧美、日本等国家仍存在较大差距。

图 6-3　多肉市场痛点与劣势

与同类产品对比,我们具有下列优势(图 6-4):

(1)拥有多肉组培核心技术,并研发专利配方,生产成本显著降低。

（2）创新能力强,研发出众多新型产品,与市场其他产品差异化明显。

（3）对产品质量进行严格把关与筛选,力求让产品精益求精,绝不以次充好。

（4）拥有完整的产业链,生产与销售一条龙,规模相当大。

图 6-4　项目主要优势

通过我们研发的组培配方,多肉的繁殖速率和成活率显著增长且成本比传统组培方式更低。以我们的一款产品冰灯玉露为例,市场价格在 13~26 元之间,而我们的价格为 8.6 元。目前已经售出了 3000 株,不仅价格更低,而且每一株组培苗产品的质量都能得到保证。如今大部分买家都是通过网购方式购买多肉,虽然网购具有不稳定性与不可见性,但我们的产品获得买家的一致好评。

二、项目技术的核心知识产权

（一）近 5 年获得项目资助

2020 年获得国家级优秀创新创业项目立项资助,并于 2020 年获全国大学生生命科学创新创业大赛全国一等奖。

2019 年获得国家级优秀创新创业项目立项资助。

2018 年获得国家级优秀创新创业项目立项资助。

2017 年获得福建省教育厅优秀创新创业项目立项资助。

（二）建立多肉行业地方标准

2020 年 11 月,项目组、合作企业联合建立了福建省首个"多肉植物地方标准",此举填补了多肉行业缺乏标准的空白,有效增强商家的产品标准意识,更好地推动行业规范化、标准化的发展,进一步促进多肉行业持续健康高质量发展。

（三）拥有的核心技术专利

本项目拥有 6 项发明专利、8 项实用新型专利、3 项软件著作权,这些技术涵盖了多肉植物组培快繁、组培外植体包膜、抗菌、促生剂、组培外植体消毒及多肉植物生长光源筛选的装置等领域。

（四）拥有的作品版权登记

本项目拥有 63 项作品版权证书，涵盖项目产品的品牌标志、产品文化、多肉周边设计等方面。

例如：

（1）作品登记证书——吉祥物菁妮　　　登记号:闽作登字-2018-F-00072640

（2）作品登记证书——吉祥物菁娃　　　登记号:闽作登字-2018-F-00072633

（3）作品登记证书——让肉种起来　　　登记号:闽作登字-2018-F00070162

（4）作品登记证书——欢心多肉　　　　登记号:闽作登字-2018-F00070162

（5）作品登记证书——菁芯生技　　　　登记号:闽作登字-2018-F00064746

（6）作品登记证书——FN 多肉　　　　登记号:闽作登字-2018-F00070158

（7）作品登记证书——萌肉君　　　　　登记号:闽作登字-2018-F00070163

（8）作品登记证书——jing 肉　　　　　登记号:闽作登字-2018-F00066919

（9）作品登记证书——菁芯多肉　　　　登记号:闽作登字-2018-F00066918

（10）作品登记证书——Fn 肉铺　　　　登记号:闽作登字-2018-F00064753

（11）作品登记证书——多肉女孩　　　　登记号:闽作登字-2021-F00076221

（12）作品登记证书——多肉水壶　　　　登记号:闽作登字-2021-F00076213

……

三、产品与服务

三大系列产品,具有成本、技术上的显著优势,利于市场的开拓及推广(图 6-5)。

图 6-5　拥有的三大系列产品

（一）项目的产品

1. 传统培育苗（已培育 96 种）

通过传统培养方法培育出来的多肉产品有多种品种，其主要包括虹之玉、汤姆、珑月、冬美人、黑王子、紫珍珠、初恋、花月夜、白牡丹、桃蛋、露娜、姬珑月、姬秋丽、子持白莲等（图 6-6）。选择原因在于市场接受度广泛，技术要求低，培养方法简单，成本低，且利润丰厚。

图 6-6 部分传统培育苗的实物

2. 组培苗（已培育 52 种）

经调查市场后了解到，目前大多数公司生产的组培品种单一，质量良莠不齐。我们目前主要生产的组培苗品种包括玉露、万象、玉扇、十二卷、寿、日月潭等，所选品种既包括市面流行款式，也包括研发难度较高品种，有利于市场维持和新市场开拓。

由于多肉品种繁多，因此组培的配方也各不相同，大多品种的组培方法尚不完善。不过，我们团队经过自己增减不同激素含量与改变生长介质，研究出了不同品种多肉的组培配方，这种方法可实现多肉植物迅速增殖，并有效遗传母株的稀有优良性状，成本也比传统组培方式低。团队通过不断试验，截至 2018 年共研发新品种 24 种，2019 年研发新品种 16 种，2020 年研发新品种 12 种（图 6-7 至图 6-9），团队一直将创新作为领导核心，致力于品种的创新与研发，不断推出新产品，以保持市场活力和开拓新市场。

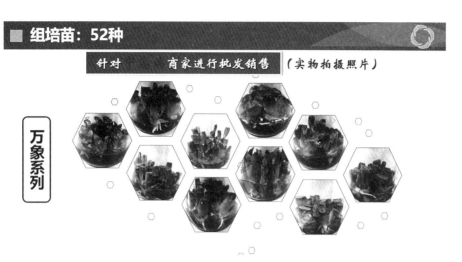

图 6-7　万象系列组培苗产品

图 6-8　玉露系列组培苗产品

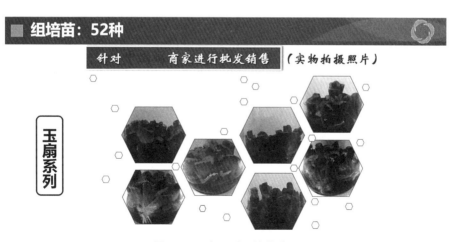

图 6-9　玉扇系列组培苗产品

3. 高端精品组培苗(已研发 2 种)

我们团队经过自己增减不同激素含量与改变生长介质,获得不同品种多肉的组培配方,为高端玩家研发出精品组培苗 2 款,分别为白金子弹头和黄金万象。

4. 新的基质配方(已研发 2 种)

目前我们采用赤玉土、蛭石、珍珠岩、泥岩、苔藓草等,根据研究调和比例和制作加工方法,针对中低端的多肉和中高端的多肉,分别研发了一种适合多肉种植的土壤。土壤配方比市面上的传统配方培育效果更佳,多肉成活率也更高。

(二)产品与服务创新点

目前多肉新品研发还大多依赖国外市场,中国自主研发并可运用于批量化生产的多肉品种有几百种。其中项目团队拥有 52 种组培苗,目前可实现快速批量化生产的组培苗有 31 种,有 21 种组培苗已经成功研发但仍在试验扩大生产期间,品种丰富,有利于市场开拓。产品服务:对于通过线上购买零售产品的普通卖家与商户,我们有专设的客服人员进行线上答疑与售后服务,以提高客户满意度。对于新客户,我们将介绍我们的多肉种类以及培养方法,保证产品售后服务的完整性。对于线下批发的长期合作商家,我们为他们提供免费定期培训课程,加强他们的专业知识与产品销售过程中突发性病症的应对措施。对于中高端买家,我们提供一对一的介绍与售后服务,并定期回访,以保证可以及时准确地解决他们遇到的突发问题,确保顾客对产品更加满意。

(三)研发现状与计划

目前已培育传统多肉苗 96 种,主要是景天科多肉植物;已培育组培苗 52 种,主要是目前无法进行叶插繁殖,需要组培技术才能实现扩繁的品种及部分变异、杂交品种;已培育的高端精品组培苗 2 种,主要是需要增减不同激素含量与改变生长介质的高端变异品种;已研发多肉种植基质 2 种,主要是多肉种植土,可有效提高多肉的生长速率,并大大缩短生长周期。

根据试运行与正式运行及市场情况,项目未来的研发计划主要集中于多肉组培苗的开发,现有组培苗 52 种,可实现批量化生产 31 种,未来 1~3 年计划提升可批量化生产的组培苗 45 种以上,研发新组培苗品种 70 种以上。

(四)生产现状与计划

项目在 2018 年 12 月引入投资并建设了基地,目前处于初期运转阶段,产能约为全产能的 30%,即每年约能生产 50 万株。

项目计划在两年内实现产能覆盖提高到全产能的 60%,并在 4 年内实现 100% 全产能生产。之后根据后续资金引入、市场需求及生产实际情况,我们将继续调整项目运转规模,以满足市场的实际需求。

四、市场营销

（一）营销渠道

2018年，我们与龙岩市×××生物科技有限公司合作，利用其公司原有的渠道，通过线上线下合并销售，项目目前营销渠道已经遍及福建、广东、江西、安徽、浙江、江苏、南京、河南、河北、北京、山东、辽宁等地区，其中福建、广东、安徽、浙江地区为主要销售地区。

（二）营销方式

（1）目前产品以批发为主、零售为辅，批发业务占总体的94％（图6-10）。

（2）开通微店、开设淘宝店铺，进行线上零售销售，增加产品覆盖率。同时利用网络购物节等节日进行产品促销，降低成本，提高产品性价比。

（3）通过拍摄短视频或直播引流，在抖音、微视等平台增加产品曝光量，利用种草、安利、包装、趣味等营销手段等进行推广销售。

（4）开发独立的App软件进行线上线下结合推广。

（5）举行线下活动推广宣传，如制作多肉饰品、花束，设立多肉橱窗展示，开发主题婚礼或多肉主题餐厅、咖啡馆等扩大影响。

（6）开发专属吉祥物与微信表情包等多肉周边产品进行品牌宣传与推广（图6-11）。

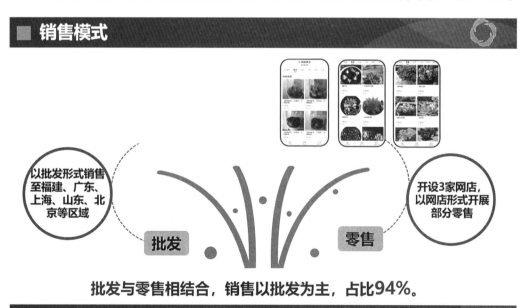

图6-10 产品销售模式

吉祥物:菁娃   吉祥物双人版   吉祥物:菁妮

图 6-11　多肉吉祥物——菁娃、菁妮

（7）参加全国各地举办的多肉节或多肉比赛，通过比赛扩大品牌知名度，同时扩大高端型多肉的影响力，发展更多中高端用户。

（三）生产模式

我们的生产模式分为两种：一是直接进行组培苗的批发销售。我们在无菌、生长条件适宜的环境下对多肉植物进行组织培养，可以在短时间内繁殖出大量优良品种和类型，并通过批发销售方式供应市场。二是与农户进行合作。通过实地调研和项目发展情况的视察，发现农户存在 3 个不足之处和 3 个优点。农户的不足之处主要有：①缺乏专业知识，无法合理利用耕地。②缺乏合适产品，导致经济效益低。③缺乏市场经验，销售的渠道相对有限。农户的优势则包括：①有充足的土地，能够合理分配种植多种农作物。②有足够的时间可以专心从事种植工作。③具备充足的劳动力，生产大量的产品。因而，本项目采取了企业＋农户＋企业的生产模式。具体的生产过程如下：首先，我们利用项目独有的专利技术生产组培苗，属于技术型的前端生产。然后，农户负责驯化和种植的环节，属于劳动型的中端生产。最后，我们提供销售渠道，负责成品的销售，属于渠道型的终端生产（图 6-12）。

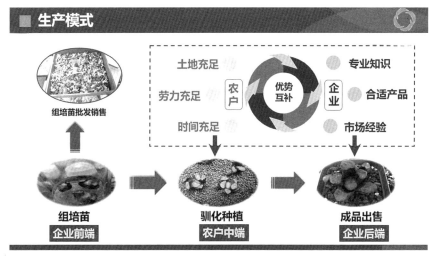

图 6-12　成品生产过程

为实现双方互利共赢和促进就业,我们为农户提供两种成品销售渠道。首先,我们为农户提供自销的平台,对组培苗的成本收取费用,其他费用均免费。尽管这个过程存在较大风险,但利润较高。其次,我们回购产品进行销售,不收取农户组培苗成本。此方式可避免农户面临滞销问题,但利润相对较低。以上两种模式相互配合,不仅能实现农业扶持及利益增长,还能为项目带来收益。

五、财务与融资分析

(一)经营成本

本项目的产品在实现批量化生产后的基础成本核算如下:传统苗的成本为 0.4 元/株,售价为 1 元/株;组培苗的成本为 0.9 元/株,售价为 1.75 元/株;基质的成本为 2 元/kg,售价为 5 元/kg。本项目中的售价均为批发价。

(二)资金需求和使用

项目前期获得了学校和福建省大学生创新创业基地产地的支持和 6 项省、市级项目的资金支持,基础设施完善,资金充裕。目前项目在资金需求上较低,新基地建成后经近两年的发展,项目运转效果良好。在未来,我们预计出售 10% 的股份以引入 300 万元资金投入用于企业进一步扩展,引入的资金主要用于以下工作的推进:

(1)研发新产品多肉,开发更多批量化生产的组培苗。

(2)引进或招聘技术人才,提升项目的技术创新能力。

六、社会效益

2018—2020 年连续 3 年带领项目团队成员 19 人,组建"科技支农,助力乡村农业发展"实践队,将项目成果推广至龙岩市 7 个县 12 个村,行驶里程达 2615 千米,扶持的农户共计 100 多户。相关事迹被中国新闻网报道 1 篇、中国青年网报道 22 篇,受到社会广泛好评。

七、团队介绍

(一)团队核心成员简介

王××:该成员技术能力强,善于团队管理,大局观意识强,在项目中主要担任总经理职务。掌握技术,参与发表学术论文 2 篇,专利 3 项,版权 20 项。参与的项目技术研发获龙岩市特色载体创业项目一等奖。

王××:该成员在项目中主要担任技术副总职务。现拥有多肉专利 5 项,版权 60 多项,软著 3 项,负责项目在全国大学生创业计划年会项目展示与介绍,为项目的核心技术人员。

殷××:该成员在宣传推广方面具备较强的能力,在项目中担任推广总监职务。擅长文案推广策划,该项目的线上与线下推广方案均由其主导与策划推行,取得了良好的效果,为企业创造了一定的效益。

朱××:该成员执行能力较强,在项目中担任行政副总的职务。曾获第五届中国"互联网＋"大学生创新创业大赛铜奖,第五届中国"互联网＋"大学生创新创业大赛银奖,第四届全国大学生创新创业大赛全国三等奖。

李××:该成员擅长沟通,在项目中担任基地经理的职务。负责连接企业与农户。在长期走访 100 多户农户后,成功协助农户建设 6 个基地大棚,进行技术指导与培训 2 场,具备非常丰富的经验。

(二)团队的短板及应对措施

现有短板:据统计,全球有超过 1 万种多肉植物,但中国目前仅拥有 1000 多种。在该领域,需求仍不能得到充分满足,大量品种仍需从欧美或日韩国家进口。中国已经研发并可运用于批量化生产的多肉品种大约 130 种。目前项目团队拥有 52 种组培苗,还需中试扩大生产后才可实现批量生产。

应对措施:引入新的资金与技术人员的同时,强化团队科技创新能力,不断提高批量化生产组培苗的品种;加快中试生产速度,提高已研发的组培苗,以实现批量化生产速度的提升,满足市场的需求。

(三)股权架构和持股情况

团队成员占股 51%;指导老师以技术入股持 15% 的干股;龙岩市 ×× 生物科技有限公司占股 20%;预留 14% 的股份,拟出让 10% 的股份引入 300 万元资金用于企业扩建,4% 股份用于后期高技术人才引进。

八、风险分析与应对策略

(一)市场风险与防范

1. 价格下滑

2014 年过后,多肉种植者大量涌现,多肉植物扩量迅速。大部分新入行的批发商不懂得控制利润点,单纯低价竞争,导致了市场回落。目前除了高端的产品价格相对稳定,大众品种的价格都在下调。

2. 市场竞争

多肉的电商销售竞争激烈,需要创新才能更好发展,如果一味追求网络销售,就会进入瓶颈,使得销路难以打开。与此同时,常规花卉批发竞争也越发激烈,除了一线城市的多肉销售者不断涌现,二三线甚至四线城市的多肉销售者也越来越多。

3. 市场风险的防范

做好组培配方的更新和移栽后的驯化工作,做好传统大棚苗的养护,确保交给顾客的每株苗都是高质苗,打造优质口碑;准确把握市场需求的信息,根据市场需求快速调整生产方案;推出新产品吸引顾客,引领新潮流。

我们通过自身核心技术,将产品规范化、标准化生产。通过线上线下同时销售,再与高档场所如咖啡店、主题文化馆和酒店合作来达到双赢,为销售多肉打开更多渠道。与此同时,创造自身多肉文化品牌,在强化多肉普及力度的同时,宣传自身企业文化,增加自身知名度。

(二)自然风险与防范

1. 环境因素

夏冬两季是多肉植物的销售淡季。夏季全国普遍高温,植物较难保持鲜艳的状态,产品品相不如其他季节;加上虫害多发,运输仓储中若处理不当则容易腐烂。冬季由于部分地区低温且光照不足,植株生长缓慢,在产品运输及仓储过程中容易发生冻害。另外,夏季和冬季,多肉进入休眠期,多肉幼苗的质量和品相易受影响,可能导致植株病菌感染以至于无法繁殖发育。部分消费者不了解植物习性或疏于照料,容易导致植株状态不佳甚至死亡,从而引发较多售后问题,使消费者失去再次购买的意愿,从而带来很大的损失。

2. 物种因素

目前市面上的大部分多肉植物并非中国原产,大量新品种来源于欧美、日韩等国家。中国从事多肉植物新品种选育的机构数量很少,技术并不是非常成熟,以至于国内热销产品多是高价从国外进口,在国内进行繁殖销售,部分国外进口的多肉植物可能会带有外来物种,从而危害我国环境。

3. 自然风险的防范

对多肉幼苗的品质进行定期分析和检验,拒绝病菌感染和外来物种的入侵。同时对多肉幼苗进行精心培育,提高管理水平。项目的独家配方为多肉的稳定生长提供有力的保障。同时加强售后服务,及时对顾客出现的问题进行答疑、合理处理,且定期提醒与回访。

(三)经营销售风险与防范

1. 商品定价

目前多肉的商品种类繁多,低端和高端多肉之间的价格天差地别,同种多肉之间如存在品相差异,价格也会有所差异。所以,商品定价过高,会导致销量停滞;定价过低,会导致亏本销售。多肉组培苗一般比实生苗便宜得多。

2. 销售渠道

多肉的经营销售绝大多数都是依靠网络,这导致无法拓宽销售渠道,一旦网络线上销售发生意外,会危及整个产业链。

3. 经营销售风险的防范

多肉的销售不能单靠网络销售,网络上的产品质量良莠不齐,很容易误导消费者。而线下实体销售则可以通过高档场所如主题餐厅、咖啡店、主题文化馆和婚庆的装扮来突出产品特点,吸引客户。除此之外,还可以通过书刊、短视频、微博等为媒介,拓宽销售渠道。还可以以节日、纪念日为主题策划多肉植物圈内外的线上线下活动,在推广多肉的同时,提升自身知名度。这样的模式成本低,能更好地打入市场,降低销售风险。

(四)投资风险与防范

1. 品种更替速度

多肉品种繁多,很多品种的流行只有几个月,市场更新速度远远超过产品繁殖速度。若同一品种进货量大,会造成产品积压。同时多肉的价格不是一成不变的,有的时候同一种多肉的价格在不同的时间段会有十几倍甚至几十倍的差距。比如"雪兔",2020年4月国内价格为每株3500元,现在批发价为几十元。而"青姬"在之前一段时间卖家都当赠品送,现在火了,价格一下涨了20倍。

2. 投资风险的防范

我们应该做好市场品种调研,针对客户喜爱的品种进行多样化的繁殖模式。同时关注产品质量,及时做好产品和技术的更新。

(五)技术风险与防范

1. 产品研发因素

多肉组培研发技术要求高,研发新产品耗时长,且能实现量化生产的产品更少,可能出现自身技术遇到瓶颈、技术困难难以突破等情况,造成新产品研发更新缓慢,导致消费者购买欲望降低、活力下降,致使销售额减少。

2. 技术风险防范

与各高校和研究所建立良好的合作关系,加强技术沟通,可以通过为他们提供实验场地与实践培训等方式进行交流,做好研发人才的储备与引进,同时提高高技术人才的薪资与待遇,加强技术人才的研发能力。

九、发展规划

(一)巩固基础,拓宽渠道

加大推广力度,巩固原有销售渠道,继续拓宽多肉市场。

(二)提升科技,丰富产品

根据近阶段的试运行及市场情况,项目未来的研发计划主要集中在多肉组培苗的开发上。同时,我们将继续持续深入与高校的合作,加强组培苗的研发与技术人才引进。

(三)加快调试,全面生产

目前建设项目还在初期运转阶段,产能在30%左右,项目计划在两年内实现产能覆盖提高到全产能的60%,在4年内实现100%全产能生产。之后根据后续资金引入、市场需求及生产实际情况,将继续调整项目运转规模,以满足市场的实际需求。

(四)打造品牌,商业化发展

优化产品结构,追求品质,增大产业规模,优化生产设施,完善品种门类,增强企业弹性,提高专业性生产,合理规避同质化,不盲目跟风,打造品牌,提高企业知名度,力求做到规模化、标准化、精品化、系统化、差异化,使项目更长久发展。

(2021 年 4 月)

案例 2　茶小科工作站

项目简介

"茶小科工作站"是一个资源整合型公益服务平台,之前被称为闽北大学生乡村振兴志愿者服务协会,如今有团队成员 87 人。茶小科工作站的服务模式为"4 库 1 中心",建立科特派专家智库、茶产业需求库、企业平台销售库、地方政府联盟库,构建信息流通交流中心。通过"4 库 1 中心"模式,该项目能实现"茶农—专家—政府—企业"的有效对接,推动专家科研成果转化落地,提高茶产业经济效益,进而促进茶农增收、企业增产、政府增值。

目前,茶小科工作站已经与 5 个乡镇签订帮扶合作协议,与 68 位专家签订自愿服务协议,与 63 家茶企签订购销合作协议,已建立 7 项茶叶标准,收集 178 项产业成果,覆盖茶产业 5 大领域。现已成功转化科研成果 25 项,帮扶茶农解决实际问题 128 项,涉及茶园 3 万多亩,帮扶农户 224 户,培训农户 1300 多名,覆盖 7 个乡镇、37 个行政村。

茶小科工作站得到社会各界的认可与支持,中央电视台 CCTV13、《今日中国》栏目、《学习强国》栏目、福建新闻联播、说茶等国家、省市媒体相继报道茶小科工作站在助力武夷山茶产业发展中做出的贡献。

一、项目背景

(一)项目背景分析

2021 年 3 月 22 日,习近平总书记入闽考察的首站便是武夷山市星村镇燕子窠生态茶园,了解当地茶产业发展情况。近年来在科技特派员的指导下,茶园生态环境得到改善,茶叶品质得到提高,茶农实现增收,这促进了当地茶产业的发展。习近平总书记提出要把茶文化、茶产业、茶科技这篇文章做好,并对武夷山的茶产业发展给予高度的关注。他还指出,要总结好科技特派员制度经验,持续完善、巩固、坚持深入推进科技特派员制度,让广大科技特派员把论文书写在田野大地上。

（二）市场背景分析

茶产业是武夷山市重要的支柱产业。据统计,武夷山市茶产业产值均超全市年农业产值50%以上;武夷山市常住人口23余万人,其中从事茶产业人口高达12余万人,涉茶人口占比达50%以上,且茶产业总产值达109亿元(图6-13)。由此可见,发展茶产业是实现武夷山市乡村振兴的重要路径。

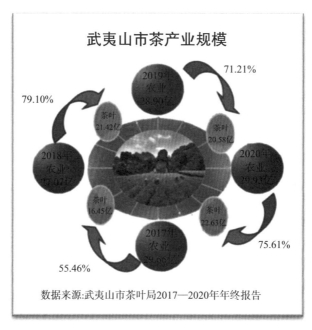

图6-13　武夷山市茶产业与涉茶从业人员情况

（三）市场现状分析

武夷山茶园面积14.8万亩,其中景区内的茶园面积占2万亩,景区外占12.8万亩。2017年,占全市茶园面积13.5%的景区内茶园,其茶叶年产值达到14.23亿元,而占全市茶园面积85%的景区外茶园,其茶叶年产值仅为15.67亿元。可见,景区内外茶园面积与产值严重不对等,景区外茶叶产值过低,可能存在一定的问题。因此,2018年6—7月,茶小科工作站在武夷山市兴田镇等5个乡镇进行问卷调查,收回有效问卷1524份。经分析得出,茶农需求多元,主要涉及土壤、种植、病虫害、加工、销售五大方面,存在无法同时兼顾的现象,迫切需要科技特派员的技术指导与支持。

经问卷调查分析得出,武夷山市个体茶农从事茶行业主要存在以下三大问题。

1. 茶园管理不科学

全市茶园中,有53%的茶农茶园管理不科学,主要体现为土壤管理不够合理、种植栽培不够科学、病虫害防治不够到位。

2. 加工工艺待提升

在茶农里,有70%的茶农茶叶制作工艺待提升。茶叶初制和精制的加工环节缺少成熟的技术指导,体现在大部分茶农没有经过制茶工艺标准化技术培训,生产出的茶叶品质较差。

3. 销售渠道需拓宽

2018 年茶业产量高达 20782 吨,但 78% 的茶农销售渠道过于单一,缺乏多样性,导致茶农人均收入仅 18791 元/年,低于全国平均值。

(四)服务现状分析

科技特派员制度发端于福建省,起源于南平市。1999 年 2 月,南平市通过政府选派、双向选择,启动科技特派员驻村服务试点,首批 225 名科技人员被下派进驻 215 个村,成为首批科技特派员。此举为全国推行科技特派员制度开了先河。

通过调研得出,2018 年南平市服务茶产业的科技特派员人数仅有 57 名,占南平市科技特派员不足 3%,无法满足茶农的多元化帮扶需求。同时,由于科技特派员选任时限仅为一年,服务时间有限、服务半径较短,无法完整跟进耗时较长的项目。因此,优化整合科特派资源,使其服务于茶产业,助力产业振兴,将有重要的现实意义。

2021 年 4 月 11 日《福建日报》报道,福建省将选任省级科技特派员 2000 名以上,努力加快实现科技特派员创业和技术服务行政村全覆盖,切实按照"订单式"需求选任各级科技特派员,着力避免"挂名"等现象。

二、项目开展方式

(一)建立茶小科工作站

茶小科工作站的服务模式为"4 库 1 中心",具体指建立科特派专家智库、茶产业需求库、企业平台销售库、地方政府联盟库,构建信息流通交流中心。

茶小科工作站作为科技特派员服务的延伸,走访农户、深入田间,切实了解茶农需求、收集茶农遇到的问题、分析整理并对接科技特派员,以解决茶农问题、提供更高效的服务。此外,茶小科工作站还承担科技特派员服务期满后的跟踪回访任务、延伸服务,旨在提升与茶农间的黏性(图 6-14)。

图 6-14 茶小科工作站搭建科特派与茶农之间的桥梁

(二)开展创新服务模式

茶小科工作站作为整个服务的核心,通过线上线下双渠道,提高茶农与科技特派员的对接效率,精准助农(图 6-15)。

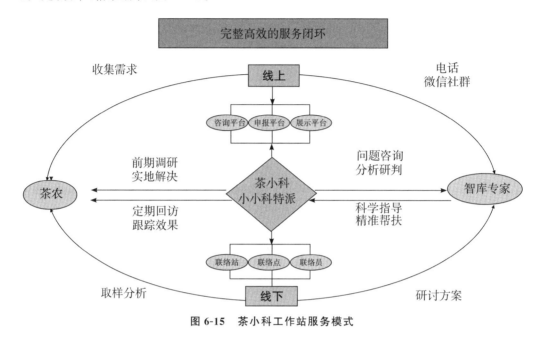

图 6-15　茶小科工作站服务模式

1. 需求反馈

线上通过"茶小科公众号",设立咨询、申报、展示三大板块,茶农可通过平台自主申报需求。线下与各级乡镇开展项目对接共建活动,目前已在武夷山市 5 个乡镇设立联络站,在 37 个行政村设立联络站点,配备"茶小科"联络员 37 名。茶农可通过电话、微信等方式与站点联络员联系,反馈需求。

2. 实地调研

项目对接组对茶农需求进行整理分析后,茶小科工作站根据实际情况开展实地调研,通过实地取样、实验分析、数据整理,将茶农问题精准对接给科特派专家,针对性地提出科学高效的解决方案。

3. 方案制订

基础性问题:由茶小科工作站成员利用专业知识为茶农提供解决方案。

综合性问题:通过电话、微信社群、实地拜访等方式将茶农问题、实验分析结果反馈至科技特派员,与他们共同研讨,为茶农提供科学合理的解决方案。

4. 回访跟踪

由于科技特派员服务时间有限,对于见效慢的茶园问题,茶小科工作站项目对接组将会实时跟进后续情况,并根据实际情况调整解决方案。

（三）实施科学的解决方案

项目对接组将茶农所反馈的问题根据茶园管理、加工工艺、销售环境三大板块内容进行整理，并反馈至对应领域科技特派员，与科技特派员深入探讨，优化解决路径，为茶农提供科学精准的解决方案（图 6-16）。

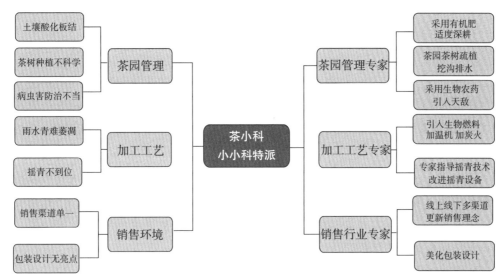

图 6-16　精准科学的解决方案

三、项目开展成果

（一）建立专家智库

68 位科技特派员自愿无偿加入"茶小科"专家智库，为茶农、茶企传授技术，提供智力服务，帮助解决茶产业存在的问题，提高茶农的综合能力，推动茶企传统型技术人才加快转型升级。在跟随专家实地考察、调研取样过程中，茶小科团队成员自身能力不断提升，专业知识得到加强，成长为真正的"科技特派员"。

科技特派员专家智库涵盖土壤、种植、病虫害、加工工艺与销售五大领域，为茶小科能顺利开展工作保驾护航。

（二）建立成果库

项目团队已建立成果库，库中拥有茶叶标准 7 项、发明专利 62 项、实用新型专利 116 项、学术论文 163 篇、设计版权 215 项。

项目团队已建立 7 项茶叶标准，涉及武夷岩茶陈茶、武夷红茶陈茶的储存技术等，由项目指导老师作为起草人之一，与武夷山市茶业同业公会共同申报立项，以此强化行业质量管理,切实提高行业产品标准。

项目团队已建立学术论文库,茶产业重要科技学术论文 163 篇,涵盖自然科学和社会科学两大领域,重在如何将各学科领域的知识转化为专业技术和生产技术,直接服务于社会。

项目团队已收集 62 项发明专利和 116 项实用型新型专利于成果库中,均属于本项目科特派专家智库,专家自行申请入库,涵盖茶园土壤管理、茶树种植、茶园病虫害防治、茶叶加工、茶叶销售 5 个方面。

本项目自行拥有作品设计版权 215 项,涵盖人物形象设计、产品包装设计、商标图形设计、产品工程设计、微缩模型设计等多种设计类型。

(三)建立线上服务平台

1. 公众号

本项目线上以"茶小科工作站"微信公众号为服务落脚点,截至 2021 年,该公众号总用户数为 1328 位,从公示、咨询、申报平台三大板块出发,展示有关茶产业的重要新闻,科特派专家成果数据、茶企以及茶农需求等相关内容,为用户提供问题咨询,帮助茶农自主进行需求申报。

另外,茶小科工作站已成功申请专属人物形象设计版权 24 项。该套人物形象设计涵盖了茶叶土壤、种植、病虫害、加工、销售等全领域,它主要通过"互联网+"和茶叶包装宣传茶叶生产与加工方面的知识,促进更多人对茶产业的了解,同时也让茶小科工作站在业界获得更大的知名度。

2. 农户咨询群

创建了覆盖 7 个乡镇和 37 个行政村微信社群共计 12 个,成员数量超过 500 人。农户可通过乡镇政府、联络站点、讲座现场等途径进入社群,在社群中向茶小科工作站提出需求及问题。

增加科技特派员的服务时长:科技特派员选任时长较短,茶小科持续跟进服务周期较长的项目,及时了解茶农后续情况,并进行回访。

延伸服务半径:茶小科工作站的团队成员走访农户,实地调研,足迹遍布多个村镇,了解农户具体需求,有效解决茶农问题。

拓展服务范围:统筹多领域科技特派员资源,解决茶农多元化问题。

增强后备力量:茶小科工作站通过持续纳新、引进优秀学生,有足够的人才储备帮扶茶农助力乡村振兴的工作。团队成员作为小小科技特派员,一直在成长,为助力乡村振兴不断输入新鲜血液。

四、项目产生的效益

(一)培训农户提高技能

实地开设讲座,提升茶农专业技能。2019—2021 年,茶小科工作站组织 28 位专家,开展主题讲座 22 场,共计 1300 位茶农参加讲座。

（二）帮扶农户增产增收

在闽北苏区"红色首府"洋庄乡大安村（帮扶了 6 户茶农）使用生物肥料,改善土壤的酸化板结,增加土壤有效肥力,运用重修、台刈等科学种植方法,使用诱虫灯、粘虫板等科学环保方式防治病虫害,构建生态茶园。

2018—2021 年 3 间,茶小科工作站团队成员的足迹遍布 7 个乡镇,累计帮扶 37 个行政村、224 户茶农,其中在闽北洋庄乡大安村帮扶 6 户茶农 130 亩茶山。至 2020 年,所帮扶茶山茶青产量增加 13 吨,农户持续增产增收。3 年间完成帮扶项目 128 项,其中包括土壤改良类 32 项、种植栽培类 23 项、病虫害管理类 26 项、生产加工类 25 项、销售推广类 22 项。

（三）签约企业合作共赢

茶小科工作站与多家茶企签订意向合作协议书,解决茶农销售终端问题。截至 2021 年 6 月,茶小科工作站累计与 63 家茶企达成合作协议,其中包括福建省××茶业有限公司、福建省武夷××茶业有限公司、福建国××茶业有限公司等多家知名茶企。

（四）组织扩展不断壮大

茶小科工作站自 2018 年 6 月正式成立以来,影响力不断扩大。2019 年、2020 年分别与南平市首批四星级志愿服务组织武夷山市××公益、武夷山市××社工签订了战略协议,两家组织与茶小科工作站共同开展推广茶文化、科技下乡等志愿服务活动共计 35 场。

（五）助产立业,乡村振兴

"小小科特派"与智库专家共同研讨解决方案,通过夏种大豆、冬种油菜的方法,套种油菜、大豆等绿肥作物来提高茶园土壤有机质含量和土壤的肥力,改良了茶园生态环境,提升了茶叶品质。截至 2021 年,茶小科已在武夷山市 3 个乡镇帮扶茶农构建 7 个生态茶园,共计 500 多亩。

五、项目团队基本情况

（一）工作站发展历程

(1)2013 年 5 月,学生自发建立茶学志愿服务队。服务队成员利用课余时间到乡镇、街道、社区、茶企开展与茶产业相关的志愿活动。

(2)2016 年 10 月,茶学志愿服务队更名为茶与食品学院志愿服务协会。成员们常常在发放茶叶小常识传单之际,利用专业知识传播茶叶相关理论知识。同时与当地茶农交流茶叶种植加工等实践经验,加深对课本知识的理解,将专业知识与实际相结合,提升综合服务能力。

(3)2017 年 7 月,志愿服务协会升级为闽北大学生乡村振兴志愿者服务协会。协会成员在开展志愿服务活动过程中,通过与茶农的交流,了解其目前所遇到的困难,返校后向专业老师寻求解决方法,并及时将解决方法反馈至茶农,不仅服务了茶农,还起到了将专业老师的知识服务于茶农的桥梁作用。

(4)2018 年 6 月,茶小科工作站正式成立。基于闽北大学生乡村振兴志愿者服务协会成员,茶小科工作站应运而生。茶小科工作站是集科技特派员专家智库、茶企合作等多渠道方式共同服务地方茶产业发展的公益性团队。为提高科技特派员的工作效率、解决茶农需求多样等问题,搭建了这个资源整合型平台,实现茶农与专家智库科研成果的精准对接。

(二)工作基地建设

茶小科工作站前身的服务内容与武夷山核心支柱产业——茶产业紧密相关。多年来,茶小科及其前身所做的工作得到了学校的高度认可。在学校的大力支持下,茶小科工作站在学校大学生创新创业园拥有了独立的工作基地。随着工作站规模的不断扩展,茶小科工作站增设多个办公场所以及对外服务平台。

(三)团队成员

项目负责人陈××连续 3 年带领项目成员开展科技助农、助力乡村振兴活动,多次获得国家、省、市等各级新闻媒体报道。目前团队成员 87 人,涵盖茶学、市场营销、广播电视编导、食品质量与安全等 9 个专业。项目组织架构完整、分工明确、成员充足。茶小科工作站考核制度如图 6-17 所示。

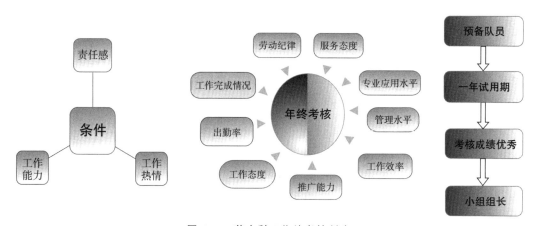

图 6-17　茶小科工作站考核制度

六、引领教育,全面发展

(一)社会认可

茶小科团队成立至今,受到过央视新闻频道、今日中国、学习强国、福建省新闻联播、《福建日报》、说茶、《闽北日报》等多家权威媒体报道。作为活跃在武夷山茶产业一线的"小小科特派",茶小科团队利用茶学专业知识,服务地方茶产业发展,为助力乡村振兴贡献自身力量,彰显出新时代大学生的责任与使命。

（二）行业认可

茶小科工作站得到各级领导高度肯定,在科技节成果展中作为优秀示范项目展示。项目负责人作为唯一的学生代表在表彰大会上进行典型事迹报告。

在第七届"互联网＋"大赛红旅启动仪式上,茶小科工作站作为优秀示范项目在各大高校前进行展示,并作为唯一四方签约团队,与武夷山市岚谷乡人民政府、武夷山市茶叶同业公会、福建省××茶业有限公司签订战略协议。

（三）秉承校友廖俊波精神,扎根祖国的田野大地

2017 年感动中国人物组委会写给福建省南平市原市委常委、副市长廖俊波的一段颁奖词,说道:人民的樵夫,不忘初心。上山寻路,扎实工作,廉洁奉公,牢记党的话,温暖群众的心。春茶记住你的目光,青山留下你的足迹,谁把人民扛在肩上,人民就把谁装进心里。

廖俊波同志生前高度重视闽北苏区脱贫状况、关心茶产业的发展,这也正是小小科特派所在做的。我们要学习廖俊波的樵夫精神,成为真正的科技特派员,把廖俊波精神扎根于祖国大地。

（四）跟随习近平总书记红色足迹,助力乡村振兴

民族要复兴,乡村必振兴。习近平总书记在中央农村工作会议上强调,脱贫攻坚取得胜利后,要全面推进乡村振兴,这是"三农"工作重心的历史性转移。全面推进乡村振兴落地见效,要加快发展乡村产业,加强社会主义精神文明建设,加强农村生态文明建设,深化农村改革。

总书记曾指出:"脱贫摘帽不是终点,而是新生活、新奋斗的起点。解决发展不平衡不充分问题、缩小城乡区域发展差距、实现人的全面发展和全体人民共同富裕,仍然任重道远。要发展优势特色产业,发展适度规模经营。"

茶小科工作站将跟随习近平总书记的红色足迹,践行新时代大学生的初心与使命,在科技特派员的带领下,成长为真正的小小科技特派员,将个人命运与民族复兴梦紧密结合起来,为助力乡村振兴贡献自己的力量。

七、可持续发展

（一）运营经费可持续

工作站运营资金来源:主要为茶企赞助及学校支持。2021 年现有合作企业 63 家,其中 50 家企业签订无偿赞助协议,随着合作企业增加,运营经费将不断扩增。

（二）智库专家可持续

本项目通过建立专家智库的方式,聘请科技特派员成为智库成员。若科技特派员聘请期限到期,茶小科工作站不仅会通过协商进行续约,还将聘请更多领域的科技特派员加入专家智库,从而实现智库专家可持续。

（三）团队成员可持续

团队成员不局限于在校学生,许多成员毕业后仍作为茶小科工作站的小小科技特派员,服务于地方茶产业。同时团队通过纳新等方式,吸纳各专业的优秀学生,充实茶小科团队,从而实现团队成员可持续。

（四）服务模式可复制

"小小科特派"工作服务模式可在各领域快速复制、迅速推广。

成功案例

2018年星村镇黄村村(省级乡村振兴示范村)茶农毛××通过联络点向茶小科工作站反映:茶园近年来大幅减产,希望茶小科工作站能够帮助他找出减产原因,并提供适宜的解决方案。茶小科团队在接到其需求后,派出项目对接组与其进行对接,来到其茶山实地调研,经团队成员与科技特派员共同研究分析,发现其土壤出现氮磷钾含量过剩等问题。为了更好地解决问题,茶小科团队成员请相关领域科技特派员共同研讨,制订针对性的解决方案,如减少三大营养元素相关化肥的使用,并且同时施用有机肥,以改善土壤的营养结构。

2019年3月,经该茶农的反馈,茶树发芽率提高。

2019年9月,茶小科团队对该茶农的问题进行回访与跟踪,了解到其茶青单价增加5元/斤,茶青产量增加1.7吨,茶青总产值增加16万元。

该解决方案已在上梅乡、兴田镇等多个茶园成功复制,解决了王××、陈××、吴××、林××等26户茶农的共性问题。

八、未来发展规划

（一）工作站发展规划

第一部分:正式注册成为具有法人代表的民办非企业的公益组织,加强工作站内部建设,完善各项制度和管理机制,为未来的发展打下坚实的基础。

第二部分:扩大纳新人数,加大宣传力度,吸引更多人士加入小小科特派,不断壮大规模,让更多的人加入乡村振兴的队伍中来。预计到2022年团队成员达到65人,2026年突破150人。

第三部分：加强外部交流，与更多公益组织建立合作关系，扩大工作站的影响力，同时获得政府与社会组织更多的支持。

（二）项目发展规划

本项目不仅致力于武夷山茶产业，未来，我们会扩大服务地区，立足武夷山，辐射南平市，覆盖全福建。为达成目标，将分3步走：

第一步：扩充科技特派员专家智库，吸引更多不同领域的科技特派员加入科技特派员智库中，在小小科技特派员的协助下，将科技特派员的科技成果更好地落地转化，服务地方产业。预计在2026年，智库专家扩充到200人。

第二步：与更多的乡镇合作共建，增设更多线下工作站点，如联络站、联络点，更好地对接农户并收集农户的需求，更好地服务地方产业，在2026年实现福建省全覆盖。

第三步：覆盖更多领域，将服务模式扩展到果蔬、花卉等其他类型的涉农领域，让此模式得到复制，实现农业产业振兴，助力乡村振兴。

（2022年3月）

案例3　变色龙——墙绘艺术的领跑者

项目概述

在当今社会的发展趋势下，人们对艺术审美的追求越来越高，墙绘行业逐渐兴起。龙岩市××科技有限公司主打墙绘项目，目前处于该项业务的区域引导者地位。但是本地区墙绘行业中业务良莠不齐，经常出现客户与商家交流不通畅的情况。针对这些情况，本公司利用互联网思维重塑墙绘项目，在互联网平台上创建了"变色龙墙绘"项目。

"变色龙墙绘"项目团队专注于墙绘行业，打造墙绘交流、用户交易的平台，提供个性化、专业化的服务，为客户以及墙绘原创人员提供一个优质的交易、交流平台。变色龙墙绘不仅在信息交流上保持畅通，促进良性的市场，而且致力于优化墙绘项目。"变色龙墙绘"平台通过收集、整合社会及高校的墙绘创意资源，并将其投入公司的产品开发中。

农村墙绘是"变色龙墙绘"的重点项目。追求美好环境和高品质生活是当下的发展趋势，本项目从地域出发，挖掘独特的文化，严谨、认真地进行图形的设计和选择，追求更高的审美标准。我们的项目重视对乡村环境的改善,让乡村环境更美好、更具活力。

"变色龙墙绘"项目有如下特点:

(1)创意原创性:私人订制,个性鲜明,独一无二,针对不同场景设计对应的主题墙绘。

(2)产品专业性:有美术专业的绘画团队,主打 3D 视觉绘画。

(3)平台便捷性:有微信公众号、微信小程序等线上平台,随时可交流。

(4)区域服务性:墙绘改造乡村环境,助推美丽乡村建设。

"变色龙墙绘"平台将提供如下服务内容:

(1)"互联网+"墙绘打造交流平台:"变色龙墙绘"团队通过互联网平台向社会各界征集墙绘创意,对创意资源进行整合、再加工,使部分优质作品商品化。

(2)"互联网+"墙绘注重个性化原创与用户体验:"变色龙墙绘"团队根据客户的要求,为其打造独特的墙绘设计方案。

(3)"互联网+"墙绘完善维护和维修服务:"变色龙墙绘"团队在墙绘工程结束后,为客户提供为期 3 年的免费墙绘修补服务,客户可在线上平台进行评价。同时面向墙绘创意者、涂鸦者群体、高校大学生等对象征集优秀墙绘创意。

"变色龙墙绘"团队根据观念营销、价值营销和文化营销等营销策略,利用公司原有的忠实客户资源,依托龙岩市高校中专业的年轻群体创意,同时将社会墙绘爱好者群体作为本公司的外界宣传营销力量,借助主流网络媒体,树立公司专业、年轻、多元的墙绘产品形象。

"变色龙墙绘"团队成立 2 年,盈利状况良好,财务风险较低并具有出色的资金周转能力。在当下追求个性化、别致风格的社会装修需求下,墙绘已经是一个受到很多人喜爱的潮流代表。墙体绘画通过在墙面上进行艺术创作来体现一种人文的风格。墙体彩绘前景广阔,在我国的很多沿海城市,墙体彩绘正在受到越来越多人的关注,人们喜欢它的主要原因是墙绘可以根据居住者的个性以及爱好而自定义地对家居进行装饰。很多人已经开始厌倦千篇一律的装饰画,而墙体绘画的出现满足了人们提高物质生活及追求精神世界的渴望。同时,墙体绘画成本低、利润高,能给投资者带来良好的回报率。公司有专业的财务团队,负责公司的日常财务核算,参与公司的经营管理,根据公司资金的运作情况,合理调配资金,确保公司资金的正常运转。

项目团队以师生团队合作为主,成员均为在读或毕业于××××大学学院美术系、产品设计系、广播电视学的学生和相关专业的老师,有优秀的教师资源,相互之间交流顺畅,进步空间大;人才资源充足,召集人才精心培养,逐步让他们专业化。成员专业包括平面艺术设计、美术学、绘画及财务管理,具有较强的绘画功底和美术鉴赏能力,以及财务管理、市场分析、推广营销能力。

一、项目背景与介绍

为贯彻落实龙岩市委、市政府实施"双轮驱动"战略和建设"大美龙岩"的决策部署,全面开展绿化提升专项行动,创建全国文明城市和国家园林城市,拆墙透绿工程将是接下来的导向。打破传统墙体格局,使公共墙体更生态绿色化,这样才符合国家提出的"绿色发展观"的理念。"变色龙墙绘"项目组对拆墙透绿工程的造型与图案设计和制作非常重视,是目前公司拓展业务的最新方向。

"变色龙墙绘"推动形成融合传统风格与时代特征的新风格,在乡村兴起了墙绘文化,以前只有在城市出现的文化墙,现在出现在许多乡村,成了美丽乡村建设的一道靓丽风景线。

墙绘艺术在我国市场作为一个行业,实际上尚处于起步阶段,具有较大的市场潜力。伴随着民间艺术家、艺术院校学生、涂鸦爱好者、原创者的数量增加和艺术活动的活跃,墙绘创作日渐增多,风格也日趋多样化。墙绘在商业宣传推广领域具有非常好的市场宣传效应,可以给商家在活动现场带来超乎寻常的关注度和人气,有效地推广和宣传自己的品牌和产品。墙绘艺术的应用很广泛,效果鲜明,一方面,应用于家居、商业环境、公共环境的装饰;另一方面,在倡导社会文明、宣传公益、宣传新城市文化、推动城市品牌建设以及帮助城市提升品牌形象中,也起到了积极的推动作用。

由于墙绘这种装饰艺术形式迎合了时代的发展,满足了人们的需要,其独特性、便捷性、多样化等优势,将在空间装饰、商业宣传应用方面发挥巨大的吸引力。在未来的一段时间内,墙绘行业拥有广阔的发展空间,而这一艺术形式也具备强大和持久的生命力。

墙绘行业发展到今天,尽管已经开始在市场上成为一个独立的行业,但在全国范围内,还没有一个可以进行行业信息沟通、引领行业发展、规范行业经营与竞争的真正意义上的交流平台。整个行业内的状况是松散的,各自为战,缺乏统一的规范和发展愿景。

二、公司简介

(一)公司概述

1. 公司 Logo

"变色龙墙绘"用艺术造型融入墙体设计,通过互联网媒介为全国各地对墙绘有创意想法的人士提供平台交流,为客户打造专业、个性、独特的墙绘设计,提供优质服务,旨在通过美学创造更和谐的生活环境。

2. Logo 标志释义

Logo 在生活实践中经过提炼、抽象与加工,以图形的方式集中表现出来,并且表达一定的精神内涵,传递特定的信息,形成人们相互交流的视觉语言。Logo标志作为一种识别和传达信息的视觉图形,以其简约、优美的造型语言,体现着品牌的特点和企业的形象,是公司整体品牌推广的重要载体,是视觉形象的核心。龙岩市××广告有限公司"变色龙墙绘"团队专门从事专业创意墙绘绘制,标志主体为五彩的变色龙卡通形象,有极强的识别性和直接性(图6-18)。变色龙变换体色不仅是为了伪装,更是为了实现变色龙之间的信息传递,便于和同伴沟通,这与人类语言一样。墙绘与变色龙一样,通过颜色的变化表达不同的信息,具有年轻化、特色化的特点。

图6-18 公司Logo

3. 公司概述

截至2019年5月,含创始人在内,该公司现有员工20人:总经理1人,本科学历,负责公司统筹运营和公司整体运转工作,并对股东会负责;人力资源部经理1人,本科学历;营销总监1人,本科学历;生产技术部部长1人,本科学历;财务部经理1人,本科学历;技术部14人,其中负责设计3人、负责绘画7人、负责研发2人、负责承接业务2人,本科8人、专科3人以及兼职3人;后勤1人,兼职。

公司组织结构及人力资源配置:目前公司由4个部门组成,所有重大决策都需要向股东会负责,如图6-19所示。

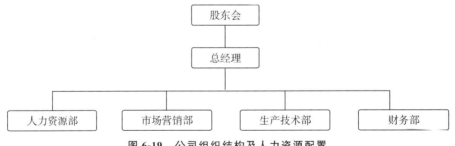

图6-19 公司组织结构及人力资源配置

(二)公司现状

(1)公司名称:龙岩市×××科技有限公司。

(2)成立时间:2017年11月26日。

(3)注册资本:100万元。

(4)经营范围:包括乡村文化墙、公司文化墙、学校幼儿园、宾馆、酒店、KTV、商场、公园、博物馆、古建筑彩绘等工装墙绘,影视背景墙、沙发背景墙、玄关、儿童房、餐厅墙、迎宾墙、天花板等家装墙绘。乡村文化墙占该经营领域80%以上的业务量,同时也推动了乡村建设的振兴,所以本次大赛才主推这一产品。

总体来说,公司墙绘业务在龙岩市场上具有较强竞争力。

（三）发展规划

我们为公司的发展初步规划了 3 个阶段:前期、中期和后期,并且为不同时期的发展也制定了不同的目标。

1. 初期目标（1 年内）

具体目标:公司刚刚起步,无论从技术、资金来源,还是管理技术,都相对匮乏。第一年公司踏踏实实拓展人力资源并做好初期宣传工作,首先开通微信公众号;在原有基础上研发以提高用户的虚拟体验感受和网络交易为目的的"变色龙墙绘"的小程序、网站终端和专业网站。

从龙岩青年市场角度考虑,争取将龙岩青年市场稳稳地抓住。在龙岩的高校中进行宣传和推广,提高公司知名度,同时进行第一批的人才招募。（在此声明:"变色龙墙绘"交易者联盟项目团队并不主推 App,因 App 太占手机内存,不符合公众消费心理,现主推微信公众号以及微信小程序）

实施方案:除了线上开通微信公众号与小程序,在商场、超市、高校等一些人员密集的地方进行线下推广品牌并介绍关注品牌的微信公众号和小程序,让更多人知道"变色龙墙绘",提高"变色龙墙绘"的市场知名度;利用本公司已有的人力资源进行推广。

2. 中期目标（2～3 年）

具体目标:真正从市场专业化角度发展公司,进一步深化研发"变色龙墙绘"特有的主打产品,提高品牌的知名度以及含金量。

实施方案:进一步完善"变色龙墙绘"微信公众号的功能、微信小程序、专业网站,使账号更加丰富活跃,定期推送,打造一个年轻活跃的品牌形象;恰当利用新媒体进行宣传,强化"变色龙墙绘"的知名度以及市场认可度;在宣传工作的同时,也要注重公司的专业业务能力,逐步扩大公司的规模,加大与社会各界的合作,扩大加盟阵营,寻找可长期合作的商家;向社会发起人才招募令。有了一定的资金积累,在此基础上我们公司将会涉足创业初期谈到的其他项目。

3. 后期目标（4～7 年）

具体目标:"变色龙墙绘"实现品牌效应。

实施方案:打造一支稳定且强有力的团队,坚持专业性、创意性的绘制;不断完善"变色龙墙绘"专业网站以及微信公众号、小程序的功能,及时做好用户体验的反馈记录;逐步研发"变色龙墙绘"新的服务,如乡村城市的建设改造,走在潮流的尖端,实现"变色龙墙绘"的品牌效应;站在高处,思考公司的社会定位,不断扩大占领闽西地区墙绘市场份额,引领区域墙绘品牌。

三、产品与研发

(一)产品/服务介绍

1. 产品的用途

墙绘有别于架上绘画的局限与禁锢,能将生动而又富有文化气息的设计元素运用于室内空间中,使人身临其境,处于艺术所营造的美妙的文化气息之中。将多元元素融入室内空间,将文化的符号带入室内设计,是传统社会形态下对城市、乡村文脉的追忆。

"变色龙墙绘"为供需双方提供了专业化墙绘产品交易交流与定制的平台,同时也是收集外界创意墙绘内容的渠道,为民间艺术家、艺术院校学生、涂鸦爱好者提供一个良好的互联网墙绘创意互动平台。由于公司的商业性,公司平台致力打造专业性的墙绘产品以及个性化的服务,重视用户体验。

2. 产品的功能

(1)供需双方:客户可以通过变色龙墙绘网上平台,与客户交流沟通,选择墙绘主题与风格,及时反馈,其间可以不断修改,直到客户满意为止。公司根据需求制作墙绘 3D 效果图及设计方案,客户可以直接参与墙绘制作的过程,增加彼此的信任感,做到专业、快捷、方便。

(2)创意交流:团队利用整合外界优质作品和新颖创意来收集墙绘资源,并使其部分商品化,让墙绘原创者之间互相交流、交换消息,使他们了解墙绘动态讯息,丰富原创墙绘的样式。

(3)人员征集:定期面向设计学、绘画等美术专业的人员发布招兵买马消息,吸引更多优秀的人才加入"变色龙墙绘"团队,培养壮大项目团队墙绘主力军。"变色龙墙绘"团队提供大量就业岗位,如墙绘人员、上色人员、产品经理、财务人员等,能缓解一定的社会就业压力。

3. 市场定位

(1)装饰与家居:可在网上大量转发公司品牌,吸引用户联系,也可在前期与一些大型的装饰公司进行洽谈合作,以获得大量客户资源。

(2)商铺店面:依托学校、餐饮商店、民宿等需要别具风格彩绘的建筑,根据不同场景制作特色墙绘;以专业的绘画设计,根据店铺的整体风格,为顾客提供满意的优质墙绘服务。

(3)政府合作:积极参与政府的相关公益项目,如城市文化墙、社区建设、乡村改造等,用独特的风格、创意的画面,传递温暖,扩大影响,宣传地方特色文化,树立品牌形象。

4. 目标客户

(1)前期以本市的乡村美化、学校、居民房等为主要目标群体,有能力购房的年轻人是我们品牌前期的主要消费群体。

（2）成熟以后，"变色龙墙绘"与有美术专业的其他高校建立联盟，通过交流平台，寻求与其他墙绘公司建立墙绘交流关系，扩大品牌知名度，将墙体彩绘业务辐射到全国范围。后期可与房地产、政府等进行合作。

（二）产品/服务特色优势

1. 新颖性（先进性、独特性）

（1）针对墙绘专业群体。该平台主要针对墙绘原创人群：①社会上墙绘专业人士。②在墙绘方面拥有独特创意、热爱墙绘制作的年轻人。③高校美术专业的师生或爱好者。

（2）"变色龙墙绘"为客户打造独特的墙绘设计，客户可参与制作过程。在设计中，我们的团队会与客户多次交流，直到客户选到满意的版本。

（3）"变色龙墙绘"创意交流平台。在"变色龙墙绘"公众号定期发布墙绘主题让原创者们进行创作，尤其是面向高校大学生广告收集好的创意。根据平台内部专业人士的审核筛选，选出优秀的作品进行商业化。墙绘创意一旦被"变色龙墙绘"使用，可进行部门资金奖励。平台创意征集流程如下：后台人员主动联系墙绘原创者，进行创意收购洽谈，形成投票筛选—预录使用—沟通洽谈—签订合同—支付定金，提供创意详案—支付全额报酬。

2. 竞争优势

（1）现在墙绘在社会上也越来越流行，相比于其他同类墙绘行业公司，"变色龙墙绘"的优势有以下两点：第一，不仅仅是口头上与客户直接进行墙绘沟通设计，"变色龙墙绘"团队公司还会从专业性、独特性的角度，根据客户提供的墙体数据，选择最佳墙绘创意设计，多次交流，为客户打造多元、原创、优质的墙绘整体绘制设计方案；第二，在墙绘过程中，团队追求墙绘质量，项目团队会根据客户所选画材的材质或因意外情况造成的磨损，进行为期 3 年的免费墙绘后期局部修补及有偿服务。

（2）对于墙纸及其他装饰行业，我们的优势见表 6-1。

表 6-1　相比于墙纸及其他装饰行业的竞争优势

普通壁纸	高档壁纸	DIY 墙贴	墙体彩绘
普通壁纸容易购买，比手绘价格便宜，适合大面积使用，但有刺激性气味，延年性能差，贴壁纸的过程容易出现问题	质量好，不掉色，环保；但图案较单一，每 2～3 平方米最低价格为 4000 元以上，价格昂贵	价格与手绘墙画一样，图案较简单，材质为普通的及时贴，观赏性极低，不容易操作（往墙上粘贴时会出现褶皱），体现不出墙体的高贵感	完全融合于墙面，采用防水的绘画颜料，无毒无味，不掉色不褪色，专业的墙绘制作人员会根据房间的装饰风格、主人的喜好图案，手工绘制，具备协调性、艺术性、观赏性

（3）对于墙体彩绘机，我们的优势是：机器的维修费用高，机器毕竟是机器，作品谈不上艺术性；墙体彩绘机操作死板，作品与打印机相同，其装饰的协调性差，它的市场大多数定位在消费水平较低的地方使用。而墙绘一旦进入环境，就具备了双重身份，不仅仅是一幅作品，同时也是所处环境中的一个组成部分。

（三）技术水平

1. 项目内容

主要依托龙岩市周边地区及地方大学的专业人才。高校的美术院系历来重视绘画及创意设计专业的重点培养，积极为地方美术事业发展服务。

2. 项目实施的方案

（1）"变色龙墙绘"有独立墙绘创意交流平台，在平台里交流创意想法。

①公司通过自己的微信平台定期上传墙绘话题，墙绘原创者们关注并借此平台发布自己的墙绘创意与评论。

②通过系统数据审核后，公司把原创者们的创意收集整合，并根据评论点赞量与内部专业人士的投票筛选，使部分商品化，作为墙绘产品进行对外输出。

（2）"变色龙墙绘"为客户专门定制墙绘效果图，在平台里作为部分墙绘设计成果。

①公司根据客户需要制作效果图，客户通过微信平台联系我们，交流墙体有关数据或店面整体设计风格。

②客户可自愿加入团队的墙绘绘制，公司和客户双方可根据效果图进行意见交换，并以此进行墙绘工程作业实施。

3. 项目的关键技术、创新点

该平台借助现代信息媒体技术，将公司的专业墙绘与互联网相结合，依靠网络手段疏通墙绘信息渠道，搭建平台收集共享外界创意，与客户交流，不断完善项目公司墙绘实施方案。

四、产业化程度

（一）目前产业化进展

公司团队已与××万达广场、地方县城政府达成合作关系。目前公司处于产业化雏形阶段。

（二）已具备的产业化条件

龙岩市×××科技有限公司拥有完善的墙绘设备以及墙绘绘画的创意技术。公司人员以大学美术学院、艺术与设计学院中专业素质优秀的学生为主，兼具各大美术学院、设计学院的优秀毕业生人才，员工具备良好的绘画功底且具有一定的绘画天赋；拥有喷涂机、喷笔、不同规格的升降脚手架及不同优质程度的墙绘涂料等专业设备；公司目前已与多家装饰公司、广告公司、墙绘设计工作室达成常态化稳定合作。

(三)未来产业化进程

1. 分年度目标

随着技术的日趋成熟,公司管理、人员考核各项规章制度以及基础设施建设也随之健全,宣传力度加大,公司的市场份额继续扩大,公司的知名度提高,其发展潜力是不可限量的;公司预计在团队成立一年后,盈利明显提高,并将团队工作室搬至商业街。

经过 3 年发展,公司已经有了一定的知名度和一定的资金积累,在此基础上将进军创业初期涉足的其他项目领域。3 年内,公司墙绘团队作品在龙岩区域的覆盖率将会达到 40%,城市文化墙将会达到 20%,农村文化墙将会达到 20%。与此同时,墙绘将会作为一种新的创意、文化、时尚、品味的装饰元素得到广大客户的认可,得以流行。

2. 前景分析

随着社会的不断进步和发展,人们的生活方式、生活观念以及生活品质都在发生着巨大的改变。科技、文化、艺术突飞猛进的发展,使人们不再拘泥于过去传统、僵化、乏味的生活模式。现代人每天都生活在不同的空间中,他希望在所生活的环境里能够感到舒适便捷,这也是现代人的生活理念。多种多样的文化艺术形态开始进入人们的生活中,各种文化产品、艺术产品的需求量也越来越大。墙绘作为一种特殊的文化艺术类商品和服务,也正在顺应着新时代人们这种精神领域的需求,行走在成长和发展的道路之上。

墙绘这种独特的艺术形式顺应了时代的发展,满足了人们的视觉需要,创造了商业场所、娱乐场所空间的视觉奇迹,不仅大大提升了商户的品位和档次,也为吸引客流、促进销售起到了重要的作用。它的独特性、便捷性、多样化、艺术性以及环保性等很多优势,将在人们的空间装饰、商业宣传、公益宣传等应用方面发挥巨大的魅力。在未来的一个时期内,墙绘行业都将具有广阔的发展空间,而这种独特的艺术形式,也具备着旺盛和深远持久的生命力。它的艺术性、适应性以及时代感都将无可取代。对于艺术设计工作者来说,这将是一个崭新的且具有广阔发展空间的新兴行业。对于美术爱好者、墙绘涂鸦者来说,不断蓬勃发展的墙绘市场将会给他们的职业生涯带来福音。

五、市场营销

(一)市场分析

1. 行业背景

在我国,墙绘艺术实际上是一个刚刚起步的、非常年轻的视觉艺术。墙绘真正地进入装修装饰的市场是在 2000 年左右。当时,在中国的一些一线城市,伴随着民间艺术家、艺术院校学生以及涂鸦爱好者的数量的增加,一些小范围的墙绘也日渐增多,城市的街头以及农村的墙壁也经常出现一些个人的涂鸦作品。当墙绘艺术风靡全球,成为一种时尚时,这股风潮开始席卷家居领域,比较常见的有手绘的家具、瓷砖、饰品、布艺。

而现在墙绘也开始在家庭装修、家居装饰中频频上演。

在现代生活中,人们越来越追求优雅的姿态和高尚的品位,越来越追求精神品质的享受,呼唤自由不羁,彰显个性。墙绘让墙面不再拘泥于某一种整体风格,不再单调,它的表现方式也开始变得多种多样。客厅想要古风的、卫生间想要卡通的、卧室想要写意的风格、厨房想要写实的风格、儿童卧室想要糖果世界的……这些都是传统装修材料所达不到的,而墙绘艺术统统可以帮你实现。

随着墙绘的不断发展,一些具有敏锐商业眼光的人逐渐发现了墙绘的市场需求和潜在的商业价值。在这些人中,有美术爱好者,有美术学院的学生,也有建筑行业的工作人员。渐渐地,大家开始有意识地将墙绘这一形式引入商业环境的装饰中,如企业、办公室、酒店、咖啡厅、餐厅、家庭、学校、幼儿园、酒吧、KTV、购物广场的内外墙装饰、农村的文化墙等,并迅速形成了一种被客户迅速接受并认可的装饰形式,开始逐步形成一种独立的行业。

由于墙绘风格的丰富性和多样性,外加墙绘有可设计创作独特的灵活性和个性化,大量的家装市场被开发出来,一时间"墙绘"这个既让人熟悉又让人陌生的词语很快便传遍了全国上下,短时间内便被许多人接受和追捧。而其具有较高的艺术性、个性化、健康环保等特点,更加迅速受到了我国各个阶层人士的追捧,成功地征服了一批热衷新鲜事物、追求创意精神、喜欢艺术的年轻人群。

近年来,还出现了一种比较特殊的墙绘类型——3D墙绘。所谓的3D墙绘,就是利用透视和人的视觉错觉原理,在平面的墙面、地面乃至天花板等载体上,利用精心设计的图形画面表现出近乎真实的三维空间效果。3D墙绘这种特殊的视觉效果给大众带来巨大的震撼和新奇感以及不一样的冲击感,使得大众对墙绘这种艺术形式非常喜爱。基于这一属性,3D墙绘很快便运用到商业宣传推广领域,同时取得了非常好的市场宣传效应。例如,一些房地产的销售推广现场、商业中心,甚至一些产品销售活动现场,都非常多地采用了这一艺术手段,并给商家在活动现场带来了超乎寻常的关注度和人气,从而有效地推广和宣传了自己的品牌和产品。

农村墙绘的受众对象是广大农民群众,考虑到他们的喜爱方式和接受程度,结合农村自身实际,在创作形式上注重生动活泼,图文并茂,广泛采取国画、漫画、卡通画、书法、谚语、歌谣、顺口溜等多种艺术形式,与自然环境、特色民居相得益彰,力求体现时代特色,展示地方精神风貌。同时让农民群众易于理解接受,变"被动看"为"主动看",在寓教于乐中发自内心地喜欢上"墙绘",从而进一步带动当地农家乐旅游,吸引众多本市和外地游客前来休闲观光,产生"墙绘"经济效应。

在经过了10年左右的发展时间,墙绘装饰开始逐步被大众接受,在以北京、上海、广州三大城市为代表的城市中最为突出。此外,在华北地区的一些城市、江浙一带,人们对其热爱追捧的程度和广泛的市场应用也毫不逊色。

如今,一方面,墙绘装饰以家居、商业环境、公共环境的装饰为主;另一方面,在倡导社会文明、宣传公益、宣传新城市文化、推动城市品牌建设以及帮助城市提升品牌形象中,其也起到了积极的推动作用。

2. 现有市场规模

从国内看,全国的墙绘工作室或公司数量有 2000 多家,并且大部分聚集在北京、南京、上海、深圳等一线城市;而在二线、三线城市的数量则比较少,更多的是从事美术专业的自由团体。从龙岩市看,龙岩地区目前初具规模的墙绘工作室有 8～10 家,更多则是从事家庭装修时所涉及的墙绘业务。

3. 图表分析

根据现有的墙绘市场情况,我们做了如下分析(表 6-2):

表 6-2　墙绘行业网站浏览部分地区流行度数据分布

按省份显示	浏览次数	百分比
河北省	3707	4.81%
山东省	8545	11.09%
河南省	5128	6.66%
浙江省	4899	6.36%
江苏省	4426	5.74%
广东省	4148	5.38%
辽宁省	3114	4.04%
黑龙江省	3035	3.94%
北京市	2626	3.41%
湖北省	2490	3.23%
湖南省	2467	3.20%
陕西省	2412	3.13%
四川省	2363	3.07%
上海市	1978	2.57%
安徽省	1874	2.43%
吉林省	1838	2.39%

对墙绘市场进行调查,调查人群是以年轻人为主。调查结果显示,一半以上的业主对墙绘有着浓厚的兴趣。随着经济的不断发展,消费主力将以年轻人为主,墙绘在家居装饰中的市场占有率也会不断增加。

网络带来的业务量占有市场很大份额,网络在墙绘业务中的作用也日益凸显。数据显示,超过 40% 的客户会在网上参考墙绘工作室,因此墙绘网络营销的市场份额也会逐年增加。

附：

墙绘市场调查表

一、您对墙绘的了解？

1. 不了解。 2. 很了解。 3. 过去尝试了解。 4. 了解。

二、您对墙绘感兴趣吗？

1. 很漂亮,很喜欢。 2. 蛮喜欢的。

3. 还可以,有点喜欢。 4. 感觉一般。

5. 不喜欢。

三、对于家里的墙面,您会想怎么去装饰？

1. 留白就好,因为白色会更舒服。

2. 画一些自己喜欢的图案。

3. 挂一些装饰画等饰物。

4. 请专业的画师进行墙绘装饰。

四、您会尝试选择墙绘这种方式去装饰家里的墙面吗？

1. 愿意尝试。

2. 不敢尝试,不太了解。

3. 感觉有创意,但不太敢尝试,怕弄不好影响效果

五、您通过哪些渠道了解到关于墙绘的信息？

1. 互联网。 2. 朋友说的。 3. 装饰公司。 4. 在生活中有接触过。

六、您身边朋友家里有使用过墙绘产品吗？

1. 很少。 2. 一个都没有。 3. 不知道。 4. 有很多。

七、对于墙绘的特性你了解多少？（多选题）

1. 不掉色、不褪色、不变黄、不脆化。

2. 防潮防水。

3. 绿色环保,无毒无味。

4. 耐磨抗压。

5. 保存时间长达 8 年以上。

6. 更换方便。

八、如果选择墙绘,您会喜欢什么类型的墙绘？（多选题）

1. 时尚。 2. 写实。 3. 漂亮就行。 4. 浪漫。

5. 休闲。 6. 简约。 7. 华丽。 8. 配合家里的装饰去画。

九、如果您选择墙绘来装饰家庭,会选择哪个位置呢？（多选题）

1. 门口。 2. 走廊过道。 3. 电视背景墙。 4. 沙发背景墙。

5. 天花板。 6. 卧室。 7. 儿童房。 8. 贯穿家中每一个角落。

9. 小小的简单图案在特定的位置。

十、请选择您的年龄阶段。

1. 20 岁以下。 2. 20～30 岁。 3. 30～40 岁。 4. 40～50 岁。 5. 50 岁以上。

十一、您能够接受的墙绘价格范围是多少？

1. 80～120 元/平方米。 2. 120～200 元/平方米。 3. 200 元/平方米以上。

十二、如果选择大学生团队的文化工作室,您有什么要求和顾虑？

(二)市场定位

项目墙绘的市场定位见表 6-3。

表 6-3 项目墙绘的市场定位

地 域	二、三线城市
产业链	广告设计、颜料工具←墙绘→从事墙绘人员
市场占有率	本业务计划在一年之内占领本地区彩绘市场的 20%，在初期主要扩大影响力，树立品牌形象，之后的两年，将市场占有率提高到 40%～50%

(三)SWOT 分析

项目的 SWOT 分析见表 6-4。

表 6-4 项目的 SWOT 分析

	优势因素（Strengths）	劣势因素（Weaknesses）
内部环境因素	1. 专业力量：我们目前有优秀的专业美术彩绘师兼创意师，线上平台也为我们团队吸引源源不断的人才。 2. 公司理念：我们公司将遵循"私人订制、个性鲜明、独一无二"的理念，在售前服务中，与客户进行细致的交流；售中，保证好的质量、好的工艺；在售后服务中，能够以最好的态度去承担责任，以求能够带给客户最优的服务。 3. 项目优势：彩绘主要以优质丙烯为原料，我们将寻求高质量环保的原料，彩绘相比于传统的墙纸等装修而言，延年期更久，其风格更多变	1. 人力方面：人力资源不足，专业人员的拥有量少。 2. 资金方面：前期资金不足，需要支付大量的宣传费、进购原料费用、员工工资以及店面租赁等。 3. 管理方面：管理的不完善可能导致企业规划失策
	机会因素（Opportunities）	威胁因素（Threats）
外部环境因素	1. 市场优势：目前市场上从事专业墙体彩绘行业的公司还比较少，我们存在较大的商机。 2. 市场需求方面：人们对室内装修的要求正逐渐提高，墙体彩绘的装饰效果正可以满足现在人们的装修要求。 3. 客户价值："80 后""90 后"对彩绘兴趣更高，而他们正值工作结婚定居时期，而我们刚好可以抓住这个商机；农村墙绘也是一个新兴的商机。 4. 宏观经济政策方面：国家政策对大学生自主创业的支持力度大，对乡村振兴的支持力度大	1. 同行业竞争：墙体彩绘同类的产品的竞争，墙纸制造行业用时短、方便等也威胁墙体彩绘 2. 工艺技术方面：墙体彩绘机械。目前广为流行的机器作画，用时短、效率高、费用低的优点也将占领部分市场。 3. 环境资源的影响：公司发展所依赖的环境资源，如原材料、资金、专利使用权等，对组织具有支持作用，组织如果不能克服对环境资源的依赖，就会使公司发展面临困境。 4. 宏观经济方面：近几年，我国处于经济政策完善时期

（四）风险分析

项目运行的风险分析见表 6-5。

表 6-5　项目运行的风险分析

风险类别	风险内容	规避方案
财务风险	1. 流动资金短缺,资金供应链出现中断。 2. 资金的时间价值	1. 寻找新的投资人。 2. 与银行签订信用协议。 3. 大学生创业贷款。 4. 力争现金流入流出同步,建立健全现金的授权审批制度和内部牵制制度
技术风险	1. 出现同行业抄袭状况。 2. 同行业创造了更好的彩绘技术。 3. 随着彩绘业发展壮大,其产品呈现同质化也越来越明显,而同质化则意味着我们的产品优势在降低	1. 坚持原创,吸收更多的设计师和多元化的设计作品。 2. 定期进行市场调研,了解市场行情,促进产品更新换代。 3. 利用网络平台,吸收活跃的思维和创新力
市场风险	1. 壁纸等传统装修的打压。 2. 原料的涨价、短缺等。 3. 客户对于新兴彩绘的接受程度低	1. 加大宣传力度,提高知名度。 2. 谨慎选择好的原料供应商,并与其建立良好的长期的合作关系,保证其原料的充足。 3. 要有风险意识,当出现原料短缺时,要能够及时联系到其他厂商;当然,要保证原料的质量、价格、环保等
环境风险	1. 装修行业的冲击。 2. 房地产行业的饱和。 3. 国家政策没有合理运用,没有对政策变化做出正确的应对	1. 关注国家政策的变化,咨询专家。 2. 对管理人员进行培训。 3. 拓展业务范围,分散风险
管理风险	1. 随着彩绘行业的发展,会有员工因为待遇、个人发展等,选择跳槽、自立门户、转行等,导致人员紧缺。 2. 培训机制不健全。 3. 资源分配不均(人员、设备、材料、项目)	1. 建立健全激励政策,提高员工待遇,留住人才。 2. 加强培训,定期培训需要改进工作的人。 3. 倡导学习型企业,激励所有员工学习。 4. 充分授权,"上君尽人之智"。 5. 注重培养组织文化,加强团队意识,强化员工认同感

（五）营销策略

"变色龙墙绘"交易平台为了提高在龙岩市的市场占有率,制定了自己独特的营销策略:

(1)建立墙绘创意交流平台,完善并主打项目微信公众号,逐步建设专业 App 平台,充分利用微博、QQ 各大信息交流社区网站等,加强网络营销宣传效果,在关注访问量达到一定数量时,谋划筹建属于"变色龙墙绘"自己的创意交流网络社区系统。将通过该平台收集到的墙绘创意构思创建为公司产品素材资源库,提高自身品牌知名度,并对墙绘文化作品库等资源申请知识产权保护,使竞争对手难以模仿抄袭,为公司团队打造核心竞争力,为项目可持续发展注入动力。

(2)选择综合或专业的 B2B 平台,如与画材商家、家居装饰公司等建立商业关系,合作伙伴公司提供指定的墙绘画材及装饰材料,"变色龙墙绘"团队则利用已达成商业关系的公司平台发布自身墙绘优秀典型案例及相关动态信息,并实时更新,达到与其他同类公司共享交流的目的,对于部分案例需付费使用。

(3)大学校园是创意与想法的聚集地,大学生创新思维丰富,谋求与龙岩地区高校合作,将项目公司自主创办的墙绘文化品牌,如"墙绘发烧节""墙绘日""围炉墙绘"等品牌活动植入校园环境中,与××大学美术学院、××大学传播与设计学院定期开展墙绘相关活动,如"墙绘主题创意征集大赛""我绘我秀"等,鼓励学生和老师关注"变色龙墙绘"墙绘创意交流平台,逐渐在高校里形成"变色龙墙绘"独有的粉丝团体,由其去宣传拉动其他人员,发现潜在客户,进而扩大公司影响力。

(4)在基于对墙绘创意的广泛征集后,"变色龙墙绘"项目团队对其进行后期加工,根据客户的要求和喜好制订更完善的整体设计方案;与客户沟通洽谈,确定设计方案后交付定金,完成作品,客户满意后付全款。虽然增加了自己的风险,但得到了客户的信任,打消了客户的顾虑,稳固了供需关系。同时与乡村扶贫干部联系,将农村"墙绘"建设作为龙岩市创新发展农村文化的新载体,传播精神文明的新形式,美化村容村貌的新内容,研究和采取实在有效的措施,大力倡导、组织推广,产生更大的示范引导效应,力争用 3~5 年时间实现龙岩市农村"文化墙"全覆盖。

(5)实体店中将会利用 3D 效果图、模型等展示优秀的墙绘设计作品。公司团队后期将着力打造项目门户网站,通过搜索引擎使客户快速了解"变色龙墙绘"交易者联盟项目。

(六)盈利方式

(1)墙绘收入:本公司的业务量以墙绘为主,在公司盈利中占有相当大的部分,通过此项收入来维持平台运营;公司团队会通过"变色龙墙绘"交易者联盟平台发布出售部分墙绘设计优秀案例;对于入驻平台的客户、供应商收取一定的入驻费用。

(2)装潢设计:作为公司的第二大业务源,与墙绘业务相互配合,在设计中会收取固定费用。

(3)广告展位:"变色龙墙绘"平台系统将提供大量的广告展位、提供广告设计服务,通过公司平台的人气吸引广告商和媒体,提升赞助品牌的知名度和亲和力。

(七)市场预测

公司本着"诚信经营,质量为先,坚持原创,私人订制,个性鲜明,独一无二"的道路,一直为龙岩市各装饰公司、城市文化墙、商业店面、家居小区提供着良好的服务;公司在网上的知名度也在逐步提升,尤其是公司设计师坚持原创的准则,得到广大消费者的认可。

针对龙岩居民对于墙纸以及壁纸的接受程度,经研究决定采取多种措施改变现状,让墙绘成为装饰的一种趋势、一种潮流、一种文化。具体的措施,如优惠活动;加大宣传力度(包括产品宣传与理念宣传,提高消费人群的接受度,以网络营销为重点,辅以信件、宣传单、免费上门服务、平面广告等);与其他地区知名的手绘工作室取得合作关系,培养培训手绘师等。

六、发展战略

(一)企业愿景

打造公司品牌墙绘产品。

(二)3 年规划目标

1. 短期目标(3 个月)

(1)进行行业环境调查,了解市场需求,开拓市场。

(2)调查客户的购买消费心理。

(3)了解竞争者的优劣势以及他们的经营模式。

2. 中期目标(1 年)

(1)稳定市场,积累一定的经济基础。

(2)加大宣传力度,充分利用各种媒体进行公司宣传。

3. 长期目标(3 年)

(1)树立品牌(口碑、专利、特色)。

(2)扩展公司规模,完善制度、人员安排。

七、商业模式

商业模式:"变色龙墙绘"交易者联盟的商业模式为 O2O(online to offline),线上进行墙绘创意评论评价,线下进行产品交易输出

(1)利用"变色龙墙绘"墙绘创意平台收集、整合外界社会资源,公司团队根据墙绘创意浏览数量对其进行再加工,作为线下墙绘产品输出;创办平台墙绘文化自有品牌活动并定期举办,吸引外界人群,重在提高知名度和影响力。

(2)通过"变色龙墙绘"交易交流平台吸纳专业人士并进行一定的培训,使其充分了解业务内容,且让业务员与客户进行直接的交流,在此过程中为客户消费者提供墙绘的系统服务,包括施工完毕后的空气质量检测以及后期墙绘破损修补服务,并且客户可通过平台预约"变色龙墙绘"墙面绘制的特殊体验。

(3)与画材公司、家居装饰公司、自装工程队达成业务合作,入驻"变色龙墙绘"平台并收取一定的加盟费,形成命运共同体,达到双赢的状态,并取得装饰公司设计师的认

可,使墙绘不仅仅呈现在墙体上,而且让墙绘概念能够作为一种装饰元素融入家居中,共同开发更加新颖的客户体验项目及家居产品,如绘制属于客户的个性化家居等。

(4)根据农村当地自然生态环境、人文社会环境和经济发展状况,在呈现先进文化、文明新风的共性基础上体现个性,做到"一村一特色、一墙一风景"。要认真挖掘农村当地的生活素材和榜样亮点,鼓励原创,突出本乡本土本地人的特点,进一步拉近"文化墙"与农民群众的距离,让农民群众觉得亲切自然、好看可学、入目入心。

八、财务分析

(一)股本结构和规模

公司注册资本为 100 万元,法人代表持股 100%。

资金运用:自有资金 10 万元和风险投资 70 万元,主要用于流动资产的投资、购置生产设备,以及生产中所需要的直接材料费、直接人工费、开办费和日常办公费等;向银行借款 30 万元,主要用于市场开拓和软件开发设计费用。

(二)风险资本的退出方式

(1)并购退出:若公司被并购,投资人就可通过获得交易对价实现退出。

(2)转售退出:投资人将持有股份转让给第三方投资者。

(3)签订赎回条款:事先与投资人签订协议,约定在某一时点,若公司没有达到一定规模,或者没有达到投资人要求的报酬率,公司有义务赎回投资人的股份,按成本加内部收益率(internal rate of return,IRR)的形式。

(4)破产清算:如果公司发展状况不理想,无分红,也无法完成赎回时,而此刻,投资人如果强制要求赎回,公司不得不进入破产清算程序时,通过变卖资产形式进行清偿。

(5)强行回购退出:事先签订回购条约或对赌条约,当投资者强行要求创始团队或者管理层溢价或平价回购投资人的股份时,可以采用强制回购方式。

九、团队介绍

(一)团队名称、口号与宗旨

团队名称:变色龙墙绘。

团队口号:唤醒你的墙!

团队宗旨:"让艺术的阳光照耀在空间的每个角落。"

(二)公司组织结构及人力资源配置

1. 公司组织结构及职责

(1)公司组织结构如图 6-20 所示。

(2)公司职责及简介见表 6-6。

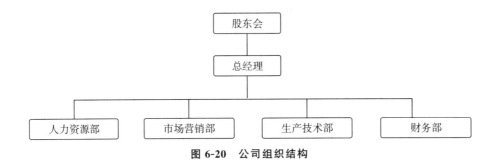

图 6-20　公司组织结构

表 6-6　公司职责及简介

成　员	公司职务	简　介
（组长）	总经理	2015 届美术学院优秀毕业生,拥有扎实的艺术设计基础,为本公司的墙绘业务提供指导性策略,具备丰富的墙绘创意想法
（组员）	产品部经理	产品设计专业,学生全媒体中心设计部部长;优秀学生奖学金（单项奖学金）获得者
（组员）	市场营销总监	多次获国家级、省级奖学金和三好学生称号;第四届福建省"互联网＋"大学生创新创业大赛"青年红色筑梦之旅"赛道金奖
（组员）	财务部经理	财务管理专业,具备较强的财务基础,通过相关专业考试,如初级会计师等,EVC 模拟财务大赛获得三等奖;销售大赛团体"最佳创意奖";院财务处助理团成员

2. 人力资源配置

由于墙绘工作量大,需要大量手绘及懂得相关技术的人才,因此营销部门需配置充足的人力资源。人力资源部需长期为公司团队进行人员的招聘与培训,以确保墙绘任务在指定时间里高质量完成。

（2019 年 7 月）

案例 4　盟买萌宠——聚焦直播带货,打造内容原创

项目概况

本项目围绕互联网及移动互联网,以新媒体代运营、直播带货等变现为助力,旨在通过原创短视频内容的高质量创作,孵化专属团队的新媒体 IP,再通过与线下渠道的结合,打造专属 IP 的品牌化商品,实现 IP 品牌化商业裂变。

团队于 2020 年正式组建成立,曾获第三届全国大学生创新创业实践联盟年会暨第四届双创实践新技术高峰论坛大学生创新创业实践案例评比"优秀案例"奖项、第四届"中国创翼"创业创新大赛××赛区省级选拔赛主题赛创新组优胜奖、第四届"中国创翼"创业创新大赛××市选拔赛主体赛创新组二等奖,累计获取收益 185.21 万元,其中直播带货佣金获益 144.46 万元,平台流量收益 29.63 万元。目前,团队打造短视频作品 1271 条,获取粉丝超过 85 万人,视频累计播放量达 13.56 亿次,单条视频播放超过1000 万次,且多条视频破百万播放量,并获得 Bilibili 平台热门收录。

团队业务以短视频内容制作为主线,辅之以直播带货、抖音等账号代运营及宣传短片接拍业务为辅。团队在开拓平台账号代运营与企业宣传片接拍业务方面收益颇丰,同××食府等多家企业达成初步合作,预计可获收益 39 万元。此外,团队同××创作空间在孵团队中关于优质原创内容海外(YouTube)代运营方面也达成初步合作意向,同多家餐饮企业正在洽谈抖音账号代运营的业务。

互联网时代急需打造版权交易概念,原创内容要求我们更应注重版权的保护。目前,团队在注册公司的同时,正计划申请多个原创账号的商标版权,以保障项目版权得到法律充分保护。

网络媒体以一种全新的姿态呈现在人们面前并向传统媒体行业发起挑战,我们逢机而入,抓住商机。未来,我们的项目前景依旧非常可观,盈利空间也是非常巨大的。

一、项目介绍

本团队于 2020 年 6 月正式组建成立,以原创短视频内容创作、直播带货、新媒体账号代运营及企业宣传片等接拍为主营业务,旨在通过对新媒体 IP 的打造,整合线下资源来实现 IP 的品牌化商业裂变。出于项目未来良性发展考虑,目前团队已提交公司(××传媒有限公司)注册申请。

团队依靠短视频创作、直播带货等业务,累计获益 185.21 万元,与数家企业已达成商业合作。团队成员优秀,早在团队成立之前就已有丰富的新媒体原创内容制作工作经验,在素材抓取上,具备大众流行元素的独到判断;在视频拍摄及剪辑方面经验丰富。

二、市场背景分析

(一)市场现状

自 2011 年起,随着国内互联网的飞速发展,诸如 papi 酱、李子柒、李佳琦等网红 IP迅速崛起。短视频行业在历经 9 年的蓬勃发展后,渐入商业化成熟期,但这并不意味着新媒体行业已无新人跻身之地。

从较早的《万万没想到》、papi 酱,到时下最热的李子柒、李佳琦等网红 IP,新媒体一直在历经着更新换代。换言之,一个 IP 能否崛起并存续,资本固然是因素之一,但关键还在于能否持续输出优质短视频内容,即只要持续输出优质短视频内容,就算是新人,也能在这一行业占据一席之地。

据中国互联网络信息中心（China Internet Network Information Center，CNNIC）发布的第 44 次《中国互联网络发展状况统计报告》统计，截至 2019 年 6 月我国网民规模达 8.54 亿,普及率高达 61.2%,并且预计在接下来的几年还会持续走高,短视频用户规模将持续扩大。在当前短视频整体移动互联网用户渗透率仍还较低、用户红利尚未饱和的情况下,无疑为新媒体创业者提供了足够的可挖掘空间。

以头条为例,就未来 5 年各大平台都陆续着手在线支付、流量转化、内容变现来看,自媒体未来的发展趋势是:专业用户生产内容（professional user-generated content，PUGC）+垂直内容+内容付费+长内容+短内容+长视频+短视频+电商+付费社群的多重组合思路。也就是说,新媒体平台的变现机会将越来越多。

（二）行业发展痛点

随着国内新媒体社交平台的蓬勃发展,新媒体团队也如雨后春笋般跻身在新媒体行业之中。但近年来,受平台利益等多种因素驱使,不少新媒体团队为了快速获取点击量,盲目跟风克隆,甚至不惜以低俗博取大众的眼球。市场上新媒体 IP 虽然越来越多,但短视频内容的创作存在大范围同质化、低俗化内容问题。

此外,当前大多数新媒体 IP 局限于平台流量、商业推广及单纯的电商变现模式,对垂直领域深耕以及 IP 品牌化价值的挖掘依旧薄弱。

三、发展战略

（一）商业模式

项目围绕互联网及移动互联网,以优质原创短视频创作打造专属团队的新媒体 IP 为主线,辅之以直播带货、抖音等账号代运营及接拍企业宣传片等业务变现反哺新媒体 IP 的打造,再通过与线下渠道的融合,打造专属于 IP 的品牌化商品,以实现 IP 的品牌化商业裂变（图 6-21）。

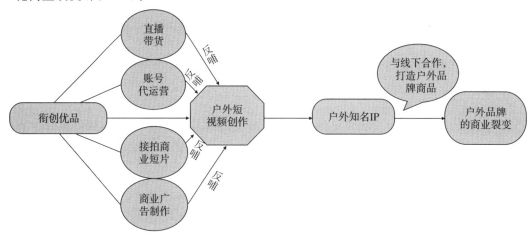

图 6-21　商业模式分解流程

（二）主营业务

团队主要以原创短视频内容创作、直播带货、抖音等账号代运营及接拍企业宣传片为主营业务。

1. 原创短视频内容创作

通过拍摄户外美食、萌宠、美妆、情感等类型的优质原创视频,打造专属于团队的新媒体 IP。

2. 直播带货接单

通过与供货商达成商业合作,利用抖音、快手等直播平台为粉丝近距离展示商品,并给予咨询答复,为企业提供最直接的推广服务。

3. 抖音等账号代运营服务

以线下实体企业为抖音等账号代运营主要客户群体,通过提供从 IP 注册到短视频内容制作、日常策划、运营等"一条龙"代运营服务(图 6-22),为客户实现对目标受众资源的精准化挖掘和规模化积累,助力目标受众对客户品牌价值认同的树立。

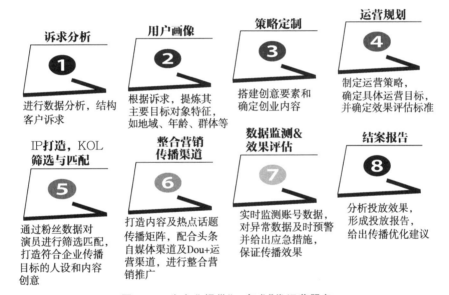

图 6-22　为企业提供"一条龙"代运营服务

4. 接拍宣传短片

以拍摄视频广告、企业宣传片等方式,面向电视台、视频网站、视频 App 及微信自媒体大号提供原创内容,以配合各平台营销模式,为企业提供必需的品牌推广服务。

（三）战略目标

依据经营理念,团队的发展主要分为生存期、成长期和成熟期 3 个阶段。对于各个阶段所应完成的战略目标要求如图 6-23 所示。

图 6-23 项目各阶段战略目标分解

1. 生存期

打造一个原创 IP 所需时间、资金成本相对较高,在原创 IP 能够独立盈利之前,需要注入足够多的时间和资金。故而,如何汇聚资金支撑原创 IP 持续输出优质作品是这个阶段的关键。

在此阶段,团队计划通过二次创作内容、直播带货、国内外平台代运营、接拍线下企业宣传片等多种业务变现方式汇聚资金,以反哺原创 IP 的打造,令原创 IP 至少实现自我造血(独立盈利)。

目前,团队正处于项目生存期。为了避免过度依赖平台流量分成和商业推广等较为单一的变现模式,团队在加速原创 IP 账号打造的同时,积极开拓直播带货业务,团队累计获取带货佣金 144.46 万元。此外,团队还积极开拓国内外平台账号代运营业务,同多家企业已达成合作协议。

2. 成长期

原创 IP 能够凭借自身盈利独立存活并不意味着该 IP 已具备品牌效应。在成长期阶段,团队的主要方向在于继续精细化原创 IP 作品的优质化输出,深耕 IP 垂直领域,培养、汇聚更多信任 IP 的共同属性粉丝群体。在这一阶段,团队至少应具备一个成熟的知名原创 IP。

3. 成熟期

通过与线下厂商合作等形式整合资源,融汇线上、线下渠道,在保证原创作品继续精化的同时,潜移默化植入品牌商品,实现至少一个新媒体 IP 的品牌化裂变。

四、项目的产品形式

本项目产品以原创短视频账号为主,辅之以直播带货、抖音代运营账号、商业广告、企业宣传片等。

(一)原创短视频账号

团队现于抖音、今日头条、快手、全民小视频皆有运营账号,到目前为止,各原创账号发展情况已十分稳定,累计获取粉丝 85 万人,曝光量破 10 亿次,具有一定影响力。

1. 户外美食类

以当地文化为依托,融合时下汉服流行元素,以戏剧化剧情展开户外美食享受,富于独特性。

2. 萌宠类

结合时下"撸猫"热潮,讲述动物出现的"哭笑不得"的暖心日常生活。

(二)直播带货

积极参与各项助力乡村振兴直播活动,打造专业直播梯队,累计带货本地农产品数百种品类。

2020年期间曾参与由省级主办的"闽山闽水物华新""×××第二届文旅康养博览会"等多场省市级本地特色好物直播策划。其中,单场曝光量达550万次,销售额破84.3万元。目前团队通过直播带货获益144.46万元。

(三)账号代运营

目前团队同××科技有限公司、××有限公司等多家企业已达成账号代运营及企业宣传片接拍的初步合作,和多家如××乡村柴火鸡等实体餐饮店铺正在接洽相关代运营业务合作,预计获益39万元。

(四)宣传短片

团队为本地美食、美景拍摄多条公益性宣传短片,并获得"乡货打擂台"抖音赛区一等奖等多个奖项。

五、核心竞争力与竞争分析

(一)核心竞争力

(1)在原创短视频内容制作方面,团队成员具备极为丰富的工作经验。团队累计播放量超13.56亿次,其中单条视频播放量超过1000万次,且多条视频被Bilibili平台热门收录。直至目前,团队共计获取粉丝量超过85万人,累计获取平台流量收益29.63万元。

(2)在直播带货业务方面,积极打造专业的直播梯队。团队通过直播带货,累计获取佣金收益144.46万元,直播销售商品种类达数百种之多。

此外,团队积极响应国家"乡村振兴"政策,先后为××杨梅及××柑橘果农无偿提供直播带货。

(3)积极开拓抖音等平台账号代运营、宣传短片接拍业务。目前团队同××食府等多家企业已达成账号代运营的初步合作,预计获益39万元。同××食府、××贸易有限公司两家企业也达成拍摄宣传短片商业合作,预计可获益3万元。

(4)与××创作空间在账号孵化及商务上有良好的合作往来。在账号孵化方面,团队参加了××内部"追光计划"的孵化,有行业前辈的专业指导。

(5)有优秀的团队后备力量助力原创优质内容持续性输出。在孵化新媒体IP过程中,优质原创内容的持续输出极为关键,而持续输出的核心是创意。项目成员主要以大学生为主,这个群体拥有最活跃的思维和极强的学习能力,加上团队几年的自媒体领域的创作经验,让创意成为本项目的强大优势。

此外,团队与××创作空间(简称"空间")达成 MCN 代扶持合作意向,通过"空间"推荐培训、赛事孵化的优质内容创作者到团队,形成团队人才良性流动,这也无疑为本项目的发展提供了保障。

(二)竞争分析

本项目与当前市场常规的新媒体项目对比,主要有以下几大优势(图 6-24)。

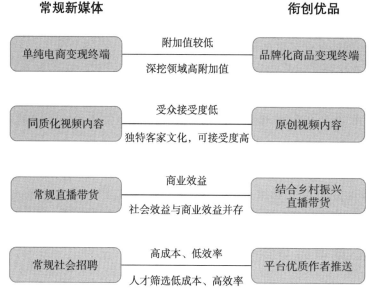

图 6-24　本项目与市场上常规新媒体项目对比分析

1. 品牌化变现终端附加值高

市场上常规的新媒体项目多以单纯的电商变现为终端,而本项目并不止步于此,而是以 IP 品牌化商品的电商变现为终端。较之常规的电商变现方式,对垂直领域有更深的挖掘,具有更高的附加值(图 6-25)。

图 6-25　不同变现方式附加值大小比较分析

2. 创意独特,受众认可度高

当前市场上常规的新媒体项目内容趋于同质化,而本项目(以户外美食账号为例)以当地文化为依托,融合时下汉服流行元素,以戏剧化剧情展开户外美食享受,创意独特,观众认可度高。

3. 直播带货助力"乡村振兴",社会效益与经济效益兼具

项目策划以村落、乡镇为单位打造直播账号,通过实地直播的方式为本地农户滞销农产品提供线上渠道并面向全国销货。较之市场上常规的新媒体项目直播带货,本项目兼具社会与经济双重效益。

4. 团队人才筛选成本低,效率高

团队与××创作空间(简称"空间")达成 MCN 代扶持合作意向,旨在通过"空间"推荐培训、赛事孵化的优质内容创作者到团队,形成团队内部人才的良性流动。较之市场上常规新媒体团队的社会招聘,本项目精准定位人才,具备低成本、高效率的优势。

六、核心团队

(一)项目负责人

(1)统管短视频内容总策划、团队日常管理、战略发展方向与市场职务分析。

(2)参与××创作空间主办"我是新主播"挑战赛获得金牌主播。

(3)带领团队获粉 85 万人,累计获益 185.21 万元。

(二)行政总监

(1)负责人事日常管理与账号的运营(联合创始人)。

(2)参与新媒体赛事,获得"最美大学生宣传者"荣誉。

(3)有 2 年以上的公众号、B 站、头条等平台运营经验,1 年以上行政人事管理经验。

(4)打造优质抖音账号,最高获粉 58.9 万人。

(三)销售总监

(1)统管直播带货、主播梯队的带队与产品销售。

(2)辅助团队打造直播梯队,有丰富的主播培养经验。

(3)带领直播梯队,获取佣金 144.46 万元。

(四)技术总监

(1)统管短视频后期及直播平台技术问题。

(2)从事 3 年以上影视后期工作,有丰富短视频剪辑等技术经验。

(3)作品曾获"××乡村打擂台"西瓜赛区一等奖 1 项和抖音赛区三等奖 2 项。

七、财务现状与预测

(一)财务现状

团队成立至今总获益 185.21 万元,其中平台流量变现 29.63 万元,平台直播带货佣金 144.46 万元。

(二)业绩预测

1. 投入预测

鉴于团队目前属于建立初期,预计未来 3 年在硬件、软件、人员及运营推广方面财务支出见表 6-7。

表 6-7　2021—2023 年项目投入预测

年份	硬件投入	软件投入	人员支出	运营推广	总支出
2021 年	14 万元	2 万元	30.6 万元	1 万元	47.6 万元
2022 年	12.7 万元	5.4 万元	48.6 万元	3 万元	69.7 万元
2023 年	10.7 万元	9.1 万元	59.4 万元	4 万元	83.2 万元

2. 收入预测

2021 年,鉴于团队处于建立初期,主要以短视频平台流量收益、直播带货、账号代运营及宣传短片接拍业务变现为主,预计获取平台流量收益 2.8 万元/月,直播带货收益 14.5 万元/月,账号代运营收益 2 万元/月,接拍宣传短片收益 1 万元/月,全年累计收入 243.6 万元,再扣除当年软硬件等投入 47.6 万元,预测可获毛利 196 万元。

2022 年,团队通过原创 IP 持续输出优质作品,拥有基本成形的原创 IP,开始走向电商变现加入团队盈利途径。预计该年团队获取电商收益 8 万元/月,平台流量收益 3.6 万元/月,直播带货收益 20 万元/月,账号代运营收益 4.75 万元/月,接拍宣传短片收益 1.5 万元/月,全年累计收入 454.2 万元,再扣除当年软硬件等投入 69.7 万元,预测可获毛利 384.5 万元。

2023 年,团队至少一个知名原创 IP 形成,通过与线下渠道结合,开始走向 IP 品牌化电商变现。预计该年团队获取电商收益 13 万元/月,平台流量收益 6 万元/月,直播带货收益 28 万元/月,账号代运营收益 9 万元/月,接拍宣传短片收益 3 万元/月,全年累计收入 708 万元,再扣除当年软硬件等投入 83.2 万元,预测可获毛利 624.8 万元。

八、融资方案

团队近期已提交注册公司申请,针对未来原创 IP 品牌化发展所需资金,计划与当前市场上成熟的 MCN 公司达成合作,出让公司 15％股权融资 300 万元,用于品牌商品营销推广、人才引进及直播基地改造,以加速新媒体 IP 的品牌化商业裂变。

九、经营风险与对策

(一)风险预测

1. 市场风险

现阶段,团队收入主要以平台流量分成和直播带货收益为主,变现模式单一,受平台政策影响大。商家在对自家产品寻找推广时往往会与多个短视频博主合作,这意味着推广的内容必须在众多带货视频中最大程度地吸引消费者,寻求利益最大化,所以我们的带货视频必须做到真诚、有吸引力且有自己的特色。

2. 管理风险

团队成员多为年轻大学生,创业抗压能力较弱。内部分工协调如果不合理,不仅会导致团队内部运转混乱,更严重的还可能直接让团队面临解体的风险。且人员工资不能太低,要适量提高,以合乎现代社会的消费水平调整人员工资,否则将会出现员工跳槽、人才流失的情况。

3. 行业风险

团队打造原创 IP,在持续输出原创作品的过程中,极可能在某个环节涉及侵犯他人版权等问题。随着抖音等短视频平台管理日渐完善,视频审核更加严格,所以一定要遵守国家规定,注意所发视频的内容合理性,即便是互联网也不能随心所欲,所言所行要合乎法律。

（二）应对措施

1. 拓宽多种变现模式,逐步摆脱平台依赖

加速原创 IP 打造,积极开拓抖音等账号代运营、宣传短片接拍等方面的业务,试图以多种变现模式,摆脱对平台的过度依赖。长期输出优质的作品,留住属于自己粉丝的影响,降低被其他商家替代的风险。

2. 明确分工,加强团队创业抗压能力

团队进一步明确各组别分工,在对成员柔软化、扁平化管理的同时,加强内部决策的专业性和科学性。加强团队成员的心理建设,视各成员工作内容及时调整薪资,在条件允许的情况下,最大程度地给员工较高的工资和福利。

3. 加强法律知识建设

面向成员定期开展法律知识培训,尤其是有关知识产权方面的法律知识培训。严格遵守相关法律,严格要求团队工作人员。

十、助力乡村振兴与当地文化对外宣传

团队积极响应国家"乡村振兴"政策,策划以村落、乡镇为单位打造直播账号,通过实地直播的方式为本地农户的滞销农产品提供线上销售渠道,以助力乡村振兴。目前,团队与××市的部分村已达成初步合作意向,将在 2021 年 8 月深入实地选品洽谈合作意向。

（2021 年 8 月）

案例5 "福力购"——开启一站式购物新业态

项目概述

本项目打造福力购网购平台,打破市场痛点,符合网购用户需求。项目运营过程中,福力购链接到多平台的商品,让消费者实现一站式购物,并且通过端口授权全面提取各平台的优惠券(包含大额隐藏的优惠券),消费者购物实现巨优惠,还有"消费赚""分享赚""阅读赚"等福利功能,让用户购物过程中赚取红利。同时福力购还设有创业直销平台,不仅免费为社会提供创业盈利平台,差异化的设计还吸引了更多用户流量。

本项目 App 已经拥有 2 项软件著作权,24 项作品版权,掌握了项目的核心技术。2018 年 9 月至 2019 年 3 月,软件的安装下载量已有 51.0785 万次,项目主营订单总额为 1536.4167 万元。项目软件于 2018 年 9 月召开新闻发布会正式上线。项目运营现状良好,投资回收期短,具有良好的效益。

一、市场背景

(一)市场分析

近年来,中国互联网行业不断发展壮大,互联网普及率逐年提高,网民特别是手机网民人数呈现快速上升趋势。截至 2018 年 12 月,我国互联网普及率达 59.6%,网民规模为 8.29 亿,其中手机网民占比达 98.6%。

在互联网行业迅猛发展的大背景之下,中国网购市场迅速崛起。近 8 年来,中国网络市场购物总值与人均年度消费额不断上升,购物总值从 2011 年的 0.8 万亿元飙升到了 2018 年的 7.5 万亿元,整体上升幅度达到 837%;网络购物人均年度消费额也从 2011 年的 4045 元上升到了 2018 年的 14240.7 元,整体上升幅度达到了 250%。网购市场以惊人的速度迅速扩张。

近 7 年来,中国网购市场一直在发生变化,移动端交易规模与 PC 端交易规模相比,从 2012 的占比 9.1%一路狂飙上升到了 2018 年的 75%。

随着互联网的发展,在中国选择网购的人数越来越多,网购市场巨大并将持续扩大。而其中由于手机的便利性越来越高,用户越来越偏爱于使用手机进行网络购物,从而使手机端交易的规模也越来越大,这就为福力购这个 App 的开发提供了良好的环境。

（二）竞品分析

现在市场上与福力购软件相似的优惠券软件共有235款，其中1 MB以下的软件共有9个，软件很小，下载安装很方便。但是，由于体积限制，功能较少，仅支持淘宝、天猫的优惠券，更新较慢，并且不支持返利这些功能。

对10款发展最好的软件进行特色分析：这10款App大小在5.06～26.30 MB，单个软件下载量最高的为1.68亿次，具有较多的功能板块，这些软件都接入了淘宝、天猫端口，其中有6款接入了京东端口，接入唯品会端口的有3款软件，接入拼多多端口的软件数量为0，另外还有两款软件接入了聚美优品端口。这10款软件中，6款软件有返利政策，4款软件提供优惠政策和奖励。

这些软件没有一款可以链接到现在所有的商城，并且可以给用户消费福利的软件也比较少。

（三）市场痛点

(1)购物平台太多，切换平台购物造成购物不便，并且软件过多还会造成手机内存臃肿。

(2)市面上存在的优惠券一般来说面值小、数量少，无法让消费者真正享受优惠购物，成为用户购物壁垒，不利于网购市场的发展。

(3)消费福利少，能够给消费者福利（如返利、分享赚、阅读赚）的平台少，不能激发用户消费热情。

(4)目前，网购平台创业还存在门槛，经营网店需要一定的资金以及经营网店的技术，给有心创业开网店的创业者带来一定的困扰，成为创业壁垒。

二、项目产品与特点

（一）产品简介

(1)福力购可以链接到16个平台的商品，包含淘宝、天猫、京东、唯品会、拼多多等热门网购平台，消费者在福力购上就可以买到多个平台的商品，实现一站式购物，不需要下载安装多个软件，还能为手机节省内存，购物更加省时省力。

(2)多平台端口授权链接，全面提取优惠券，3.5亿款商品实现优惠，不仅包含小额易见的普通优惠券，还包含商家内部非公开的大额隐藏优惠券，真正让消费者享受优惠购物，带动整个网购市场的发展。

(3)针对消费市场给到用户福利较少的痛点，福力购平台为用户准备了多种福利，消费赚、分享赚、阅读赚，每种福利功能都能让消费者轻松赚钱，只要登录福力购就能实现收益。

(4)福力购开设免费直销平台，轻松开店无需资金，用户可以免费在平台上面开设网店，平台不会收取任何服务费用。免费创业开店零门槛，直销产品带动经济发展，差异化的设计还能为平台吸引用户流量。

（二）福力购的功能架构

1. 商品体系

App拥有海量经过过滤筛选的优质商品，可以链接到淘宝、天猫、拼多多、唯品会、京东等16个大型热门购物平台的商品，让消费者实现一站式购物，再也不用下载多个购物软件。一站式购物让购物更加省时、省力并且能省手机内存，击破市场平台多购物不便的痛点。

平台商品经处理分析后形成具有精细分类、方便挑选功能的"十大分类"商品，具有品牌爆款、淘抢购、白菜价、官方推荐等六大类"特色分类"商品，商品体系完整，海量商品种类丰富。

值得一提的是，福力购里面的商品都是端口获取，商品信息实时更新，商品体系强大，让用户尽享购物。

2. 福利派

福利派通过端口授权链接，提取16个大型网购平台的优惠券，种类齐全，3.5亿款商品款款优惠，其中包含了商家内部非公开的大额优惠券，让消费者优惠购物，买得越多省得越多。

福力购还针对消费福利少的市场痛点，设置多种消费福利，首先是"消费赚"的功能让用户消费后可返利35%的佣金，只要购物就能赚钱。其次是"分享赚"的功能，用户分享平台的商品就能赚取10%的商家所设佣金。"消费赚"和"分享赚"总共可以让用户赚取45%的商品佣金。同时平台还有大量实时更新的商品广告文章供用户阅读，一键阅读就能赚取20金币，分享后还能再赚40金币，100金币就能兑换1元人民币。"阅读赚"的功能让用户可以分享平台30%的广告费用，轻松赚钱。

还有大量免费的分享素材帮助用户分享商品及广告，代替他们"说话"，让分享变得更加简单和快捷。

3. 创业直销平台

福力购App为免费创业公益平台，任何平台用户均可借助福力购的平台去推广、销售自己的产品，平台是不会收取任何服务费用的。也就是说，用户可以在福力购上免费开店。

平台采取的是用户直销的方法销售产品，如果是销售农产品或者是一些地方特色产品的农民商户，就可以赚取更多的钱，因为产品直销不会有中间商赚取差价。

在经营管理店铺这一块，考虑到现在有很大一部分的网购创业者不懂如何经营管理店铺（有些是碍于网络操作技术的欠缺，有些是没有专门的客服提供服务），福力购打造了可视化的操作界面，用户简单拍摄商品内容，内容完全自定义，按照软件上面显示的操作步骤在直销板块上传商品视频之后，就可以完成对产品的宣传推广，不需要太多的技术与经验也可以轻松做到。而在销售服务这一块,福力购没有采用让店家与消费者在平台沟通,而是采用现在普遍的电话和微信联系,客服服务难度系数低,不需要专门的客服就可以经营店铺。

(三)福力购功能特点

1. 特色一:一站式购物

福力购拥有强大的商品体系,可以链接到淘宝、唯品会、京东、拼多多等 16 个大型热门购物平台的商品,商品还进行了十大分类以及六大特色分类,让消费者一站购物,尽享所有,更加方便和快捷。

2. 特色二:巨优惠

福力购通过端口授权全面提取多平台的优惠券,以及商家非公开的大额优惠券,现在淘宝、拼多多、天猫、京东、唯品会等网络商城中的商家,为了宣传引流,会公开或半公开地发布一些优惠券链接,而这些优惠券基本上是有针对性发布的,并不是所有的消费者都可以拿到,一般都是隐藏的;而且因为是亏本冲量,数量和时间都是有限制的。只有在优惠券有效期内领取并使用,才能享受到这样的优惠政策;如果在有效时间内,优惠券被领完了,那也是无法领取的。

福力购通过端口授权将所有的优惠券链接提取到 App,消费者选择商品后,点击领取优惠券、提交订单就可完成优惠购买,一键购物,尽享优惠。

消费者在购物过程当中享受巨额优惠,平台用户人均年优惠金额可达到 4000 多元,而其他类似软件人均年优惠金额只有 1000 元左右。在这个过程当中,平台、卖家、买家都获得了相应的利益。

3. 特色三:消费赚

平台用户消费后即可返利商家设置此件商品佣金的 35%,其他购物软件一般只能返利 10%,福力购返利更高,只要消费就能赚钱。例如,购买了佣金为 8.82 元的机器人后,就可返利 3.087 元。

4. 特色四:分享赚

平台用户只需要把商品分享给好友,并且好友通过他的链接在福力购完成购买,用户就可以赚取 10% 的商品佣金。例如,佣金为 48.3 元的补水套装分享后就可赚取 4.83 元,佣金为 37.38 元豆浆分享后就可赚 3.738 元。

5. 特色五:阅读赚

福力购平台有很多商品广告和文章,用户可在"福利派"板块点击进行阅读浏览,简单 3 秒阅读就可领取 20 金币,分享后还能再赚 40 金币,通过简单快捷的操作就可以把金币兑换成人民币,每 100 金币折合 1 元现金,而其他相似软件一般 1000 金币以上才能兑换 1 元,相差超过 10 倍。

6. 特色六:创业直销平台

福力购的创业直销平台可以让用户免费在平台上面开店,提供创业盈利平台。其优点如下：

(1)创业免费无门槛：用户在平台经过实名认证，缴纳低额度的信用保证金，信用良好的用户 3 个月之后可以退还保证金。

(2)渠道丰富：可以免费、简单、快捷、直观地上传想要出售的商品视频，经由平台自动生成分享链接，分享到微信、微博、QQ 等。

(3)快速销售：避免农(商)户开网店、做微商的各种烦琐和困难。消费者可以通过平台或链接看到视频直接联系到农(商)户进行购买，极大地方便和促进了农副产品的直接销售。

三、项目创新

（一）技术创新

(1)端口授权链接，链接到 16 个热门购物平台的商品，实现一站式购物。

(2)设有农商直销平台这一差异化的设计，为平台吸引用户流量。

（二）用户体验创新

(1)一站式购物让用户更加方便。

(2)全面大额的优惠券让用户实现优惠购物，3.5 亿款商品款款优惠。

(3)消费赚、分享赚、阅读赚等福利功能让消费者在购物过程中实现收入赚取 45% 的商品佣金和赚取 30% 的广告费用。

(4)创业直销平台支持创业，给用户提供了免费的创业盈利平台。

四、独立自主的知识产权

（一）拥有独立自主的软件著作权

本项目已经拥有"福力购农户直销销售平台"和"福力购客户分享赚、一站式购物平台"两项计算机软件著作权。

（二）拥有独立自主的版权

本项目已经拥有 24 个项目版权。

五、项目运营

（一）商业模式

(1)商家：将自己需要推广的商品链接到网络，设置好每卖出一份商品愿意支付的佣金，制作出优惠券，并且在平台投放广告，支付广告费用。

(2)福力购 App：通过商家在平台发布优惠券，帮助商家推广宣传产品，成功推广并完成商品销售时，可以获取 55% 的商品佣金，未达成销售时即当作免费宣传。

(3)消费者:使用优惠券,享受购物优惠,并且通过消费赚、阅读赚的功能,分别赚取35%的佣金、10%的佣金。阅读和分享商品广告赚30%的广告费用,轻松实现优惠与盈利。

(4)用户:经平台免费创业直销功能以及平台自动生成的分享链接,多渠道进行销售。与消费者直接联系,极大地方便和促进了产品的直接销售。

通过这样一套体系,商家卖出自己的商品,店铺得到推广,获得了利润;福力购赚取了55%佣金;消费者获得了优惠和分佣;平台农商户简单快速地直销农产品,四方均有获利,形成了一个良性循环(图6-26)。

三者之间形成良好循环
项目能可持续发展

商家
发放优惠券,设置商品
佣金;发放商品广告

用户
领券优惠购;消费和分享
共可赚45%的佣金;
阅读和分享广告赚30%
广告费

平台
宣传推广优惠券,
赚取55%的佣金;
投放广告,赚70%的
广告费

图 6-26 项目的盈利模式

(二)项目推广营销模式

1. 举办新闻发布会

为了更好地宣传推广,福力购在2018年举办了软件上线发布会,邀请业界专业人士和各级专家领导共同见证软件的成功上线。电视台对此次新闻发布会进行了宣传报道,并且各界人士也对该产品广为称赞。福力购由此打开了网购市场的大门。

2. 举办推广活动

福力购大力推广软件,举办福力购送福利活动,只要扫二维码安装福力购,就赠送精美的礼品,吸引了大量用户安装使用福力购 App。

3. 直销平台创业培训

我们开展了农商户培训,让那些对互联网行业不熟悉的、对线上操作卖产品不熟练的创业者特别是农民,能更好地利用现有的资源,更好地为创业提升经济效益。

4. 投放宣传视频

福力购团队成员自己制作了项目的宣传视频,全方位快速展现团队成果和软件功能。以视频的方式宣传更为网民所喜爱。

5. 制作公众号

福力购公众号经常发送一些有关购物的推文,生活好物、穿衣搭配、优惠券发放等应有尽有,用户通过微信公众号了解到福利购软件,由此进行下载安装,公众号为平台积累了一定的客户流量。

6. 制作免费表情包

制作"小福的日常表情包"供各软件平台免费使用,小福以生动可爱的形象给用户留下深刻的印象,是福力购的宣传门面,吸引了众多网民前来下载使用福力购。

(三)盈利模式

1. 佣金赚取

商家将商品上传平台后,会对商品的优惠券金额进行设置,同时设置商品的推广佣金。

2. 广告费用

商家福力购设置多个广告位,并且精准投放广告,按照一个月 1800 元,一个季度打八折收取广告费。

六、财务分析

(一)经济效益

2018 年,软件的订单总额达 1536.4167 万元。

(二)社会效益

福力购为社会提供了免费的创业盈利平台,促进了就业,带动了农商户经济的发展。团队成员还进行了相关的社会实践以及农商培训,累计培训农户 200 多名,免费为农户注册开店 38 家。

七、项目团队

(1)总经理:曾获讲解员大赛一等奖、专业技能授课大赛一等奖、2019 年全国大学生生命科学创新创业大赛三等奖,获"优秀共青团员"等荣誉称号。

(2)副总经理:曾获全国第二届中华职业教育创新创业大赛金奖、2018 年福建省"网龙杯"互联网+大学生创新创业大赛银奖。

(3)技术总监:曾获 2019 年全国大学生生命科学创新创业大赛三等奖、"百家号"杯知识竞赛校级优秀奖、院级辩论比赛一等奖、院级演讲比赛二等奖、院级趣味运动会三等奖。

(4)项目总监:曾获院级生物模型制作大赛三等奖,获 2019 年全国大学生生命科学创新创业大赛三等奖。

(5)招商运营:曾获校级"优秀共青团员"等荣誉称号,获照片故事集设计比赛三等奖、生物模型制作大赛三等奖。

(6)推广:曾多次在头条学院中学习并且在上千名学员中获得"杰出学员"荣誉称

号,在市级新媒体创作大赛中获得"西瓜视频探店者"称号。

八、股权架构

项目负责人占 32% 的股权,两位股东总占 53% 的股权,团队占 15% 的股权。接下来计划出让 10% 的股权,融资 1000 万元,用于推广和自主品牌的建设。

九、发展计划

目前项目已经有了初步的商业模式,接下来希望在 2019 年能够更加快速地拓展业务,提升业绩,实现用户突破 500 万人,销售额突破一个亿的目标。

除了在用户和销售额方面上的发展规划,我们将会更加重视打造自主品牌,在持之以恒的品牌建设中,将品牌 IP 化,锻造自主 IP 商城,让福力购平台的用户都能够对我们的平台有所认可,让更多的人认识福力购的与众不同,在使用时能够让他们产生归属感,在购物时能够想到使用福力购,在精准扶贫问题上能够想到福力购,真正做到将我们这个项目推广出去。

在融资方面,我们希望能够找到有投资意愿的天使投资人,进行天使融资。公司计划出让 10% 的股权,获得 1000 万元的融资,这些资金将主要被用于推广和进行自主品牌的建设,帮助公司项目快速发展。

(2019 年 4 月)

案例 6　源生活——文创赋能产业,内容创造价值

项目概况

本项目涉及的内容主要是短视频编排、拍摄、制作和短视频账号的运营。现运营短视频账号 30 余个,全网累计粉丝量达 300 多万人,全网总曝光量超 10 亿次,抖音总曝光量超 5 亿次。其中,抖音账号粉丝数超 20 万人账号有 5 个,抖音账号"大××"总曝光量最高,达 27906 万次;抖音账号"张××"粉丝量高达 146.9 万人、获赞 860.8 万个、总曝光量超过 2 亿次。此外,曝光量超过 500 万次的作品有 19 个,单个作品最高曝光量高达 7658.6 万次。在今日头条平台上发表头条数共计 1486 条,共获 409.8 万个赞。

本团队在 2019 年 12 月与××房地产集团有限公司签订"房产社区配套宣传视频制作"合同,价值 54530 元。除此之外,还与北京××科技有限公司、龙岩市××影视文

化传媒有限公司、××(厦门)集团有限公司等大中小企业合作。2019年项目运营已获净利润80余万元。

本团队已入驻××大学生创新创业基地。团队在第二届××土楼全国抖音挑战赛中获三等奖,在第二季抖音短视频赛区中被评为"内容优质奖",在"新媒体创作大赛"年度盛典中被评为"年度杰出抖音短视频"。

此外,火山账号"基××"的优秀作品曾在火山小视频与湖北卫视联合打造栏目中展播。抖音账号"大××"作品在全国正能量话题大赛(总播放量600多亿次)排名第一。账号"张××"优秀作品在火山短剧人计划中排名第四。

一、项目背景

全面爆发的短视频行业,除了类目内的竞争此消彼长,类目之间的壁垒也已突破至多类目竞争,甚至波及直播、音乐、社交等多个行业,正逐步演变成一场产业级的零和战役。现如今,各大平台都有各自的特色优势,比如抖音的优点:让用户一进入App就沉浸在视频中,快速抓住用户,用户不用选择视频,这种视频流需要平台具有先进的推荐算法,每个推荐的视频都是用户喜欢的。

短视频的主要特点是能将视觉与听觉结合起来,在短时间内形成相对强烈的感官刺激,同时兼顾碎片时间的合理利用。短视频依靠时长短、数据流量少、即用即走的优势持续吸引大量用户,并且短视频门槛较低,较符合社会属性,用户也可以随时随地拍摄和观看短视频,使用场景更加多样化。

二、服务定位

(一)现有账号

本团队现于抖音、今日头条、快手、全民小视频皆有运营账号,发展情况已十分稳定,各大平台皆收获了一批粉丝,具有一定影响力。①抖音,共计339.1万粉丝,共获2202.4万个赞;②今日头条,发表头条数共计1486条,共获409.8万个赞;③快手,共计2.1万粉丝;④微视,共计0.2万粉丝,共获1.8781万个赞;⑤全民小视频,2万粉丝;⑥微信公众号,1.8万粉丝。各个平台粉丝量统计发现,抖音账号粉丝量相对于快手、微视、全民小视频和微信公众号这4个平台遥遥领先,符合现在短视频的时代潮流,人人刷抖音、人人听"声音"。

(二)曝光量

全网曝光量超10亿次,每个作品曝光量都在1万次以上。此外,"张××"单个作品最高曝光量高达7658.6万次,第二曝光量为4628.0万次,"大××"单个作品最高曝光量为3344.2万次,"基××"单个作品最高曝光量为613.9万次。

各平台曝光量统计显示:抖音曝光量拔得头筹,抖音"大××"账号总曝光量最高,达到 27906 万次;抖音"张××"排第二,达到 21478 万次;排第三的抖音账号曝光量为17340 万次。根据曝光量我们可以看出,视频的推广力度比较大,激发抖音用户的共鸣。

（三）广告展示

与合作公司厦门××有限公司做房产社区配套宣传;给线下商家做引流广告;其他是通过在抖音广告平台上给一些商家做的广告。

（四）橱窗带货

抖音用户急剧增长,各大明星、网红短视频带货、直播带货,使其橱窗产品日益增长,销量一夜上万件。因此,总有卖家刺激消费和买家产生从众心理,销售额也能随着短视频引流增长。

（五）区域合作

1. 代运营

现有代运营账号:××快乐育儿室、××爱佳、××珠宝行、燕××等。

2. 本地企业

××影视文化传媒有限公司、××（厦门）集团有限公司、××餐饮管理有限公司、××珠宝行、××生态旅游发展有限公司、福建××物流有限公司等。

3. 其他合作

(1)北京××科技有限公司:

注册时间:××××年。

注册资本:1000 万人民币。

公司类型:有限责任公司。

所属类别:信息科技。

主要经营范围:技术开发、技术推广、技术转让、技术咨询、技术服务等。

(2)××房地产集团有限公司:

注册时间:××××年。

注册资本:200000 万人民币。

公司类型:其他有限责任公司。

所属类别:专业房地产开发企业。

主要经营范围:房地产开发与经营及管理;房地产咨询;批发、零售建筑材料、金属材料、化工材料;装修、装饰等。

(3)北京××科技有限公司:

注册时间:××××年。

注册资本:100 万人民币。

公司类型:有限责任公司。

所属类别:科技推广和应用服务业。

主要经营范围:技术推广服务;设计、制作、代理、发布广告等。

(4)广州××网络技术有限公司:

注册时间:××××年。

注册资本:1000万人民币。

公司类型:其他有限责任公司。

所属类别:零售业。

主要经营范围:旅客票务代理、票务服务、酒店管理、代驾服务、汽车租赁、汽车援救服务等。

三、市场评估

(一)目标客户描述

人群画像:以高度依赖网络购物且有一定消费能力的女性为主,其中新一线、二线、三线城市占比较多。抖音用户新一线、三线及以下占比较大,抖音用户中女性占比为48%,抖音用户中年龄25~30岁女性占比较多。

(二)市场容量和预计市场占有率

近年来,我国短视频行业发展迅速,其中抖音App更是突出重围,占领了一席之地,不仅用户覆盖面广,日浏览量也不断上升。以抖音为例,短视频行业数据分析显示,2019年9月抖音月活跃用户数量26008.0079万人,市场容量巨大。从2019年11月—2020年6月这段时间看,抖音短视频数量产出跟以前相比是翻天覆地,因此为用户提供了更多短视频带货的机会,让用户日有所发(带货视频),夜有所得(粉丝与销售额)。

除了抖音短视频带货,抖音直播也火热上线,避免产品因疫情滞销,带动经济增长,提高经济软实力。

(三)竞争对手分析

抖音运营管理日渐完善,日活跃量超过5亿人,面对短视频行业的日益火爆,各类原创视频博主层出不穷且形式各异。所谓行行出精英,自己想要成为精英的一分子,就必须对竞争对手了如指掌,以自己的卓越特色冲破魔障。

据知情人士透露,2020年入驻企业认证的商家数量激增,目前已逼近了百万级别。但任何行业都有优胜劣汰,在竞争日趋激烈的直播电商领域,高收入实则只是少数人的游戏。但我们有足够的粉丝、足够的内容、足够的精力,所以可以成为少数人之一。

(1)公会入驻了上百万个,但有90%都是不赚钱的。因为我们人员少,生命力比较顽强,公会的优势是资源,而我们的优势是背靠今日头条创作空间,所以我们有相同的优势。

(2)与商家相比,我们能创造有价值的内容,而商家没有能力创造内容,机会比我们少。

(四)核心竞争力总结

(1)本团队在6个热门平台开发账号共16个,其中粉丝数达25万人的有10个。

（2）本团队由文化创意、产品设计、广播电视、电子商务等方面专业人才组成，架构完整、分工明确、各司其职，团队成员经验丰富，拥有较高的专业技术能力，能够较为准确地抓住行业痛点，挖掘市场需求，拓展业务空间，扬长避短，以优势取胜。

（3）本团队入驻××大学生创新创业基地，可利用基地提供的设备和场地等设施，制作出大量的原创优质作品。

（五）行业痛点分析

1. 短视频带货

（1）初次拍摄。初次拍摄即成为见习内容创作者一员，敲定个人风格，但如果没有流量，就要被淘汰；而我们作为创作者则有不一样的收获，初次出乎意料，粉丝上万人。

（2）运营粉丝。如果不及时更新短视频或视频质量欠佳则将面临掉粉，最终被淘汰，因此要深思熟虑，吸引新粉，留住老粉。

（3）盈利方式。短视频带货是把产品挂在左下方，如果视频与产品无联系或是人设不符合群众的胃口，那么变现效果将不尽如人意，沦为被淘汰的地步；而我们的视频与产品建立密切联系，从而实现变现效果，获得较高盈利。

2. 直播带货

（1）开始直播。有些创业者初次开播时，成为见习主播一员，直播风格一目了然，但是没有人看，也就是流量值为0，所以被淘汰；但我们截然不同，抖音已有粉丝300多万人，所以初次开播流量大。

（2）运营粉丝。如果很久才直播或直播质量欠佳，不受粉丝欢迎，掉粉将随之而来，最终被淘汰；而我们不存在这个问题，首先是粉丝量多，粉丝群日益壮大，其次是能吸引新粉、留住老粉。

（3）盈利方式。通过直播带货盈利，产品质量不好，性价比低，变现效果不佳，最终被淘汰；但我们卖的产品性价比高，优惠多，以最博取买家的方式盈利。

（六）三大模式

1. 内容创作模式（以产房感人故事为例）

这个故事描述了一个年轻丈夫在产房门口等待妻子生孩子，孩子生出来之后这个丈夫把孩子赶紧抱给丈夫的父亲，自己急忙跑到产房门口等待自己的妻子安全出来。

这条视频点赞量高达236.4万个。内容创作首先以剧本为起点，接着分派人物角色进行拍摄，每个视频用小小的故事牵扯出大大的情思，以小见大，引出无数人的情感共鸣。该视频通过日常生活中的点滴映衬人生哲理，体现对人生价值的思考。

2. 营销模式（以产房感人故事为例）

这个作品曝光量达7658.6万次，足以说明这条视频对抖音用户的影响巨大，流量大，从而粉丝量增加，因此产品购买人数暴涨，产品销量直线上升。

3. 变现模式

(1)短视频带货。以减肥奶茶为例,把产品挂在视频左下角,可直接点击下单购买。以流量和粉丝经济为导向,粉丝就是变现的主要来源,从粉丝的购买量上增加盈利。

(2)和相关企业合作,帮打广告等盈利。

(3)将要开做的直播带货,以视频人设开直播,把产品放到购物车供人们购买。

四、营销策略和管理

(一)营销策略

1. 服务策略

工作日的服务策略见表 6-8。

表 6-8　工作日的服务策略

服务类型	主要特征
×小草旗舰店、×滋泉、×旗舰店等(护肤品)	上架洗面奶、精华水、虾青素等,通过短视频引流,提高销售量
××食品专营店、老×家美食等(食品)	上架南瓜、柠檬、红薯、泡鸭爪、姜膏等,用美食诱惑粉丝,增加销售额,以地方特色美食打造特色产业

2. 销售渠道

项目的主要销售渠道见表 6-9。

表 6-9　项目的主要销售渠道

销售渠道种类	主要特征或作用
抖音	在短视频中为买家提供链接,通过视频引发观众共鸣,边看边买,店铺入口商品橱窗、购物车。单个视频可加入商品卡片,短视频下方显示购物车图标和商品名称,个人主页"商品橱窗"入口
今日头条	把商品挂至主页橱窗,供头条粉丝点击查看,以粉丝带动经济

(二)运营管理

1. 抖音 15 秒短视频剧本创作公式

前 5 秒创意吸引注意力,第 10 秒反转引发用户的互动,第 15 秒创意结尾保障涨粉。5 秒必现:5 秒时长内的视频素材大概率决定浏览者是否有更高的观看兴趣、互动度以及分享意愿。

"三创作":一是热点型内容,二是标签型内容,三是广告型内容。"三特点":易聚焦、易理解、易互动。

2. 抖音短视频内容创作

首先是开拍,包含防抖、闪光灯开关、摄像头切换、剪音乐、添加滤镜、倒计时、控制录制速度、准备道具、拍摄剪辑;其次是选择音乐,包含搜索、选择音乐类型,打开热门音乐,点击我的收藏等;最后是井然有序地做好之后上传视频,等待曝光量、点赞量与粉丝增长。

3. 运营5个字

策——策划,策划相应的话题内容、事件裂变活动内容等。

内——内容,即内容生产,视频等内容。

推——推广,在各类渠道与流量聚集地进行分发推广。

拉——拉新,通过前面的动作,把用户引流至平台账号。

转——转化,即转化成交,让用户购买产品产生利益。

4. 开源、节流、维持、刺激

开源即拉动新粉丝,节流即防止粉丝流失与流失用户挽回,维持即留存已有粉丝,刺激即促进粉丝活跃甚至向粉丝用户转化。

5. 循环

围绕着内容的生产和消费搭建起一个良性循环,持续提升各类跟内容相关的数据,如内容数量、内容浏览量、内容互动数、内容传播数等。

6. 生命周期模型

AARRR产品生命周期模型是运营基本都会涉及与提到的一个转化模型,AARRR是Acquisition(获客)、Activation(提高活跃)、Retention(提高留存)、Revenue(转化)、Refer(传播)这5个单词的缩写,分别对应生命周期中的5个重要环节。

五、组织状况

(一)主 体

属于创业团队,团队成员共10人。

(二)制度建设与文化建设

一切出发点都源于生活,以自身角度和群众角度出发创作内容,引发共鸣。

(三)核心成员架构与分工

项目成员概况见表6-10。

表6-10 项目成员概况

姓 名	分工、权限和责任	专业特长/核心优势	相关履历
刘××	项目负责人	善于团结和管理团队成员,大局意识强。在校期间接触过较多创新创业类比赛,思维活跃	参与的2020年××省"大学生创新创业训练计划"项目获批省级课题项目,曾被评为校"优秀共青团干部"、大学生科技创新工作先进个人等

续表

姓　名	分工、权限和责任	专业特长/核心优势	相关履历
唐××	行政总监,负责视频制作,账号运营	汉语言文学专业,文创与文秘方向,交际能力强,做事细心负责	班级团支书,参加过××省第十二期青年马克思主义培训班暨大学生创业训练营,在会展中心做过销售,在外面兼职电商3年,曾在小学支教
陈××	推广销售总监,负责客户经营,拓展市场	小学教育专业,沟通能力强,善于和商家对接与沟通,为人乐观积极,做事耐心严谨	假期时曾做过销售一职,对于产品的选择、推广方面较为了解
韦××	财务总监,负责财务	应用化学专业,熟练掌握word、excel等办公软件,具有一定的数据分析能力	在班级中担任学习委员助理,做事细心负责
陈××	技术总监,负责视频、广告的监制	产品设计专业,熟练掌握PS、PR等设计制作类软件	兼职过视频和广告制作方面的工作

(四)制作团队成员分工

要想拍摄出优质的视频内容,一个分工明确、高度配合的制作团队是必不可少的。我们通过各种途径组成了一个有编剧、导演、摄影、后期处理、演员、运营等工作岗位的制作团队。

编剧:负责团队短视频的内容创作,包括剧本内容、广告创意、协调后期视频内容等,需要足够了解短视频行业热点话题及社会流行趋势,有自己的创作风格。

导演:统筹协调整个视频拍摄过程,根据内容制作拍摄脚本,准确把控视频创作方向,协调各成员间的工作。

摄像:按照拍摄脚本开展工作,处理画面布局、灯光、演员镜头等一系列工作,确保拍摄高效完成。

后期处理:负责视频的剪辑、合成与制作,包括封面、字幕、特效等,并对各类拍摄视频及素材进行存档。

运营:负责发布短视频,对短视频各类数据进行分析,收集受众反馈,进行互动,针对视频的各项数据提出改进建议。

演员:熟悉剧本内容,掌握台词,将内容真情实感地表达出来。

团队发展运营至今,每个成员都有自己的定位,大家相互协作,共同打造精品。

六、财务规划

(一)需求与用途

1. 固定资产投资

项目固定资产见表6-11。

表 6-11　项目固定资产

名　称	数量/台	单价/元	总金额/元
多媒体设备	6	6000	36000
拍摄道具	1	8000	8000
办公家具	2	1000	2000
合计			46000

2. 流动资金需求

项目流动资金需求见表 6-12。

表 6-12　项目流动资金需求

项　目	数量/项	单价/元	总金额/元
维修费	1	15000	15000
营销费用	1	17000	17000
人工成本	1	25000	25000
其他费用	1	4000	4000
合计			61000

（二）盈利预测

项目盈利预测见表 6-13。

表 6-13　项目盈利预测

来　源	成本/万元	收入/万元	次数/月	月利润/万元	年利润/万元
直播带货	1	5	2	8	96
短视频带货	0.5	1.5	8	8	96
线下商铺广告收益	0.1	0.3	10	2	24
抖音平台广告收益	0.1	0.2	20	2	24
用户打赏收益	0	0.1	30	3	36
合计				23	276

（三）财务分析指标

综上分析,本项目前期投入小,后期产生收益高,推广策略明朗。另外,项目运营一年可实现净利润 276 万元,项目财务效益良好,投资回收期短,内部收益率及投资回收期均在可接受范围内,项目可以实现盈利经营,抗风险能力强,本项目可行。

(四)互联网项目的关键指标

1. 获客成本

通过优质视频的内容创作,实现粉丝增长,与多家公司合作,获得广告收益,一个月更新 20 余条视频,成本包含设备、场景及道具等投资,工作人员工资,视频制作等。到后期成本越来越低,成果显著,每个月粉丝平均大约增加 30 万人。

2. 转化率

之前主要通过内容涨粉,用户购买习惯还未养成,几乎在淘宝等其他平台购买商品,转化率低。当前,抖音直播和短视频带货达到风口,越来越多人认可抖音直播和短视频电商,所以转化率不断上升。

3. 客单价

粉丝基数高,议价能力强,每件产品按性价比最高来销售,因此我们能为粉丝争取到更多优惠,使粉丝感到产品物美价廉,促进粉丝购买欲,也给团队带来更大收益。

4. 复购率

在淘宝店铺退货率高、复购率很低,而抖音头条等平台因以视频吸粉,有较强 IP,所以退货率低、复购率高。

七、发展战略规划

(一)项目实施计划

1. 建设前期

项目建设初期工作情况如下:

(1)学习相关法律,学习团队管理方法,领导者进行相关专业培训。

(2)聘请运营人员及视频模特,对他们进行相关专业培训。

(3)分析当下短视频的主流审美,得出相应的对策。

(4)准备相关的视频内容,建立对应的 IP。

(5)持续输出优质的作品,留住铁粉,吸引新粉。

2. 建设中期

项目建设中期为一年半,相关工作如下:

(1)分析每个账号的粉丝类型,通过橱窗的方式先向他们试推荐刚需品,观察他们是否反感。

(2)如粉丝反应良好,则开始针对粉丝类型开始严格选品,尽量选择产品质量优秀、价格相对较低的刚需品。

(3)若粉丝反感(1)中行为,则短时间内不再出现此种情况,继续更新作品,用优质的作品再次建立信任关系。

(4)进行直播带货。

(5)与粉丝建立起一定的信任关系后与农户合作,帮农户卖滞销的农产品,带动农村经济发展。

（6）直播影响力显著后，与各大食品公司及著名化妆品公司合作，以"严格选品，价格最低，产品好用"留下属于自己的粉丝印记。

3. 建设后期

项目计划的后期为两年，建立自己的 App，严格选品，打造口碑，让粉丝买得放心。

（二）融资与退出机制

1. 融资计划

第一阶段，本项目计划注册成有限责任公司，初始注册资本为 10 万元，资金来自核心团队成员自筹。

第二阶段，我们将根据公司发展需求进行融资，在市场前景良好的情况下，将扩大股本结构，拟吸收风险投资 200 万元。具体股本结构将视公司盈利与发展情况制定。

2. 风险投资退出机制

管理层回购：公司发展到一定程度之后，公司的管理层利用信托等融资方式购买风投公司所持股份，通过这种重组方式改变公司的控制权结构、资产结构、所有者结构，以激励管理层的创业激情，提高企业效益。这个退出方案能够最大程度地保护老股东的利益，同时也是一种激励机制的创新。

八、经营风险与对策

（一）面临风险

1. 封号危险

随着抖音平台管理日渐完善，视频审核更加严格，所以一定要遵守国家规定，注意所发视频的内容合理性，即便是互联网也不能随心所欲，所言所行要合乎法律。

2. 人员风险

人员工资不能太低，要适当提高，以合乎现代社会的消费水平调整人员工资，否则将会出现员工跳槽、人才流失的情况。

3. 同行竞争

商家在对自家产品寻找推广时往往会与多个短视频博主合作，这意味着我们的推广内容必须在众多带货视频中最大程度地吸引消费者，寻求利益最大化，所以我们的带货视频必须做到真诚、有吸引力且有自己的特色。

（二）解决方案

（1）严格遵守相关法律，严格要求团队工作人员。

（2）在条件允许的情况下最大程度地给员工较高的工资和福利。

（3）长期输出优质的作品，留下属于自己的粉丝，降低被其他商家替代的风险。

（2022 年 8 月）

案例 7　红忆超级星工厂——红色文创缔造的新名片

项目概况

红忆超级星工厂文创团队响应国家号召,旨在赋予文创产品更为深刻的文化内涵,实现文创产品的再创造,最终促进文化消费。文创产品的生命力在于有独特的文化标志,是独特的文化创意衍生品。文创产品以地方文化资源作为文创构思灵感和创作的重要依据,深入挖掘地方文化资源的内涵,具有品牌与经济双重价值与效应。

该项目以地方红色文化资源为基础,将红色文化元素运用到文创产品之中,力求构思巧妙,避免产品同质化。建立在手绘基础之上,运用农业主题,深入农产品市场,力求突破农产品供给侧结构性改革,以此为设计理念来开发与闽西特色农产品资源题材有关的文创产品,通过这些创意产品讲述旅游故事,打造闽西当地特色农产品品牌。同时,针对乡村乡风建设,我们为乡村设计"一村一品牌"打造乡村文化,从思想层面扶贫。以满足消费者的文化需求为中心,有目的、有计划地开发文创产品,从新的维度利用闽西农业资源,发挥革命传统教育作用,提升闽西农业文创产品的知名度及影响力,让人们通过文创来触摸闽西独有的特色产品。

2019 年 2 月,创业团队完成了第一份创业产品《闽西红色旅游主题儿童拼盘》,一经推出便取得了良好反响,获市场广泛赞誉。

2019 年 4 月,以地方文化资源为主题打造旅游文化设计,团队已与 18 家单位形成旅游文创项目合作。

2019 年 7 月,开发与闽西地区旅游景区资源题材有关的文具盒、益智玩具、茶具、擀面杖、灯、象棋等文创产品。

2019 年 12 月,团队衍生出旅游形象 IP,该 IP 形象产业链涵盖到酒店民宿装饰实体店、商务企业、旅游培训团体等。

2020 年 3 月,团队开发《人人都是"口罩控"》作品系列,被学习强国平台、凤凰高教、龙岩文明网等媒体转载报道。

2019 年 1 月至 2020 年 6 月,已完成 28 件由学生署名的外观专利版权登记证书,国家级、省级、市级报道 10 余次。

一、项目介绍

红忆超级星工厂团队是一个专注于旅游文化创意产品设计的新兴导师团队,团队指导老师具有新颖的创意理念和较丰富的指导经验,团队成员由产品设计、广播电视学、市场营销、财务管理等专业学生组成,具备相关专业知识、设计创作能力和营销能力。业务范围包括企事业单位文化创意产品设计、公益文化创意设计、乡村旅游主题墙绘等。团队以专业导师与对口专业学生为基础,以自主创意为核心,以旅游文化元素为创作素材,开发与旅游资源题材有关的文创产品。产品主要囊括旅游纪念品、办公用品、文体礼品、潮流饰品等五大类产品,产品具有设计新颖、理念创新、低价高质、暖心实用、时尚旅游风的特点。团队着力在旅游资源的开发上尝试新的途径。本项目得到了相关部门的大力支持与民间资本的高度信任,现已与18家企业单位达成合作。

旅游文化资源若能经过开发利用,不但能科学地保护与开发旅游文化遗产,对于发挥旅游文化遗产价值与功能、加强革命传统教育、增强人们的爱国情感、弘扬和培育民族精神、带动革命老区经济社会协调发展,具有重要的现实意义和深远的历史意义。

二、项目背景

闽西作为革命老区,其丰厚的旅游文化资源蕴含着丰富的革命精神和厚重的历史文化内涵。旅游文化是中华民族宝贵的精神财富,承载着革命精神,具有较大开发潜力。旅游文化代代传,学习与传承旅游文化是每一位中国人必不可少的一门课程。伴随新时代闽西旅游文化建设的发展,旅游文化的传承与发展出现了新的机遇与挑战。针对新的挑战与机遇,作为当代有能力、有担当的大学生创新创业团队,我们应当发挥所长积极迎接挑战抓住机遇,义不容辞地推动旅游文化的传承与发展,带动当地经济的发展。

(一)文化旅游相结合,带来发展共赢

旅游产业作为一种新的经济发展方式,在市场上逐渐发展壮大,已经成为一个新的经济增长点。旅游在本质上是一种文化产业,是通过文化产业的发展来发展经济。目前我国旅游业仍以观光为主,文化产业的开发程度有限,因此文化与旅游的融合可实现双赢。

旅游文化创意产业以文化和旅游为基础,依托旅游文化资源发展旅游产业,同时带动文化产业的发展。根据不同的群众消费心理,重新开发新产品或者对现有产品的一些元素进行重新组合,能达到增加销售的目的。另外,旅游文化是客观存在的载体,是经过历史的沉淀而形成的特殊文化类型,很多革命史实不能更改,更不能虚构,本团队认为旅游文化创意产业是在尊重历史事实的基础上根据各区域旅游文化的客观情况进行产业化经营,拓展与发扬旅游文化精神,并以此为纽带来带动相关产业的发展。

(二)旅游文化底蕴厚,文创产品成新宠

经过调查,闽西拥有着深厚的旅游文化底蕴和丰富的旅游文化资源,目前共有全国重点文物保护单位6处、省级文物保护单位17处、县级文物保护单位102处。

1. 闽西旅游资源丰富

闽西拥有着深厚的文化底蕴和丰富的文化资源,旅游文化是中华民族宝贵的精神财富,闽西旅游资源承载着厚重的历史革命精神,具有较大的市场开发空间。

2. 立足于闽西本土

文创产品立足闽西旅游资源,紧贴地气。闽西旅游文化资源若能经过开发利用,以闽西旅游文化资源为研究对象,将闽西旅游文化资源融入文创中,不但能科学地保护与开发旅游文化遗产,更能发挥旅游文化遗产价值与功能,唤起人们对闽西地方文化资源的了解和认同,增强地域情感认识,进一步为地方旅游文化的建设服务。

3. 旅游文创传承旅游精神

闽西作为革命的摇篮,拥有浓厚的红色文化精神内涵,现阶段包括未来,党中央越来越重视红色文化的传承与发展,也是发展中国特色社会主义的重要组成部分。在以习近平同志为领导核心的党中央的领导下,社会各界越来越重视红色旅游文化的元素,在未来的市场上,旅游文化创意会越来越受到大众的喜爱。而现阶段保护和传承旅游文化,实现旅游文化创意产业的可持续发展,可以将区域文化注入旅游文化,实现区域文化与旅游文化的融合,共同形成地域特色的旅游文化,突出旅游文化的区域性,强化旅游文化的地域差异。增加旅游文化的独特性与垄断性,旅游文化创意产业的价值也会更加丰富,其稳定性也更强,也更有利于旅游文化的发展。

开发各类文化创意产品,是推动中华文化创造性转化和创新性发展、使中国梦和社会主义核心价值观更加深入人心的重要途径,是推动中华文化走向世界、提升国家文化软实力的重要渠道,是丰富人民群众精神文化生活、满足多样化消费需求的重要手段,是增强文化文物单位服务能力、提升服务水平和丰富服务内容的必然要求,对推动优秀传统文化与当代文化相适应、与现代社会相协调,推陈出新,以文化人,具有重要意义。国家文物局曾指出,深入挖掘革命文物的价值内涵和文化元素,运用市场机制开发更多的文化创意产品。所以,文创产品已经成为当下的新潮流,旅游文创则能更好地凸显这一潮流。

(三)旅游文创的开发,带动乡村的发展

2016年5月,国务院办公厅转发文化部(现为文化和旅游部)等部门《关于推动文化文物单位文化创意产品开发若干意见的通知》中指出,支持文创产品的开发,提到地方各级文化、发展改革、财政、文物等部门要按照本意见的要求,根据本地区实际情况,加强对推动文化创意产品开发工作的组织实施,做好宣传解读和相关统计监测工作。部门间、地区间要协同联动,确保各项任务措施落到实处。注意加强规范引导,因地制宜,突出特色,科学论证,确保质量,防止一哄而上、盲目发展。强化开发过程中的文物保护和资产管理,制定严格规程,健全财务制度,防止破坏文物,杜绝文物和其他国有资产流失。充分发挥各级各类行业协会、中介组织、研究机构等在行业研究、标准制定、交流合作等方面的作用。同时政府鼓励文化文物单位与社会力量深度合作,建立优势互补、互利共赢的合作机制,拓宽文化创意产品开发投资、设计制作和营销渠道,加强文化资源开放,促进资源、创意、市场共享。

在文创产品的研究中,红忆超级星工厂将贫困地区农产品升级,通过贸易公司的合作与线上销售,推向市场,带动贫困地区的经济发展,实现了乡村共赢。国务院办公厅《关于深入开展消费扶贫助力打赢脱贫攻坚战的指导意见》中指出,消费扶贫,农产品上行,旅游下行。

(四)文创产品需求旺,创新空间无限高

旅游文化是中华民族宝贵的精神财富,承载着革命精神,具有较大的开发潜力。我们以此为契机,可将闽西旅游文化资源融入文创产品设计中,并在此基础上进行创新,运用多角度艺术表现形式及旅游艺术衍生品表现闽西旅游文化的内涵,将旅游记忆作为情感的纽带,通过这样新颖的形式来打响品牌占据市场。

团队赴长汀县、上杭县古田旅游景区展开旅游文创产品市场需求调查,并且在长汀县旅游遗址群景区和古田会议革命景区开展关于文创产品的问卷调查。由问卷调查得知,95%的游客喜欢也愿意购买旅游文创产品,85%的游客则认为文创产品缺乏创造力,同质化严重,有一些只是旅游纪念品并不是文创产品并且质量普遍较差。从中可以发现,文创产品具有较高的市场需求但缺乏创新性。经问卷调查与实地考察,团队把发展方向锁定在文创产品的创新上。深入挖掘文化资源的价值内涵和文化元素,广泛应用多种载体和表现形式,开发艺术性和实用性有机统一、适应现代生活需求的文化创意产品,以满足多样化消费需求。

(五)立足红土,因地制宜

红忆超级星工厂团队位于全国著名革命老区、客家祖地、全国文明城市——福建省龙岩市。团队所在高校是闽西红土上唯一一所本科院校。学校秉承"厚于德、敏于学"的校训,坚持"根植红土、致力应用、彰显特色、服务发展"的办学理念,以培养"专业基础实、实践能力强、综合素质高"的应用型人才为主要目标,为地方经济建设和社会事业发展服务。

团队负责人出生于闽西,从小接受当地文化熏陶,团队成员也大多来自闽西地区,从小对闽西文化耳濡目染,有着深厚的感情,对当地的民俗风情颇为了解。在这样的资源优势下,我们的指导老师和团队更是优中选优,指导老师所涉及的领域有文创产品的设计、产品的开发、市场营销、旅游管理等,具有新颖的创意理念和丰富的指导经验,团队成员由产品设计、广播电视学、市场营销、财务管理等专业学生组成,具备较强的文创设计相关专业知识、设计创作能力和营销能力。

三、产品介绍与特色

（一）产品介绍

1. 天圆地方

产品灵感来自古代"天圆地方"说。圆盘设计以方盒为衬，避免了呆板无趣。该产品采用卡通图像包装，古装卡通形象使用抽象和现代化的元素以及年轻化的颜色，让产品年轻化的同时保留传统色彩，使其更容易让消费者接受，满足不同年龄段消费者的审美需求。圆形瓷盆实用美观，一体化设计既可以使用也可以用于装饰。木质的支架收放自如，同时满足客户实用和展示的个性化需求，在存取的时候可以将支架重新组合关入盒内，既节省了空间又方便收纳。

2. 竹清和

福建政和后山廊桥位于闽浙边界政和县岭腰乡后山村，始建于明朝，清朝嘉庆 1799 年重建，2001 年重修，至今已有 210 余年历史，现已被列入世界文化遗产保护预备名单。该产品设计采用竹编艺术，最大程度地保留了茶席的艺术品貌，雕刻后廊桥遗址全貌极具当地特色，木雕艺术和竹编巧妙融合，整体具有协调的美感，在保护非遗文化的同时给产品增加了美观的效果。茶席盖和隔板可作茶具使用，也可用作收纳，在节约空间的同时便于携带。陶瓷茶具典雅大方，温润有气度。

3. 金香相伴

金香相伴——黄金百香果文创衍生品，这款产品基于武平县特色农产品——黄金百香果为创意设计灵感，我们拟人化百香果外形，整体造型简洁可爱。在外形造型上，我们以黄金百香果的外形特征为原型进行拟人化创意设计，在头饰服饰装饰上添加了百香果的元素。两个人物分别为"金金""香香"，可爱的形象让人过目不忘，辨识度高。金香与您相伴，取自武平县黄金百香果的"金"，代表财富，福气和"香"象征幸福、美满的滋味。两字同时传递了黄金百香果的香甜可口，两字缺一不可；两只吉祥物形象亲切可爱，让它们的欢乐与您相伴。"金金""香香"两只吉祥物市场应用性强，我们通过制作二维、三维动画，方便媒介传播和再创作衍生出了一系列产品，如手指偶设计、福字娃设计、生活物件等。

4. 灵动仙草

灵动仙草这款产品是武平县特色农产品——武平烧仙草粉。福建省武平县为仙草重要种植基地之一，是全国农产品地理标志产品。武平仙草是生产清凉茶、仙草蜜、烧仙草、黑凉粉的优质原料。烧仙草具有清暑、解热利水等功能。我们在设计产品包装盒上，特别注意到了密封干燥、便携美观、环保经济，采用传统的四边形袋装，里头含有密封条，保证食品的密封保存及干燥。运用简单的色彩，吸引购买者，可爱插画用仙人和仙子，突出体现武平仙草的"仙"，用仙草元素加以装饰突出主体，使包装装饰上更有趣味性。

5. 花花来了

福建龙岩的花生除了吃,还能做什么?答案就是,它可以变成一个可爱的花生小娃娃——"花花"。肥嘟嘟的花生外形和夸张的拟人表现,将一颗小小的花生赋予了无尽的生命力。活力的橙色遇上冷静的蓝色碰撞出了"花花"这个可爱的小精灵。这颗小花生对世界充满了各种好奇,它的梦想就是环游世界,在这个梦想的实现过程中"花花"又延伸出来各种各样古灵精怪的表情包(图 6-27)。我们在这一个有着黄澄澄的白格子皮肤、穿着时尚的拼色背带裤的花生里还发现藏着甜丝丝的秘密,这个秘密在表情包中,我们可以一览无余。让我们来好好看看这个可爱的小机灵鬼还有什么样甜丝丝的秘密吧。

图 6-27　项目中"花花来了"表情包

6. 贪茶好色

贪茶好色这款武平绿茶的包装设计,巧妙地展现了武平绿茶的优质内涵,让人忍不住想去品尝一番。在表情的上方绘有两只小燕子,而在左右两侧绘有旅游方向,在增添活泼和古典色彩的同时,也寓意着鸿运当头、财源滚滚之意。整个包装设计活泼有趣,色彩明亮大方,让绿茶的包装不再是一成不变的古板设计。

7. 人人都是"口罩控"

新型冠状病毒肺炎疫情处于防控关键阶段时,每个人都被卷入这场特殊的战役之中,无论是前线逆行出征的防疫专家、医生、护士、警察,还是防疫中的坚守者建筑工人、环卫工人、外卖小哥,全民戴上口罩,人人都是"口罩控",每个人都自带着光芒,用行动传递着战"疫"精神。为抗击疫情,红忆超级星工厂团队创作了主题为"人人都是'口罩控'"的文创作品,为中国加油。

（二）产品特色与竞争优势

1. 文创产品特色与竞争优势

（1）文创产品竞争分析：早期进入的竞争对手发展较为成熟,虽然技术相对成熟,但他们的思路已经固定,缺少创新,不能立足于闽西大地。我们要找到痛点,做出切身的设计方案。在市场方面,本团队调查了闽西地区 12 处红色旅游景点,所在景区的旅游产品结构单一,成本较高且缺乏创意元素。目前就市场整体而言,闽西旅游文创产品市场创新度不够,审美意识不足,品牌打造不充分,销售渠道较单一。

（2）旅游文创产品核心分析：团队初期以旅游文创产品设计为核心内容,设计的特性突出定位为"旅游文化＋历史传承＋现代设计",设计的文创产品以这 3 个特性导入市场。我们通过媒体等渠道直接投向最有可能的购买者,即景区、超市、商铺等,让这类具有领袖作用的消费者加快产品的扩散速度,缩短导入时间,使得更多的人了解我们的设计,从而达到有购买需求的人都能够接触到我们的文创产品,实现我们设计该文创产品的文化传播意义。

2. 旅游文化特色与竞争优势

（1）核心旅游文创产品特色：团队开发定位为"旅游文化＋历史传承＋现代设计"的旅游文创产品。通过这些文创产品展现出旅游历史和革命精神的魅力,弘扬并传播闽西旅游文化,有利于唤起人们对闽西旅游文化的了解和认同,从而带动老区旅游经济的发展,从新的维度利用闽西旅游资源发挥革命传统教育作用。用设计打动人、吸引人,做到闽西旅游文化资源在社会之间的有效传递,用设计传承闽西旅游历史文化、传播闽西旅游文化。

我们的文创产品不仅在外观上创新,还发挥自身的设计优势,注重文化的保留、现代美学和精神传播,具有新颖而又不失传统的产品特色。

（2）旅游文创产品竞争优势：核心利益：旅游文创产品传播所在地区文化,提升旅游业经济效益,打造口碑品牌。为产品融入文化思想,打造有影响力的旅游文创品牌是我们最核心的追求。

有形产品：文创产品和旅游纪念品等产品是我们的有形产品,以设计的产品为基点进行销售。

扩张产品：我们进行相似产品的系列打造,深入其他领域,如饰品、玩具、服饰等。

潜在产品：不同的文创产品系列,针对不同的年龄阶段的消费者群体,多元化的同时推进旅游历史文化艺术的传播。

3. 同行业产品特色与竞争优势

文创行业在生活中无处不在,在各个领域之中都可以看到文创的影子。同行业的文创产品中,相对于其他文创公司来说,我们在对知识产权的开发,将文化创意转变为现实价值方面,拥有一套自己研发的完整的设计思维体系。而在这种以创造力为核心的新兴产业中,一套完整的设计思维体系带来的优势和竞争力是非常明显的。产品主要以旅游文化、革命历史为基石,立足于闽西大地,运用益智玩具、文具、生活用品、艺术品摆件等新颖的表现形式,开发与闽西旅游资源题材有关的文创产品,将闽西旅游元素结合、创新、传承,使其形式新颖并富有文化内涵。

根据考察××文化创意有限公司所得调研,我们的项目相较于传统的模式有着以下几点竞争优势:①研学模式。寓教于乐注重学游并举、理论与实践相结合,更能够达到目的和效果,也使整个团队一直处于进取和向上的气氛,有利于推陈出新。而对于大众来说,只有不断创新的文化才是喜闻乐见的。②思维体系。这与我们的研学模式相辅而成,使我们的创作设计拥有更加高的品质和脱离现有产品的特色。③互联网+时代。我们的模式符合时代需求,在技术上、文化上、商业模式上、营销模式上是不断创新的。

四、市场营销

(一)市场容量

我国旅游消费市场容量巨大,从 2012—2018 年旅游行业数据来看,全国旅游收入保持两位数稳定增长。2014 年全国旅游收入达 3.73 万亿元,同比增长 26.4%,达到近几年来增速峰值,2015 年增幅相对有所放缓。2015—2018 年中国旅游业收入增速不断提高。2018 年国内旅游人数预计达 55.4 亿人次,同比分别增长 10.76%;实现国内旅游收入约 5.13 万亿元,同比增长 12.3%。城镇化对旅游客流的主导作用更加突出,2018 年城镇居民出游人数和旅游花费占总数的份额分别达到 74.4% 和 83.1%,占比持续提升。

(二)竞争分析

随着革命文物保护工程的大力推进,作为革命老区的闽西大地目前共有革命遗址 410 处,其中全国重点文物保护单位 6 处、省级文物保护单位 17 处、县级文物保护单位 102 处。其中,以古田会议遗址、长汀县店头街为代表的旅游景点,旅游文化资源丰富、特色鲜明,是游客必到之处。然而古田虽然旅游资源丰富,旅游文化产品较多,但种类单一、性价比低。由问卷调查得知,95% 的游客喜欢也愿意购买旅游文创产品,85% 的游客则认为文创产品缺乏创造力,同质化严重,旅游文创市场有着巨大空白。由此可见,打造旅游文创产业的时机已经到来。旅游产品市场正处于从导入期进入成长期的重要时期,将逐步呈现市场竞争加剧、产品需求高质量化、利润增加的趋势。

(1)行业内现有竞争者。行业内现有竞争者竞争分析见表 6-14。

表 6-14　项目行业竞争分析

行业内竞争者	红忆超级星工厂团队
产品结构单一	产品结构多元,产品主要囊括旅游纪念品、办公用品、文体礼品、潮流饰品等五大类产品
成本较高且缺乏创意元素	利用原创手绘和设计力量,联合签约生产厂家,省去中间环节,文创产品成本较低,产品质量提升,销售价格占据优势
创新度不够	团队具有专业导师与相关专业学生,构思巧妙,产品鲜活
销售渠道单一	线上线下融合,销售渠道多元

（2）新进入者威胁。由于市场前景广阔,发展潜力巨大,因此有大量潜在新进入者,竞争分析见表 6-15。

表 6-15　项目与新进入领域的竞争者优势分析

潜在新进入者	红忆超级星工厂团队
即将涌入市场	已入驻线上文创平台、线下代售点
需投入时间研发	已奠定研发规划基础

（3）购买者讨价还价。随着经济社会的发展,消费者观念正在改变,公司对购买者讨价还价能力做出分析,见表 6-16。

表 6-16　项目潜在消费者购买能力分析

购买者	红忆超级星工厂团队
95％的游客喜欢也愿意购买旅游文创产品	线下产品物美价廉,线上产品购买便捷,轻松购物,无需议价

（4）项目优势分析见表 6-17。

表 6-17　项目总体优势分析

P(政治)	E(经济)	S(社会)	T(技术)
政府对宣传旅游文化的重视	新媒体经济模式的崛起	青年人群体文化接收敏感性和多样化	互联网＋的蓬勃发展
政府对创新旅游文化的鼓励和支持	经济结构转型	对旅游记忆的淡化	O2O 兴起

（三）营销目标

本团队产品致力于为来闽游客提供旅游文创产品,满足旅游者对旅游文创产品高质量的需求。团队通过创意产品演绎出旅游文化的魅力与内涵,弘扬革命精神,宣传旅游文化。针对产品特色,同闽西大地丰厚的旅游资源相结合,提升闽西文化的知名度和影响力。把高经济收益的目标同脱贫攻坚的社会效益高度结合,打造出具有文化内核以及社会功能的良好品牌。基于古田会议遗址和长汀县店头街等景区的特点和现状,立足于产品创新,针对高质量的市场需求,团队通过如图 6-28 所示营销方式,预计达到 3 个层面的效果。

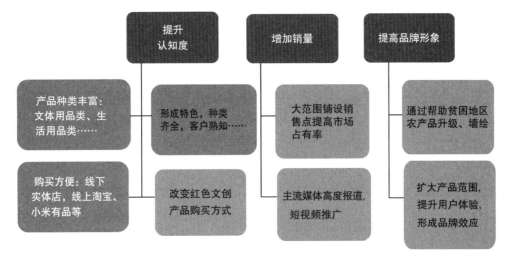

图 6-28 项目营销模式

(四)市场细分

红忆超级星工厂——闽西旅游文化创意工作室,其文创产品主要进入旅游消费者、政府及商户 3 个细分市场类型,涵盖酒店、民宿、装饰实体店、商务企业、旅游培训团体等。

(1)旅游消费者。旅游革命景区已成为旅游市场极其重要的一部分,人们除了享受革命老区的景色风光,还需要更好的文化体验。红忆超级星工厂——闽西旅游文化创意工作室,为了提供完善的旅游文化体验,通过开发各种旅游文创产品,承载革命精神,立足线上线下产品细分消费者市场。

目标市场:旅游者旅游过程中有购买纪念品、感知旅游文化的需求,而目前闽西各类旅游景区文创产品粗制滥造、质量低、缺乏创新。本工作室文创产品发掘民间旅游文化故事,开发出高质量、高水准,能满足旅游者文化体验的产品,将极大地满足旅游文创纪念品的市场需求,促进文化消费。

市场需求:以工作室爆款产品为例,2 件爆款产品销售额均在 8 万元以上。其中"红军可乐"帮助长汀县×××80 户村民年均增收 5000 余元,超出普通文创产品的销量和需求。随着党和政府对旅游文化的大力推广和人们对文化体验要求的增加,我们相信,整个旅游文创产业将蓬勃发展。

(2)政府。

目标市场:工作室瞄准政府脱贫攻坚战略,积极同政府合作,将贫困地区农产品创意升级,推向市场。在旅游小镇进行创意墙绘,实现景区分流,扩大旅游收益。此外,工作室还积极参加青年红色筑梦之旅等系列活动,实现同政府机关深度合作,备受好评。

市场需求:闽西特色农产品富足,拥有广大的消费群体,但农产品包装普遍落后,缺乏特色;闽西作为革命摇篮,村落特色鲜明,旅游文化广泛分布但未得到普遍宣传。

（3）商户。

目标市场：我们与文旅集团合作，将产品投放到各旅游景区进行代售；文旅集团定制，并在各期培训中，将产品以纪念品的方式出售给各个培训对象。我们与中央苏区（闽西）历史博物馆合作，将珍藏在博物馆的革命遗物做成文创产品，并置于博物馆展示销售。我们与××文化发展有限公司、福建××文化发展有限公司、南平市×××品牌运营管理有限公司等签订战略合作协议。

市场需求：闽西红色旅游景区特色鲜明，文旅集团数量较多，培训活动举办频繁。随着人们对旅游文化的珍视与重视，将会有越来越多的企业和个人商户加入，而一个具有高质量的创意团队必然拥有广阔的市场前景。

（五）营销策略（图 6-29）

（1）线下产品营销策略。工作室线下产品主要包括旅游产品、活动纪念品等不同消费群体所需的文创产品，涵盖日常生活中的生活用品，超 80 个品种。

（2）营销渠道。工作室线下产品已构建起较完善的线下产品营销渠道。通过建立线下代售点、参加产品推介会和博览会等方式，利用中间商增加商品销售覆盖面，扩大商品市场占有率，将产品销售给消费者。

图 6-29　项目产品的营销策略

（3）线上产品营销策略。针对文创产品的产品特色，工作室以现代互联网购物需求为出发点，制定线上营销策略。

项目预采用的未来营销方式与预效果见表 6-18。

表 6-18　项目预采用的未来营销方式与预效果

未来营销方式	预计营销效果
短视频推广	吸引消费者关注，提高产品知名度
举行公益活动，媒体刊登报道	提升品牌形象
自媒体营销	增加销量

五、商业模式

(一)品牌定位

红忆超级星工厂——闽西旅游文化创意工作室开发新颖时尚、方便携带和使用的文创产品,将闽西旅游文化独特的元素与日常商品进行"嫁接",深入挖掘闽西旅游资源的文化内涵,并将旅游文化元素运用到文创产品上,力求构思巧妙,设计新鲜活泼,避免产品同质化。建立在手绘基础之上,开发与闽西旅游资源题材有关的徽章、手机壳、亲子装T恤、帆布包、笔记本、水杯等文创产品,通过这些创意产品演绎出闽西旅游文化感人的魅力,弘扬闽西旅游文化的主旋律。这有利于唤起人们对闽西旅游文化的了解和认同,增强情感认识。以此,满足消费者的文化需求为中心,有目的、有计划地开发文创产品,从新的维度利用闽西旅游资源发挥革命传统教育作用,提升闽西旅游文化的知名度及影响力,深入挖掘闽西旅游资源的文化内涵,具有品牌与经济的双重价值与效应。

(二)产品定位

红忆超级星工厂团队以自主创造为核心,打造闽西旅游文化与时代背景、企业特色文化相结合的文化创意设计。我们产品主要以闽西红色革命故事为创作来源,运用益智玩具、文具、生活用品、艺术品摆件等新颖的表现形式,开发与闽西红色旅游资源题材有关的文创产品。与闽西红色旅游元素"嫁接",使其形式新颖并富有文化内涵。现阶段我们将以闽西旅游文化资源为主题打造红色旅游文化设计,使用范围逐步扩展至旅游产品、活动纪念品等不同消费群体所需的文创产品中,涵盖日常生活用品超80个品种。

(三)客户定位

红忆超级星工厂运用旅游文化与文创产品设计相结合的形式,开发与闽西红色旅游资源题材有关的文具盒、益智玩具、茶具、擀面杖、灯、象棋等文创产品,类型涵盖酒店、民宿、装饰实体店、商务企业、旅游培训团体等。

(四)价格定位

利用原创手绘和产品设计力量,联合签约生产厂家直接投入市场,省去中间环节,文创产品成本较低,产品质量较好,销售价格占据优势。

六、财务数据与预测

闽西红色文创系列作品的开发将坚持"两条腿"走路,既追求一定的收藏价值,更要以使用者的需求为导向,用创意打动人、吸引人,做到闽西旅游文化资源在社会之间的有效传递,用创意传播闽西旅游文化、传播闽西旅游文化的声音。预计2021年合作单位达到49家,销售额达到310万元。

七、团队管理

(一)团队发展简介

红忆超级星工厂团队成立于闽西红土唯一一所本科高校,是一个专注于红色文化创意产品设计的新兴导师团队,团队指导老师具有新颖的创意理念和较丰富的指导经验,团队成员由产品设计、广播电视学、市场营销、财务管理等专业学生组成,具备产品设计相关专业知识、设计创作能力和营销能力。

2019 年 2 月,创业团队完成了第一份创业产品——闽西红色主题儿童拼图,一经推出便取得了良好反响,获市场广泛赞誉。

2019 年 4 月,以闽西旅游文化资源为主题打造旅游文化设计,团队已与 18 家单位形成旅游文创项目合作。

2019 年 7 月,开发与闽西旅游资源题材有关的文具盒、益智玩具、茶具、灯、象棋等文创产品。

2019 年 12 月,团队衍生出旅游形象 IP,以 IP 形象产业链涵盖到酒店、民宿、装饰实体店、商务企业、旅游培训团体等。

2020 年 3 月,在疫情防控期间,红忆超级星工厂团队创作了主题为《人人都是"口罩控"》的文创作品,被学习强国、凤凰新高教、龙岩文明网各媒体转载报道。

(二)团队成员与创业顾问

团队拥有突出的人才优势,团队多名成员来自产品设计专业,拥有专业的绘画设计能力,确保文创产品的高质量。团队也有来自市场营销、会计等不同专业的员工,优化了创业团队成员组合。

项目拥有雄厚的创业顾问指导团队,与多名专业老师合作,保证了产品的质量以及前期市场策划,更为团队发展提供长期支持和指导。

(三)团队战略规划

团队长远目标是打造中国订制旅游文创第一品牌,并由此制定战略规划。公司的发展将分为创业期、高速成长期、成熟期 3 个阶段,针对不同阶段制定相应战略。

1. 创业期(2019—2020 年)

创业期是团队从无到有、从想法变成现实的过程。红忆超级星工厂用时 2 年,逐渐实现文创产品设计业务的成熟运作,积累第一桶金,迈出创业的第一步。团队已具备独立开展业务的能力,因此团队目前处于由创业期进入高速成长期的转变阶段。

2. 高速成长期(2021—2023 年)

(1)战略目标:实现团队规模扩大,业务范围涵盖全省各地;团队产品保持 1/6 以上的市场占有率,逐步确立在福建省内行业中的领导地位。

(2)具体规划:

①2022年：实现首轮融资100万元，解决公司运行短期的资金问题；加强产品部研发力量，通过引进优秀员工，实现产品链的完善；市场继续向省内热门旅游城市扩展，与各旅游城市打造各地的IP文创形象进行生态链的复制。

②2023年：线下业务进一步扩展至全国旅游城市；线上业务，打造App软件，让用户在旅游时可随时查看热门景区以及旅游攻略，还可在App上购买文创产品。

③2024年：完善App服务系统，加入VR技术，打造足不出户即可游玩景区；在App上产品图浏览采用立体成像技术，可全方位观看产品，有更好的客户体验；品牌得到广泛认可，知名度迅速提升。

3. 成熟期（2023年以后）

（1）战略目标：巩固和扩大团队的经营规模，树立中国订制旅游文创行业领导地位；不断推出文创新产品IP新形象，引领行业发展；在发展过程中积累技术、专利，形成公司核心竞争力。

（2）具体规划：

①应用新技术，研发新产品，鼓励申请专利和版权，逐步建立完善的文创产品研发体系。

②团队规模进一步扩大，实现在职员工100人以上。

③团队收入与利润实现快速增长。

④逐步确立中国订制旅游文创的第一品牌地位，与各地区、各部门开展广泛合作。

⑤关注社会责任，提升团队形象。

⑥逐步培育健康、积极、文明的团队文化，提升员工满意度。

（四）组织结构及调整

本项目立足闽西红土，以闽西旅游革命故事为创作灵感和设计理念开发文创产品，让大众通过文创触摸本土旅游文化，体悟旅游精神。红忆超级星工厂——闽西红色文化创意工作室将旅游文化的传承与发展视为初心。本团队专注于红色旅游文化精神创意的新兴导师团队，业务范围包括企事业文化单位旅游文化创意产品设计、公益旅游文化创意产品设计。以团队导师与相关专业学生的自主创意为核心，将本土旅游文化资源作为研究对象，有目的、有计划、有选择地将本土红色旅游文化资源融入文化创意产品设计当中。本项目团队将坚持以自主创意为核心，提供更加优质的服务，在客户满意的同时不断完善闽西红色旅游文创产品设计。

（1）目前团队处于初创期，员工多为同龄人。随着团队的发展，内部会形成各种利益集团，领导者在处理利益关系时可能会处于两难的尴尬境地。各部门没有明确的领导人物，给公司壮大发展制造了障碍。

（2）决策的独断性是许多创业团队初期成功的重要保证，但随着团队的发展和外部环境的变迁，个人经验开始失效，生意做大的同时伴随着高风险，这时保证决策的民主性、科学性变得十分重要。

因此,团队将在适当的时机进行组织结构的调整,解决组织结构混乱、执行效率低的问题,使团队顺利进入高速发展期。

八、风险及控制

(一)市场竞争风险及控制

1. 风险描述

团队主营的产品设计以及 IP 形象文化衍生品,属于文化创意类产业,进入门槛低,并缺乏明确有力的法律保护,成果易被模仿和复制,存在激烈的行业竞争。

2. 应对策略

(1)以最快速度占领市场,取得先发优势。团队已经实际运营,业务范围也从龙岩扩展至厦门、福州、江西等地,需要运用经营经验,在行业内率先进行品牌推广,关注用户体验以赢得消费者信任,形成有力的品牌壁垒。

(2)加强市场的前期引导和市场营销力度,在目标市场上建立完善的销售服务网络。

(3)形成一支具有创新意识的专业技术研发团队,挖掘市场中的新鲜元素开发新产品,推出各具特色的地方文化 IP 形象以及文创产品,让竞争者难以跟上步伐。

(4)建立团队的专利申请机制,培养团队成员的专利保护意识,一旦有新的创意和发明,能最快地申请到专利。

(5)加强与政府部门的合作,建立密切合作关系,使公司最快地获得产品宣传渠道。

(6)在产品质量、功能、用户体验等方面提高用户满意度,形成核心竞争力。

(7)团队以文化 IP 形象打造本地的文化生态链。

(二)知识产权侵权风险及控制

1. 风险描述

对于我们创业团队来说,"盗版"绝对是一个可怕的"病毒",使我们的创作能轻易地被他人未经授权而传播、模仿和复制。首先,团队的文创产品图以及 IP 形象极有可能被他人非法利用于网站图片、商业广告等领域。

2. 应对策略

(1)团队目前已具有针对文创产品及其衍生品的专利保护系统。版权登记、专利申请已形成一套完善的申报流程。

(2)团队将着手建立一套更加完整的专利保护机制,针对团队所有产品的知识产权、版权以及技术专利进行严格保护。

(3)以最快的速度完成商标和软件著作权的注册登记,以保护软件的商标权和独创性。

(4)建立一套完善的知识产权管理制度,同时形成激励和约束机制。

(三)财务风险及控制

2022年,团队预计需要融资100万元以满足跨越式的发展,主要有两种融资渠道:一是直接融资,向银行申请担保贷款,风险投资商投资;二是间接融资,公司通过内部集资,向内部职工发行债券、内部股等,使企业获得资金。

1. 风险描述

金融风险:项目的金融风险主要在项目融资中的利率风险和汇率风险两个方面。目前公司不涉及外汇,所以暂不讨论外汇风险。

信用风险:项目有关参与方不能履行责任和义务而出现的风险。

2. 应对策略

(1)加强对金融市场上可能出现且难以控制的变化的认真分析和预测,如汇率波动、利率上涨、通货膨胀等因素;优化贷款的利率结构,控制融资成本。

(2)对项目有关参与方进行认真审查和信用鉴定,通过与项目有关参与方签订正式协议和法律合同以防范对方失信。

(四)人力资源风险及控制

1. 风险描述

团队在发展过程中可能遇到核心技术人才与核心管理人员的流失风险。

2. 应对策略

(1)实行人性化管理,健全绩效考核制度,完善激励机制,关注人才发展,加强对团队员工的再培养,逐步建立员工的工作成就感和组织归属感。

(2)建设团队文化,用优秀的团队文化、良好的人际关系和融洽的工作环境以及对个人的表彰来留住人才。

(3)健全福利系统,建立合理化、公开、公平的薪酬制度,提高员工的工作满意度,强化责任意识。

(4)运用法律工具,利用人才服务合同以稳定人才队伍。

(5)将团队发展理念贯彻到每个核心技术人员与核心管理人员身上,达成共识。做好人事决策,做到人尽其才,让每个员工找到最适合自己的工作岗位。

(2020年7月)

案例 8　中型铸件自动打磨便利站

项目概述

随着国民生活水平的不断提高和新生代就业观念的改变,劳动力市场的结构性供需矛盾日益突出。现今各企业都面临着招工难的问题,特别是铸造企业的铸件打磨岗位,因其劳动强度大、工伤风险高、工作环境恶劣、远离中心城区,使得用工成本居高不下,最终导致企业产品竞争力下降。自 2006 年,国务院印发《国家中长期科学和技术发展规划纲要(2006—2020 年)》,提出大力发展工业机器人,各企业也在积极谋划产业升级,加快生产线智能化提升步伐,彻底解决关键岗位用工难的问题,工业机器人应用市场因此呈逐年扩大的趋势;但针对中型铸件的打磨工艺,还没有成熟的解决方案。铸造企业不具备工业机器人应用的研发条件,工业机器人主机厂又看不上细分市场,非本地企业提供不了及时便捷的产品服务。铸造企业难以承受不断提高的用工成本带来的痛苦。

本项目是与××(科技)龙岩有限公司合股,专门针对中小铸造企业,联合研发一种工业机器人应用产品——中型铸件机器人打磨设备。该设备通过控制系统,控制外部工艺装备将工件传送到预备工位,预备工位进出料气缸将工件推入打磨工位,工业机器人开始执行打磨程序,打磨完成后进出料气缸将工件拉回到预备工位,传送机构将打磨好的工件送走,从而彻底解决了人工打磨劳动强度大、工伤风险高的问题。与类似产品相比,本产品具有二次开发成本低、售后维护响应快、适用产品定位准确、价格实惠等优势。

本项目样机产品已经交付福建××机械科技有限公司进行测试。企业反馈,此产品降低了噪声,消除了粉尘,改善了打磨的车间环境,但打磨速度需要提高。目前该产品正在申请国家专利,已经获得 2 项软件著作权授权。该设备已经获得了 3 套采购订单,11 套采购意向。项目团队正在研发新一代产品——双工位双进双出自动打磨设备,相关设计方案已经基本确定,正准备扩大规模,创造就业,拟招收 3 名左右技术人员,投入新产品试制中。

我们下一步将与行业协会合作,将打磨设备向更多企业推广。针对不同企业推出成套设备销售或租赁的营销模式,以满足不同需求。同时针对现有设备的运行情况、使用率等进行数字化分析,进行升级改造,让原有客户企业在投入较少的成本下,提升设备管理水平,做到设备利用率最大化。本项目团队还能够针对客户企业职工的技术水平特点,提供开发定制化的培训包,免费为职工提供培训,提升员工的技能水平,保持与企业的长期合作关系。同时,我们计划将工业机器人实训室打造成中小学生科普教育基地,将智能制造、自动化技术等知识进行宣传普及。

未来,经过一定时间的技术积累与市场运作后,本项目团队将着手向其他地区开拓市场。我们会通过寻找条件合适的技工院校来建立技工院校创业联盟,将工业机器人集成应用的技术与创业模式推广到兄弟院校,共同做强做大市场,带动更多学生创业创新,创造更多的就业岗位。

我们的愿景是通过发挥学校师生资源、设备资源的优势,与合作企业、各主机厂通力协作,致力于工业机器人应用开发,并努力推广到各行各业,全面解决客户企业对智能化改造的需求,帮助客户企业提升产业水平,带动客户企业占领细分领域的技术高地,实现中华民族的伟大复兴。

一、项目背景

随着××市人民生活水平的提高,就业观念的转变,各企业都面临着招工难的问题。通过调研,全市 61 家铸造企业在劳动强度大、工作环境恶劣的打磨岗位缺工约 549 人。政府不断推进智能化产业升级,企业也在加大工业机器人应用投入,41 家铸造企业愿用 3 年打磨岗位的酬劳共 17269.2 万元,用于购买自动化设备代替人工打磨。

DM5-Y2 型打磨设备是由 4 个专业的 7 名学生和 2 名老师组成的团队与××科技(龙岩)有限公司共同研制的集 8 项专利的工业机器人应用产品。产品样机适用于中型铸件打磨,经福建××机械科技有限公司测试,各项性能指标满足设计要求,具备自动打磨、无人操作、高质高效、降噪除尘的特点。绿色无忧的产品通过校内展示、联合推广、入企地堆,已获 11 套采购意向,签订 3 套采购合同。

本项目机器人助推产业升级,团队与本地企业深入产教融合,共带动就业人数 27 人,解决了铸造企业缺工的痛点。"绿水青山就是金山银山。"产品在研制初期就融入绿色环保理念,解决了噪声和粉尘的污染问题。团队成员还发挥工业机器人实训室的仪器设备优势,推进智能制造科普宣传教育。同时总结创业创新技巧,积极向更多应用型本科院校推广,实现创业联盟,共同做强做大市场。

二、团队介绍

随着人类社会的不断进步,社会分工越来越细化,零部件全球化采购,分工与合作将是新型设备研制的发展趋势所在。

××大学耀佳团队是 7 名学生精心打造的团队。耀佳是团队的字号,意为"明日新星耀眼夺目、朝气蓬勃"的意思。我们的口号是:以科技智能,保障安全;以精心服务,创造未来。耀佳团队于 2020 年 9 月 14 日正式成立。

耀佳团队依托××大学工业机器人实训室,充分发挥工业机器人应用中控制系统的研发优势,与"××大学机科技(龙岩)有限公司"(以下简称"合作企业")在机械产品设计制造的优势,形成优势互补,深入创新融合,形成技术联盟,共同投身到工业机器人应用的大潮中。团结协作,为提升本土企业智能化水平服务。

(一)学生成员

钟××:项目负责人。机械设计及其自动化专业。精通三菱、西门子等主流品牌PLC的程序编写,自我学习能力相对比较强。

林××:市场营销负责人。电气专业,写作学习能力强,可塑性较强,具备一定的组织、沟通、协调能力,工作一丝不苟,乐于团结协作。

陈××:电气技术负责人。工业机器人运用与维修专业,吃苦耐劳,勤奋好学,持积极认真的态度,待人诚恳,积极参加各项比赛活动。

黎××:在学校进行了有关PLC的实训,运用到了之前在工厂学到的经验,同时也学会了运用PLC相关的软件进行程序的编写。

王××:电气技术负责人。电气工程专业,学习认真,学习能力较强,做事认真耐心,吃苦耐劳,待人真诚,积极参加团体活动。

潘××:机械技术负责人。机电控制技术专业,做事积极认真,细心负责,乐观向上,勤奋好学,关心他人,善于观察,积极务实。

苏××:机械技术负责人。肯吃苦,踏实学习各类知识,积极参加各类竞赛活动。

(二)教师成员

马××:××大学电气专业副教授,熟悉自动化控制系统的应用和工业机器人系统集成技术,了解市场需求和营销;对团队项目提供校内各项资源的支持与技术指导;曾指导学生获福建省"互联网+"职教赛道银奖、校"互联网+"大赛三等奖、福建省挑战杯课外科技学术作品大赛省赛二等奖。

傅××:××大学外语系老师,擅长日语交流与技术资料翻译。

(三)企业顾问

范××:××科技(龙岩)有限公司总经理,项目合作企业负责人,负责外部工装的开发与市场推广。

罗××:××科技(龙岩)有限公司高级顾问,机械设计专家,擅长机电一体化技术,全国数控大赛第十名,福建省技术能手。

三、市场分析

(一)劳动强度较高的岗位严重缺工

1. 缺工原因调查

(1)就业观念。就业观念调查网络问卷,问题如下:

①您的年龄段？

②您是本地人还是外地人？

③您的学历水平？

④如果给您 1.5 万元的月薪，您是否愿意从事铸造打磨岗位？

本次问卷共采集 12903 个样本，得出愿意从事此岗位的被调查者共 132 人，占比为 1.02％，且这 1.02％的被调查者均为外地人，其中 40～50 岁 98 人，50～60 岁 34 人，初中学历 113 人，其他学历 19 人。

（2）远离城区。依据××市工信局数据，全市正常生产的铸造企业共 61 家，参照爱企查信息和百度地图信息，只有 3 家企业位于中心城区 10 千米范围内，33 家处于 10～50 千米范围，15 家处于 50～100 千米范围，100 千米以上的 10 家，平均离中心城区距离为 53.65 千米。最远的企业福建省××科技股份有限公司，距离中心城区 127 千米，驾车需要 1 小时 30 分钟。

（3）环境恶劣。打磨岗位均存在粉尘吸入、铁屑飞溅、噪声污染、筋骨劳损等工伤风险，还存在高温、坠物、爆炸等风险，由于远离城区，工作环境恶劣，造成毫无就业吸引力。

2. 本地企业调研

（1）问卷调查。耀佳团队通过电话等方式，对全市 61 家铸造相关企业进行问卷调查，调查了各企业的月产量、产品情况、员工情况，重点调查了紧缺岗位的名称、现有人数、薪酬情况、平均年龄、从业时长、需求人数，以及了解企业是否有自动化升级的意愿等。

（2）实地走访。先后走访了本地 29 家铸造企业，发现铸造类中小企业的铸件打磨岗位均存在劳动强度高、大龄化严重、人员流动频繁等问题。高薪酬下仍旧一人难求，造成用工成本居高不下，导致企业竞争力下降。各企业都有很强烈的自动化产业升级欲望，只能通过提升制造智能化水平，推进产业升级，解决打磨缺工的痛点，才能最终解决用工问题。

（3）铸造市场总体平稳。堆积如山待打磨的中型铸件、大型铸件急待工人打磨，据中国铸造协会数据，铸造行业经过数十年的发展，铸件市场需求长期平稳，但从业人员年龄偏大，后继不足问题突出，缺工情况持续加重。

3. 市场需求测算

团队通过分析调研问卷和实地走访了解到的情况如下：企业为铸件毛坯打磨岗位开出的平均月工资为 13000 元，是《××市 2020 年企业薪酬调查信息》公布的金属冶炼和压延加工人员平均工资高位数 3784.75 元的 3 倍多。平均年龄为 48.4 岁，均为大龄职工范围。平均从业时长为 14.6 个月，说明此岗位的员工最多只干 1 年多，人员流动性大。

固定资产投资回报周期按 3 年计算，以一台设备代替 1 个工人，则工人 3 年的平均工资为 46.8 万元，全市 61 家企业共缺工 549 人，则企业需要支付的工资总额约为

25693.2万元。据问卷情况,有41家企业愿意将这笔支出投向自动化设备,市场规模约17269.2万元。

（二）本地铸造企业遇到的实际困难

1. 没有能够满足需求的解决方案

按照国家统计局数据,工业机器人应用的主要领域有焊接、喷涂、搬运、装配、切割、码垛和其他。铸件打磨属于切割机器人应用领域,占整个工业机器人应用领域6%中的更小一部分。另外,每个铸造企业都有各自的产品特点,即使生产同类产品的企业,也有其侧重的工艺要求。虽然目前市场上的工业机器人集成应用针对小型铸件已经有比较成熟的方案,但仍无法解决铸造企业零件种类繁多的打磨难题。针对中大型铸件的打磨,目前还没有成熟的解决方案,均需要定制开发。

2. 不具备智能化升级的客观条件

铸造企业的主营业务是生产铸件。根据企业调研的情况数据,铸造企业的技术力量主要为铸造、数控、模具专业方面的人才,而在工业自动化和工业机器人应用方面的自动化人才是缺乏的。另外,大多数企业的生产任务重,前后道工序衔接得紧,加工设备满负荷运转,没有时间也不可能把某个生产环节或岗位停下来,用于自动化设备的研发。

3. 市场规模得不到主机厂的关注

依据工信部的数据,铸造类企业的工业机器人应用市场属于金属制品5%市场的其中一小部分,市场规模较小。由于本地铸造类企业多数属于中小型企业,资本资金有限,只能单台套地逐步提升智能化水平。虽然各大工业机器人主机厂(以下简称"主机厂")都具备提供相关产品的技术能力,但其主要侧重于应用领域的大市场。对于单件定制的产品,不是主机厂的主要市场方向,得不到关注,本地企业毫无话语权。

4. 外地企业产品服务客户体验差

智能化升级改造产品与服务经过了多年的发展,全国各地已经有许多专业的工业机器人应用开发企业。但外地企业普遍存在前期定制开发沟通不便捷、后期现场装配调试时间长的现象,造成产品开发周期长、售后服务响应慢、二次开发成本高,严重影响客户体验。而当前本地工业机器人应用企业都还在试水阶段,产品少规模小,无法为铸造企业提供很好的解决方案。

（三）政策助推工业机器人应用市场

宏观政策促进工业机器人强势发展,产业自动化升级、工业机器人应用大有可为。自2006年国务院印发《国家中长期科学和技术发展规划纲要(2006—2020年)》,提出大力发展工业机器人、服务机器人、手术机器人和军用机器人以来,国家各部委也相继出台了《关于推进机器人产业发展的指导意见》《机器人产业发展规划(2016—2020年)》《关于促进机器人产业健康发展通知》等众多机器人产业扶持政策。我国工业机器人产业在政策助推下持续强势发展,工业机器人市场规模居世界第一位。工业机器人作为产业智能化提升的主要设备,产销量不断提升,各类工业机器人应用市场也呈逐年扩大的趋势。

四、产品服务

(一)自动打磨设备

1. DM5-Y2 型自动打磨设备

DM5-Y2 型自动打磨设备,能够解决外形在 Φ500 毫米×500 毫米以内,质量 300 千克以下的圆柱体中型铸件自动打磨需求,通过更换不同的夹具,可以适用更多产品。本套设备正在申请国家专利。

DM5-Y2 自动打磨设备样机于 2021 年 2 月 22 日交付福建××机械科技有限公司试用,并进行产品性能测试。根据测试报告,各项技术指标均能满足要求。打磨过程无人操作,实现了打磨质量稳定、效率高、低成本,同时还利用钣金保护外罩降低了噪声,通过除尘设备消除了粉尘污染,绿色环保。

2. 设备主体结构及功能简述

DM5-Y2 中型铸件自动打磨设备五大部分见表 6-19。

表 6-19 DM5-Y2 中型铸件自动打磨设备五大部分

各部分名称	技术要点
DK-W80 控制系统	控制传输、定位、夹紧及其他周边信号,并与机器人通讯;收集加工数据并进行数字化分析
6 轴工业机器人	启停末端工具,使用工具按预设路径进行打磨并与控制系统通讯
外部工艺装备	解决铸件坯料的传输、定位、夹紧
工具	电动打磨头驱动打磨轮,打磨工件
钣金防护外罩	抽风除尘装置、防护栏、钣金外罩、紧急断电保护装置等

控制系统是整个工作站的"大脑",主要功能是解决外部工艺装备的逻辑控制、外部工艺装备与工业机器人之间的相互通讯,核心技术为 PLC 控制程序的开发、各传感器信号处理、执行机构的联调联试等,此部分约占全套设备成本的 15%。控制系统的设计、制作、安装、调试、维护、二次开发均由耀佳团队负责完成。

工业机器人是根据客户企业的实际工艺特点,结合企业投资强度,直接从主机厂采购,主流品牌的售价为 10 万~20 万元,约占整套设备成本的 50%。耀佳团队主要负责协同主机厂技术人员完成工业机器人的编程。

外部工艺装备、工具、钣金防护外罩等,均委托合作企业按照客户企业的产品外观、工艺特点进行定制开发,完成这些部分的设计、制作和采购,约占成本的 35%。耀佳团队主要负责外部电气控制元件、反馈元件的选型及各元件在外部工艺装备上的定位安装。

3. 设备打磨原理及工作流程

整个打磨设备是由 DK-W80 控制系统对外部的 3 处传送轨道电机、旋转电机、传感器、电磁铁、电磁阀、电动打磨工具等进行控制和信号处理,工作流程简述如下:

(1)铸件毛坯通过进料轨道传送到预备工位上。

(2)进出料气缸站驱动电磁推块,将铸件毛坯推入双工位旋转工作台。

(3)双工位旋转工作台将铸件毛坯旋转到工业机器人打磨工作位。

(4)启动电动打磨工具,工业机器人开始执行打磨程序进行作业。

(5)打磨程序结束后,停止电动打磨工具,工业机器人复位。

(6)双工位旋转工作台将打磨好的铸件毛坯旋转出打磨工作位。

(7)进出料气缸站驱动电磁推块,将铸件毛坯通过磁力拉回到预备工位上。

(8)预备工位将铸件毛坯传送到出料轨,一个零件的自动打磨过程结束。

工人由原先需要手持电动打磨工具进行打磨,变为只要将铸件毛坯吊到传送轨道上就可以了,大大降低了工作强度,基本消除了工伤风险,降低了工作环境噪声,基本消除了粉尘污染,让更多的人愿意从事打磨岗位工作。

(二)核心产品服务

1. 核心产品的技术迭代

为了不断提升设备铸件打磨性能,在与合作企业联合研发的过程中,控制系统共发展出 4 代。相关的核心技术已申请了软件著作权登记保护。

第一代 DK-W5:5 路控制,配制独立电气控制柜控制工业机器人外部设备,需要专人手动控制。

第二代 DK-N6:6 路控制,将外部电气控制元件配置到工业机器人控制系统内部的 I/O 模块,由专人半自动控制。

第三代 DK-W40:40 路控制,加入 PLC 控制器,大量增加了可控制信号数量,配置独立控制柜,配套于单种零件打磨工作站。手动启动和停止,全自动控制。

第四代 DK-W80:80 路控制,选用大容量 PLC,预留了可控制信号接口,配置独立控制柜,可配套于双重零件打磨工作站,大大提高效率。无人操作,全自动控制。

2. 产品特点和优质服务

(1)定制产品创新。本项目团队通过驻守打磨岗位,深入了解打磨的工作原理和要求,与合作企业共同研究,开发出最符合客户企业要求的解决方案,并可随时根据客户产品的迭代更新,迅速实现二次开发,给到客户的每一个产品都是一系列技术创新的集合体。

(2)数字技术创新。DK-W40 和 DK-W80 控制系统,已经集成数字化处理模块,能够对设备进行全生命周期的管理,可以为企业客户提供准确的设备生产、运行、能耗等数据,为客户企业调度产能、精细化管理提供支撑。

(3)开发模式创新。通过与合作企业共同分析铸造的整个生产工艺流程,结合为其他企业研发的应用案例,参考各主机厂的典型集成应用,对各类外部工艺装备的共性特点进行研究与归类,将 DK-W40 和 DK-W80 控制系统中 90% 左右的工作量提前完成,再依据客户的实际应用情况进行定制开发,大大节省了定制开发的时间和成本。

(4)技术服务创新。控制系统产品不仅是电气元件的整合,更重要的是全套控制逻辑和控制程序的设计与调试的技术服务。本项目团队充分利用学校工业机器人实训室,在实训室内搭建设备的控制模型,能够做到编程和调试工作在校内完成,节约了现场调试的时间,缩短了设备交付期。

(三)竞品分析

铸件打磨各解决方案对比分析(设备使用寿命按 5 年计算)见表 6-20。DM5-Y2 型自动打磨设备,打磨速度足以替代人工,能够最重打磨到 300 千克的零件,相比其他产品价格实惠。最大的优势在于可二次开发升级,仅需要较少的投入就可以实现打磨零件的转换,大大节省了客户企业的投入。

表 6-20　项目产品的行业竞品分析

解决方案	人工打磨	××品牌	××品牌	DM5-Y2
打磨长度	35 米/小时	55 米/小时	68 米/小时	38 米/小时
适用铸件质量	所有	≤200 千克	≤100 千克	≤300 千克
适用铸件体积	所有	≤Φ750 毫米×550 毫米	≤Φ300 毫米×300 毫米	≤Φ500 毫米×500 毫米
适应新产品	完全适应	无法升级改造	无法升级改造	可二次开发升级
折算费用	12 万元/年	10 万元/年	7.5 万元/年	4 万元/年

注:打磨长度测算值误差±10%。

(四)优势分析

1. 本地服务的时间优势

突出本地化服务的地域优势,与本地企业深入合作。充分利用本校及其他高校的技术资源,缩短产品研发时间成本,现场调试速度快,售后服务响应及时,加快了市场的投放速度,加快了产业智能化升级,推动客户企业快速占领细分领域的技术高地。

2. 配套完善的创业条件

借助学校工业机器人实训室的仪器设备,DK-W40 和 DK-W80 控制系统产品均可在校内完成大量的预制工作量,并能够随时依据客户的需求,进行定制开发,完成剩余的工作量后,立刻就可交付使用。控制系统产品从接到订单到交付不超过 7 天,产品研发周期短,优势显著。

3. 精心打造的优质产品

最新的 DK-W80 控制系统,前后经历了数百次的调试与测试,对选用的每个元器件都先进行性能测试,保证品质稳定。对每条线路都反复测试,做到不虚接。对每条指令都反复运行,做到了精益求精,把工业品作成工艺品。

4. 量身定制的培训方案

本项目团队可通过针对客户企业员工的技能和文化水平情况,在学校各专业建设的基础上,开发定制符合员工特点的培训方案,让每个客户企业的员工都可以得到适合自己的提升方案,整体抬高客户企业的员工技能水平,在提升企业竞争软实力的同时,还能长期与企业保持沟通合作。

五、项目进展

(一)项目团队成立

2020 年,耀佳团队与××科技(龙岩)有限公司,合股共同进行铸件打磨设备的研发与销售。耀佳团队主要负责控制系统研发。

(二)产品投放企业测试

2021 年 2 月,DM5-Y2 型自动打磨设备样机安装调试完成,投放到福建××机械科技有限公司进行为期 1 个月的产品测试。

(三)首件订单提振信心

2021 年 3 月,首套自动打磨设备订单签订合同,收到客户企业支付的 50% 预付款。

(四)持续研发追逐市场

在 DM5-Y2 的基础上,项目团队正在研发新一代产品 DM5-YF2 型。总体设计目标是创新双工作台设计,使用一台工业机器人能够满足打磨 Φ500 毫米×500 毫米圆柱形零件打磨,还能满足 500 毫米×500 毫米×500 毫米方形零件打磨,实现双进双出双工作台双零件打磨。合作企业也在积极开发新的传送轨道和定位夹具,以提升整体负载能力,力争解决 500 千克的铸件打磨。相关 PLC 程序的软件著作权已经登记保护。

六、商业模式

(一)校企合作模式

项目合作股权结构:项目团队 67%,××科技(龙岩)有限公司 33%。

(二)目标客户

1. 中小型铸造企业

资金少、自动化技术力量薄弱、用工缺口大、生存压力大、对铸件打磨岗位的代替产品需求度高的中小型铸造企业,是本项目产品的直接客户。

2. 工业机器人应用企业

各工业机器人应用企业都需要控制系统,本项目团队开发的 DK-W80 控制系统具有良好的兼容特性,能够与市场上绝大多数的工业机器人产品配套使用,是本项目核心产品的潜在客户。

(三)利润来源

1. 全套设备销售收入

通过全套设备的销售,实现资金的快速回笼,是本项目的主要收入来源。

2. 全套设备租赁收入

针对部分资金紧张的客户企业,本项目还推出了设备租赁服务,减轻了客户的一次性资金投入,租赁利润也比整机销售高。

3. 设备二次升级收入

针对客户企业的产品转型,本项目团队能够在不需要添置新设备的情况下,迅速帮助客户企业实现产品升级,利润可观。

4. 企业职工培训收入

帮助客户企业提升职工技能水平,提高职工总体素质,提升客户企业竞争软实力。本项目团队可针对企业职工的不同层次定制专门的培训计划,为客户企业提供低成本的培训服务。

(四)营销策略

1. 本地企业地推

团队走出去,到各个铸造企业实地走访,了解用工情况、紧缺岗位情况、岗位工艺要求等,紧紧抓住客户的需求,量身定制最符合的产品。目前已经跟3家铸造企业签有11套产品使用意向书,已经收获了3套产品的订单。

2. 行业协会帮推

联合做市场,通过与行业协会签订推广合作协议,充分利用行业协会的社会资源,将产品向更有需求的企业精准投放。

3. 校内展会力推

企业请进来,是利用每年的校企现场招聘会、技能文化月等活动,邀请铸造企业到校访问、到工业机器人实训室参观,将已经成熟的解决方案展示给企业。

七、财务分析

(一)资金使用情况

本项目投资规模为20万元,成立之初,投资资金主要用于项目筹建、技术研发、产品元件采购、成员日常费用、流动资金等。截至2021年4月,总体资金情况如下:一期投资共20万元,生产、研发费用合计107740元,占比54%,剩余流动资金32260元。

2020年总共支出98870元,主要用于产品开发和样机试制。2021年3月收入首笔订单预付款39800元。

(二)成本分析

DM5-Y2 型自动打磨设备成本分析(标配):自主研发的 DK-W80 控制系统,合作企业研发的外部工艺装备和单功能工具,直接购买的工业机器人,委托生产的钣金防护外罩,根据客户企业选择工业机器人的品牌不同,标准配置成本为 18 万～30 万元。

(三)产品报价表

根据用户的实际需要,所选工业机器人的品牌不同,标准配置报价为 10 万～30 万元。同时提供各种灵活配置,最低配置为 18 万元,最高配置为 32 万元。

(四)财务预测

未来 3 年的财务情况预测:根据签订的合同、现有生产能力和市场反馈分析,今年将实现收入 150 万元,实现 15 万元的利润。本项目初步估值为 1200 万～1500 万元。

(五)融资计划

耀佳团队与××科技(龙岩)有限公司协商,根据项目估值下限 1200 万元,计划出让 10% 的股权,融资 120 万元。其中,50 万元用于购买生产原料,50 万元用于购买配套产品,10 万元用于生产研发,10 万元用于招收人员。

八、发展规划

(一)2021 年——稳扎稳打,拓展市场

(1)努力扩大市场,以 DK-W80 为控制系统的 DM5-Y2 自动打磨设备作为主推产品,积极向铸造企业推广。同时积极与合作企业共同研发更多的工艺装备,服务更多岗位。

(2)将 DK-W80 控制系统向其他工业机器人应用企业推广,寻求与更多的外部工艺装备设计企业合作,争取进到更多工业机器人应用领域,研发更多控制系统。

(二)2022 年——技术积累,成立公司

经过技术积累与市场运作,在时机成熟的时候成立公司,招兵买马,不断进行产品开发升级,将更多更好的设备投放市场,并着手向其他地区开拓市场。

(三)2023 年——跨区发展,带动创业

跨区发展,带动创业。经过一定时间的技术积累与市场运作,在成立公司后,通过寻找条件合适的院校,建立院校创业联盟,将工业机器人应用控制系统的技术与创业模式推广到兄弟院校,共同做强做大市场,创造更多的自动化人才就业岗位。

九、风险防控

作为以学生为主的联合协作创业项目,可能会遇到市场风险、技术风险、合作风险等各种风险(表 6-21)。

表 6-21　项目的风险分析

风险类别	风险点	防控措施
市场风险	合作企业的市场竞争力下降,生产能力不足	寻找更多合作企业,建立创业联盟
技术风险	控制系统的技术泄露、技术抄袭风险	重点技术申请专利保护,控制柜用封签保护
合作风险	物品交易、技术交流	合作前要签订书面协议,共同依法办事

十、社会效益

(一)促进就业

目前,自动化人才紧缺,工业机器人高端人才紧缺。本项目团队将以工业机器人应用项目为抓手,带动更多自动化专业的学生加入进来,促进就业。

(二)科普教育

响应国家政策,推进智能制造发展,积极将工业机器人实训室打造成为广大在校学生提供工业机器人应用、智能制造的相关科普教育基地。

(三)产业升级

积极响应中央号召,推进智能化改造,推广工业机器人应用,减少企业投入成本,提升生产工艺水平,带领企业占领细分市场技术高地。彻底扭转缺人的现状,让更多的人愿意从事铸件打磨的岗位。

(四)绿色环保

通过测试,本产品还能降低生产中的噪声和减少粉尘,实现绿色健康,无忧打磨。

(五)创业联盟

结合应用技术型本科院校服务本地的特点,寻找条件合适的应用型本科院校,建立院校创业联盟,将技术与创业模式推广到兄弟院校,共同做强做大市场,形成一套可全国推广的创新创业方案。

(2021 年 6 月)

参考文献

[1]孟芊,刘震,申跃.从创业竞赛到创业教育:对于我国大学创业教育的思考[J].特区经济,2008(11):17-20.

[2]汤伟伟,梁瑞兵.大学生创业竞赛活动的发展与教学研究[J].黑龙江高教研究,2013,31(2):63-66.

[3]胡成祥.创业竞赛和创业型人才培养的关系[J].中小企业管理与科技,2009(15):98-98.

[4]党元一.浅谈大学生创新创业竞赛对学生能力的培养[J].企业导报,2015(2):117-117.

[5]石巧君,雷虹,吴丹.促进大学生创业竞赛良性发展管窥[J].创新与创业教育,2013(4):98-101.

[6]赵福才,葛蓓蕾,解西东,等.创新创业竞赛对提升理工科学生综合素质的影响[J].中国冶金教育,2012(4):46-47.

[7]李永慧,范宇琦,李华晶.创新创业竞赛对大学生创业影响实证分析——以北京林业大学为例[J].现代商贸工业,2012,24(20):79-80.

[8]刘得扬,赵林.论大学生自主创新与创业的促进因素——从"挑战杯"创业竞赛到"斯坦福—硅谷"之路[J].中国地质教育,2006(3):113-116.

[9]张佳景,李静,刘小利,等.创新创业竞赛与高校育人的思考与实践——基于河北省"互联网+"大学生创新创业大赛[J].河北农业大学学报(农林教育版),2017,19(6):92-95.

[10]孟祥霞,黄文军.美国创业教育发展及其对我国创业教育的启示[J].中国高教研究,2012(10):62-65.

[11]王海斌,温东荣,郭晓云,等.实践与训练对高校创新创业竞赛推动作用的调查研究[J].高教学刊,2021(17):36-43.

[12]木志荣.我国大学生创业教育模式探讨[J].高等教育研究,2006,27(11):79-84.

[13]李伟铭,黎春燕,杜晓华.我国高校创业教育十年:演进,问题与体系建设[J].教育研究,2013(6):42-51.

[14]顾美霞,张耿.高校创业竞赛成果成功转化为创业实践的研究——以华南农业大学为例[J].广西青年干部学院学报,2019(2):68-72.

[15]施晨辉,倪好.大学生创业竞赛:角色,困境与策略[J].重庆高教研究,2017(4):64-69.

[16]刘晓静.论金融学毕业实习与大学生创业竞赛的融合[J].教育教学论坛,2012(14):150-151.

[17]郭晓云,尤钦民,温东荣,等.地方应用型本科高校实践育人现状的调研与分析[J].高教学刊,2021(21):46-49.

[18]石巧君,任梦莉.创业教育对大学生自主创业意愿的影响——基于湖南地区高校的样本数据[J].湖南农业大学学报(社会科学版),2015(2):97-102.

[19]蒋晖.以创业竞赛推进特色创业教育刍议——云南经济管理职业学院教学改革例谈[J].课程教材教学研究(教育研究),2013(3):90-92.

[20]戴丹.创新创业竞赛对提高大学生就业质量的实证研究——以广东工业大学信息工程学院为例[J].开封教育学院学报,2019(6):98-99.

[21]王洪岩.创新创业竞赛对应用型本科院校学生素质提升的效果分析——以市场营销专业为例[J].齐齐哈尔师范高等专科学校学报,2017(3):94-95.

[22]侯军杰,杨威,陈畅.创新创业竞赛管理系统设计与实现[J].电子测试,2020(20):80-81.

[23]陈莹.创业竞赛对大学生创新创业能力影响的实证分析——基于九江学院的调查数据[J].创新与创业教育,2020,11(3):57-62.

[24]梁会青,翁立婷.中美大学生创业竞赛比较[J].世界教育信息,2018,31(1):26-32.

[25]张颖.关于大学创业教育的思考[J].当代教育论坛(宏观教育研究),2006(2):104-106.

[26]苗苗,史金召.创业竞赛与商科教学的互动关系[J].卷宗,2012(11):45-45.

[27]胡霞.浅谈大学生创新创业竞赛体系的构建[J].广东蚕业,2019(2):46-47.

[28]赵永艳,李健,黄丽丽,等.创新创业竞赛作为"立德树人"体验路径的可行性探骊[J].创新与创业教育,2019,10(3):133-136.

[29]何鸿飞,陈东省.创业竞赛显风流[J].人大建设,2013(8):34-35.

[30]于尧,李静,赵明媚.创新创业竞赛项目转化为实际创业项目的要素研究——以河北农业大学为例[J].河北农业大学学报(社会科学版),2019,21(6):30-35.

[31]涂勤.高校创业竞赛发展现状及对策研究——以广东省某高校为例[J].河南教育[高教版(中)],2015(8):93-95.

[32]周睿,徐静.以创新创业竞赛推动大学生职业核心能力培养的研究[J].价值工程,2018,37(9):215-216.

[33]沈治国.高职学生创新创业竞赛团队组建策略研究[J].青年与社会(下),2018(11):173-173.

[34]聂振明.构建地方本科院校创新创业竞赛支持体系的思考[J].智库时代,2020(7):69-70.

[35]方欢,方贤文,陈小奎.大学生创新创业竞赛的组织实施方法探析[J].电脑知识与技术,2015(8X):83-84.

[36]黄泽坤,孟庆荣.大学生创新创业竞赛辐射效应的研究——以广东省高校为例[J].管理观察,2017(5):140-142.

[37]黄赐英.实践性课程:开展创业教育的重要途径[J].黑龙江高教研究,2006(1):147-149.

[38]陈登红.新时期下采矿工程本科生参加创新创业竞赛的引导与实践[J].学园,2017(9):97-98.

[39]廖娟.创业教育对大学生就业与创业影响的价值评估——基于首都高校问卷调查的实证研究[J].中国人民大学教育学刊,2012(2):48-57.

[40]杨培贵.南平市粮食局党委发出《新一轮创业竞赛》活动的倡议[J].福建粮食经济,2002(12):38-38.

[41]高昆,彭连刚,张伟华,等.高职院校复合型创新创业竞赛团队构建研究——以长沙航空职业技术学院为例[J].机械职业教育,2020(7):20-23.

[42]张云生.认知多样性对大学生创业竞赛团队工作效能的影响探讨[J].淮海文汇,2019(4):47-49.

[43]方慧.公益创业竞赛对职业成熟度的干预研究——基于社会认知职业理论的视角[J].中国职业技术教育,2016(35):27-33.

[44]张熙悦,高亮.以创新创业竞赛促进财经类高校双创实践育人[J].科技创业月刊,2018,31(1):53-56.

[45]冯勇,徐红艳.关于大学生创新创业竞赛工作的几点思考——以全国大学生网络商务创新应用大赛为例[J].现代农业研究,2017(9):73-74.

[46]刘梦,刘洋,张小文.京津冀区域协同发展推动大学生创业竞赛成果转化研究[J].合作经济与科技,2015(17):128-129.

[47]郑俊亮.体验式学习视角下创业竞赛在营销课程中的实践运用——以战略市场营销为例[J].中国管理信息化,2017(8):208-210.

[48]吴万山.高校创新创业竞赛开展对创新型人才培养影响研究——以武汉部分地区为例[J].教育现代化(电子版),2016(35):85-86.

[49]段娜,童勤,郑炜超,等.创新大学生学科竞赛组织机制以促进复合型创新人才培养——以全国大学生农业建筑环境与能源工程相关专业创新创业竞赛为例[J].农业工程,2020,10(11):89-92.

[50]蔡杰,韦维.大学生创新创业人才培养体系的研究与实践[J].大学教育,2014(8):36-37.

[51]丁三青.中国需要真正的创业教育——基于"挑战杯"全国大学生创业计划竞赛的分析[J].高等教育研究,2007,28(3):87-94.

[52]蒋丽君,顾鸣镝.以竞赛为载体推进高职院校创新创业教育[J].中国职业技术教育,2016(10):71-75.

[53]张兆强,冯兰东.浅析大学生创业教育课程体系构建[J].创新与创业教育,2010,1(3):80-83.

[54]黄兆信,黄扬杰.创新创业教育质量评价探新——来自全国1231所高等学校的实证研究[J].教育研究,2019(7):91-101.

[55]廖娟.大学生创业的国际经验及对我国的启示[J].改革与战略,2013(4):113-116.

[56]穆娟.以竞赛项目为依托的大学生创新创业教育探究——以河北经贸大学为例[J].科技资讯,2018,16(8):207-207.

[57]李琴,齐文娥,杨学儒,等.创业教育对大学生在校创业行为及毕业后创业意愿的影响[J].复旦教育论坛,2018,16(4):65-72.

[58]王海斌.创新创业基础[M].厦门:厦门大学出版社,2021.